Strukturen des Guten Lebens
Einige Modelle

Bene vivere autem semper decet
Aurelius Augustinus

In Erinnerung an Roel Kaptein, Freund und Lehrer
26. September 1919 bis 16. Mai 1996

Joachim Aul

Strukturen des Guten Lebens

Einige Modelle

Bibliografische Information der Deutschen Nationalbibliothek
Die Deutsche Nationalbibliothek verzeichnet diese Publikation in der
Deutschen Nationalbibliografie; detaillierte bibliografische Daten sind im
Internet über http://dnb.d-nb.de abrufbar.

© 2006 Joachim Aul
Satz, Umschlagdesign, Herstellung und Verlag:
Books on Demand GmbH, Norderstedt
ISBN 10: 3-8334-5263-3
ISBN 13: 978-3-8334-5263-5

Inhalt

Vorwort

Diese Arbeit ist aus meiner Tätigkeit in der Erwachsenenbildung hervorgegangen; es ging dort u.a. darum, philosophische Reflexion mit dem Versuch zu verbinden, Möglichkeiten von Lebensorientierung in Augenschein zu nehmen. Namentlich mein Studienkreis „Protreptikon" hat eine wichtige Rolle gespielt. Ich danke seinen Mitgliedern für ihr unerschöpfliches Interesse und ihre nicht weniger unerschöpfliche Geduld, wenn ich Themen immer und immer wieder durchgekaut habe.

Dieses Buch ist kein Ratgeber für Glückssucher bzw. für Leute, denen es gut geht und die sich den Luxus leisten können zu meinen, daß es ihnen eigentlich besser gehen sollte. Schreibereien dieser Art überschwemmen den Büchermarkt. Ich habe auch keine Lebensweisheit im Angebot. Zu diesem Thema hat Arthur Schopenhauer gesagt, was zu sagen ist, und seine Befunde sind, mutatis mutandis, immer und überall einschlägig. Ich bin auch auf Grund eigener Lebenserfahrung nicht befugt, Empfehlungen zum Thema „Wie wird man glücklich(er)?" herumzustreuen. Vielleicht könnte ich erklären, wie man es nicht machen sollte, aber ich will niemanden in Versuchung führen. Daß man sich manches selbst erarbeitet, daß einem essentielle Dinge jedoch schlichtweg zufallen oder von Gott und Schicksal zugeteilt werden – davon kann ich berichten, aber das ist eine Weisheit, die man selbst auf dem Trödelmarkt nur im Sonderangebot loswerden kann.

Nein – die Kombination von „philosophische Reflexion" und „Suche nach Lebensorientierung" ergibt die Frage nach den *Voraussetzungen* gelingenden Lebens oder (wenn man so will) von Glück. Ich verwende den Ausdruck „Strukturen". Dies ist philosophische Sichtweise: Explikation und (wenn möglich) Legitimation stillschweigender („unthematisierter") Grundlagen, auf denen unser Weltbild in theoretischer und praktischer Hinsicht beruht. Ich habe in der Einleitung meines Platon-Buches (siehe Literaturverzeichnis) versucht, dies plausibel zu machen. Nicht Glück ist das Thema der Philosophie, sondern tiefliegende Denkmuster philosophischer, weltanschaulicher, religiöser Art, aus denen Glück als Lebensperspektive erst hervorgeht. Konkret will dies sagen: Was man unter Glück versteht, wie und wo man es sucht, hängt davon ab, aus welcher Perspektive heraus man die Welt betrachtet. Solche Perspektiven sind familiär, gesellschaftlich, kulturell vermittelt, und das ist gut so, denn ohne sie würden wir blind herumtappen und gewiß eines nicht finden: Glück.

In diesem Zusammenhang sei die Frage gestattet, ob die heutige neoliberale „Ich will Genuß sofort-Kultur" dieser Aufgabe gewachsen ist – nein, man muß sagen: Diese „Kultur" hält es für ihr herausragendes Verdienst, die Aufgabe der Perspektivenvermittlung abgeschüttelt zu haben. Kultur als Ermöglichung von Lebensorientierung gehöre ins Mittelalter; das moderne, „autonome" Individuum besitze, wenn überhaupt, seine Privatkultur, die es selbst gewählt und geschaffen hat. Man wird in den Niederlanden (das Land, in dem ich lebe) tagtäglich über die Medien mit Ideologen konfrontiert, die dies prahlerisch herausposaunen und gut davon leben – es gibt solche Herrschaften überall, wo man das Aufklärungsdenken mit axiologischem Nihilismus verwechselt. Die Zeit der „großen Erzählungen" ist für tot erklärt, aber daß, zum Ärger dieser Ideologen, das „metaphysische Bedürfnis" nicht ausgelöscht ist, zeigt sich daran, daß viele Leute sich nun ihre eigene kleine Religion oder Weltanschauung zusammenbasteln, je nach persönlichem Gusto. Im Niederländischen nennt man dies „ietsisme": „Etwasismus" oder, wem das zu lang ist, „Wasismus". Irgend*was* muß man ja haben, das, zwischen Himmel und Erde, dem Dasein Sinn und Bedeutung gibt, auch wenn es noch so kümmerlich ist.

In diesem Buch wird versucht, einige der „großen" Perspektiven zu erhellen. Es wäre vielleicht attraktiv gewesen, auch fernöstliche Gesichtspunkte einzubeziehen, aber davon verstehe ich nichts. Immerhin kommt Arthur Schopenhauer zu Wort, der ja, wie Gebildete wissen, im Buddhismus seine Philosophie wiedererkannt hat. Der Islam ist für mich von vornherein keine Option. Noch ein Wort zum Kapitel über das Christentum: Es ist dies meine erste ernstgemeinte Expedition auf diesem Terrain – ich habe auch sehr vorsichtig formuliert: „*eine* (nicht *die*) christliche Sichtweise". Ein inspirierendes Gespräch mit Pater Harry Vernooy (Vriezenveen) hat mir den Eindruck vermittelt, daß nicht alles Unsinn ist, was ich mir hierzu ausgedacht habe. Daß ich die christliche Tradition für attraktiv halte, liegt (abgesehen von ihrem philosophischen Gehalt) daran, daß sie in meiner Optik eines der Bollwerke sowohl gegen den Neoliberalismus als auch gegen den Islam sein sollte und könnte und damit großflächigem Abbau von Glücksperspektiven entgegenwirken kann. Zu danken habe ich Geert Willem van Manen, seines Zeichens Computerexperte, der mir, wie immer, zur Seite gestanden hat, wenn ich mich gegen die Tücken eines solchen Gerätes durchsetzen muß. Die „Rechtschreibreform" ignoriere ich – ich lasse mir von Politikern und Kulturbürokraten nicht vorschreiben, wie ich mit meiner Muttersprache umzugehen habe.

I Antike Hintergründe

Das Gute Leben – ich verwende lieber nicht den Ausdruck „Glück" bzw. „Lebensglück", weil dieses Wort zu viele Assoziationen mit der Gefühlswelt, der affektiven Verfaßtheit des Menschen hervorruft. Wahrscheinlich werden die meisten Menschen dasjenige, was sie unter „Glück"[1] zu verstehen gewohnt sind, in Termen emotionaler Erlebnisse und psychischer Konstellationen umschreiben, aber es gibt respektable Konzeptionen des Guten Lebens, für die „Glück" im Sinne von „Glücksgefühle" nicht konstitutiv ist; Glücksgefühle sind dort Epiphänomene (Begleiterscheinungen[2]), höchstens Indikatoren dafür, daß ein Leben gelungen ist. Einsicht in das Wesen des Menschen und der Natur können aufzeigen, daß Lustgefühle trügerische Glücksbringer sind, und daß man seinem Leben Wert verleihen kann, indem man sich dergleichen möglichst vom Leibe hält; die Gemütsruhe gehört jedenfalls zu den Leitmotiven philosophischer Therapeutik in der Spätantike. Asketische Sichtweisen gehen selbst soweit, daß sie den Wert eines Lebens davon abhängig machen, daß unsere natürlichen Triebfedern, deren Befriedigung ja angenehme Empfindungen verursacht, unterdrückt und negiert werden (freilich mit der Aussicht auf Kompensation nach diesem Leben). Ich sehe keine Veranlassung, dergleichen Vorstellungen vom Guten Leben a priori zu verwerfen, indem ich von vornherein die (Positivität der) Gefühlswelt zur Quelle und/oder zum Maßstab von bzw. für Lebensqualität erhebe; eine rationale Interesseninventarisierung könnte zu einem ganz anderen Ergebnis führen. Es ist für mich keineswegs evident, daß es so etwas wie einen Sinn des Lebens gibt, aber wenn es ihn gibt, dann kostet es mich große Mühe, mir vorzustellen, daß eine erfreuliche (namentlich hedonistisch verfaßte) Genußbilanz sein Inhalt sein soll. Aber wie auch immer man sein Leben gestaltet: Unzweifelhaft ist (um Sokrates zu paraphrasieren[3]), daß eine Lebensweise, die nicht kritischer Prüfung unterworfen wird, des Menschen unwürdig ist.

„Nach dem Glück zu fragen, bedeutet, nach dem Ausschau zu halten, was ein gutes und ein gelingendes Leben ausmacht. Das Glück ist eine Form, in der menschliches Dasein zur Erfüllung gelangt"[4]. Der Ausdruck „das gute Leben" entstammt der griechischen Philosophie (ευ ζην, ευδαιμονια – sehr wohl vom „glücklichen Zufall", der ευτυχια, zu unterscheiden[5]); seine Bedeutung kann wie folgt umschrieben werden: Das Gute Leben ist ein Leben, welches einem allgemeinen Standard entspricht, der das „Wesen" des Menschen bzw. seine letztendliche Bestimmung zum Inhalt hat – mit den Worten Friedrich Paulsens: Ευδαιμονια „bezeichnet nicht einen subjektiven Gefühlszustand, sondern vielmehr eine objektive Lebensgestaltung"[6]. Ευδαιμονια ist, wenn man diesen Ausdruck dann doch verwenden will, „Lebensglück", also erstens kein glücklicher Zufall, und zweitens nicht der einmalige „Höhepunkt" unseres Lebens, auf den wir hinsteuern (wenn wir etwa, nach jahrelangem Schuften und Knausern, die ersehnte Million auf unserem Konto verbuchen können).

Der erste, in sich geschlossene und metaphysisch fundierte Entwurf Guten Lebens tritt bei Platon entgegen; seine Position sei wie folgt skizziert. (1) Grundlage der platonischen Reflexion über das Gute Leben ist die Konzeption zweier Wirklichkeiten, des Reiches ewiger und unveränderlicher Wesenheiten („Ideen") einerseits und der wahrnehmbaren Welt andererseits, wo alles vergänglich und nichts unveränderlich ist. (2) Die Quellen des Wissens im strikten Sinne (επιστημη) liegen im Ideenreich. Es ist also grundsätzlich verfehlt, ethische Einsicht auf der Grundlage von Wahrnehmung und Erfahrung erwerben zu wollen. Hieraus ergeben sich zwei wichtige Implikationen. Erstens ist das Ideenreich als überempirische Wirklichkeit keinem kulturell-bedingten

Perspektivismus ausgesetzt; dies entzieht relativistischen Ethik-Auffassungen (wie sie in der frühen Sophistik populär waren) den Boden. Zweitens schließt die Charakterisierung von Wissen als Ideen-Wissen naturalistische, von der späteren Sophistik vertretene Positionen aus[7]. (3) Jede Handlung ist von ihrer Struktur her auf das Gute gerichtet: Man tut A, um B zu erreichen, und man will B erreichen, weil man es für gut hält. Man will also niemals das Schlechte. Wenn jemand gleichwohl Schlechtes will oder tut, dann ergibt sich dies aus seiner Unkenntnis dessen, was gut ist. Kenntnis des Guten ist eine hinreichende Bedingung dafür, daß man das Gute will und tut. (4) Das Gute ist immer das Gute für die Seele. Es ist grundsätzlich verfehlt, das Gute (im Sinne der Lebensausrichtung) im Bereich der wahrnehmbaren Welt, d.h. in der Form weltlicher Güter oder sinnlicher Genüsse zu suchen, denn diese besitzen nur für den Körper Wert. Über weltliche Güter und sinnliche Genüsse ist so zu disponieren, daß sie dem Heil der Seele wenigstens nicht zuwiderlaufen. (5) Das Heil der Seele liegt in ihrer Perspektive auf ein Leben, geschieden vom Körper. Dieses Leben wird sich vis à vis Ideenreich vollziehen, und es kommt darauf an, daß die Seele sich während ihres irdischen Aufenthalts so weit wie möglich den Ideen angleicht. Die Seele ist als rationales Vermögen konzipiert; entscheidend für ihre Heilsperspektive ist, daß sie ihr Wesen – Rationalität – unter irdischen Bedingungen möglichst umfassend entwickelt. Dies heißt einerseits, daß sie ihre Aufmerksamkeit von den irdischen Dingen ab- und dem Ideenreich zuwendet; andererseits soll sie über den Körper und seine Begierden herrschen sowie alles, was bloß dem Leib gefällt, geringachten. Tugenden wie Mäßigkeit und Besonnenheit spielen hier ihre Rolle. Die Seele ist somit vertikal auf das Ideenreich ausgerichtet; orientiert sie sich an der Körperwelt, also horizontal, dann ist ihre Heilsperspektive außer Sicht.

Dies impliziert nach Platon keinen strengen Asketismus, also keine Lebensweise, deren Inhalt in der Abtötung aller sinnlichen Triebe und Begierden besteht; Mäßigkeit und Besonnenheit bedeuten ja nicht, daß man gar nichts mehr darf. Platon hat einen gemäßigten Asketismus im Auge, d.h. daß man sinnlichen Genuß schon an sich heranlassen, ja selbst aufsuchen darf, ohne sich jedoch an ihn zu *binden* (auch Sokrates pflegte nicht in einem Erdloch zu sitzen und weltverneinend vor sich hinzuhungern, sondern war Geselligkeit, Wein und knusprigen Jünglingen durchaus zugetan). Eine solche Bindung würde heißen, daß die Seele ihre vertikale Ausrichtung aufgibt und ihr Heil horizontal in der Körperwelt sucht – auf einem Gebiet also, wo sie es mit Sicherheit nicht finden wird. Die rechte Art zu leben ist die Vorbereitung des guten Todes – eines Todes, der die Seele nicht nur vom Körper befreit, sondern ihr eben auch die Perspektive auf das ihr gemäße Heil eröffnet. Somit geht, wer sich nicht an die Körperwelt bindet, dem Tod frohgemut entgegen: „Nämlich diejenigen, die sich auf rechte Art mit der Philosophie befassen, mögen wohl, ohne daß es freilich die anderen merken, nach gar nichts anderem streben als nur, zu sterben und tot zu sein. Ist nun dieses wahr, so wäre es ja wohl wunderlich, wenn sie ihr ganzes Leben hindurch zwar sich um nichts anderes bemühten, als um dieses, wenn es nun aber selbst käme, hernach unwillig sein wollten über das, wonach sie lange gestrebt und sich bemüht haben"[8].

Diese platonische Doktrin über den „Weg", welchen die Seele zu gehen hat, soll sie die ihr gemäße Bestimmung finden, ist in eine die gesamte Wirklichkeit umfassende Metaphysik eingebettet[9]. Allgemein inhäriert den Dingen die Triebfeder, ihre spezifische Vollkommenheit zu verwirklichen, und der Standard dieser Vollkommenheit ist die jeweils zugehörige Idee, d.h. die Dinge „wollen" ihrer Idee so ähnlich wie möglich werden. Dies ist ihr Letztziel und als solches das für sie Gute[10]. Die „Form" (εἶδος) – so sagt nun Aristoteles – ist als Ziel (τελος) in den Dingen selbst gelegen[11]. Es gibt in der Natur eine objektive Finalität, welche als faktische Komponente die Tatsache enthält, daß alles einem jeweiligen Zweck zustrebt („Anlageteleologie"), und als axiologische Dimension die Werthaftigkeit des jeweiligen Zieles: daß dieses Vollkommenheit, also höchsten und zugleich umfassenden („autarken") Wert für den Gegenstand darstellt. In der Finalität liegt die Sinndimension natürlichen Geschehens und menschlichen Handelns. Prozeßresultat und Prozeßziel fallen jedoch nicht ineins: Das „Lebensziel" des kleinen Bäumchens besteht nicht darin, einst zu vermodern oder zu Brennholz zu werden, sondern darin, sich zu einem respektablen Exemplar der Gattung „Baum" zu mausern. Das Gute Leben ist also dadurch charakterisiert, daß es dem Individuum gelingt, sich dem „universale ‚Mensch'" (von dem es ein empirisch-individueller Repräsentant ist) approximativ anzunähern – daß wir einmal sterben werden, ist in diesem Zusammenhang ohne Bedeutung[12]. Während Naturprozessualität allgemein durch Zweckinhärenz gekennzeichnet ist[13], wird beim menschlichen Handeln Zielgerichtetheit durch ein zwecksetzendes Bewußtsein vermittelt. Freude ergibt sich aus der Entfaltung und der Fruchtbarmachung spezifisch-menschlicher Kapazitäten. Das Gute Leben, das Tätigsein aus Tugend heraus (απ' αρετης), ist nicht identisch mit Lust oder Freude, aber Lust und Freude sind integrativer Bestandteil dieses Lebens; die ηδονη rundet das Gute Leben gleichsam ab[14]. Das heißt aber, daß ein Zustand des Sich-Wohlfühlens (wenn man denn „Glück" so definieren wollte) nicht außerhalb des tugendgeleiteten Tätigseins liegt, nicht als Resultat desselben hervortritt, sondern *in* eben diesem Tätigsein präsent ist (εχειν τε ηδονην οικειαν[15]). Das (im Sinne von Freude und Lust) "glückliche" Leben ist das tätige Leben (ενεργειαν τινα ευδαιμονιαν[16]), die „vita activa" (auch der βιος θεωρητικος ist Tätigkeit: σοφια und επιστημη gelten im Einzugsbereich der praktischen Philosophie nicht als Resultat von Erkenntnis – als „objective knowledge" –, sondern als Vollzug von Erkenntnis selbst: τον πρακτικον (...) τας αυτοτελεις και τας αυτων ενεκα θεωριας και διανοησεις[17]). Als "frei" könnte sich in diesem Zusammenhang ein Individuum betrachten, das alles, was nicht zu seinem Wesen gehört (akzidentiell ist), entweder von sich abgeschüttelt oder an wesensinterne Standards unterworfen hat[18]. Wesensgemäß und für Freiheit konstitutiv ist es, um seiner selbst, nicht um anderer willen zu sein[19] So stellt gemäß Aristoteles die „vita contemplativa" (βιος θεωρητικος) das „eigentlich menschliche Leben" dar[20]; seine Konzeption des Guten Lebens ist, was das praktische Leben betrifft, insofern intellektualistisch ausgerichtet, als die Gefühlswelt qua Bestandteil dieses Lebens gemäß rational einsichtiger Prinzipien organisiert sein soll („die Tugenden (…) als Bändigungsweisen des menschlichen Affektpotentials"[21]).

Der Entwicklungsprozeß zum Guten Leben ist freilich kein Automatismus. Indem wir in der Gemeinschaft mit anderen Menschen leben und sie, wenn sie uns in der Entwicklung voraus sind, nachahmen und uns ihre Art des Handelns eigen machen, bringen wir „Tugenden" (αρεται διανοητικαι bzw. ηθικαι) hervor, d.h. fest in unserer Persönlichkeit integrierte Dispositionen (εξεις)[22], nach denen wir jeweils unser Denken und Handeln Rationalitätskriterien unterwerfen. Die „Tugenden" sind in sich wertvoll und werden um ihrer selbst willen erstrebt, aber auch als Konstituenten oder Mittel für ein höheres Ziel: ein Ziel (das Gute Leben), das *immer* um seiner selbst willen erstrebt wird[23]. Das Endziel (das Gute) des Lebens ist das Leben selbst, gestaltet nach Prinzipien, die ihm das Gepräge des Spezifisch-Humanen verleihen; man könnte die aristotelische Ethik als „Theorie des artgerechten Lebensstils" umschreiben. Aristoteles definiert das Gute Leben als Tätigkeit der Seele (ψυχης ενεργεια), welche für die Seele spezifisch (οικεια) ist. Das mit Blick auf die Seele Spezifische dieser Tätigkeit kommt in der Bedingung κατ' αρετην zum Ausdruck, die formaliter besagt, daß diese Tätigkeit konstantes (βεβαιως και αμετακινητως[24]) Regulativ unseres Verhalten ist („eine Schwalbe macht noch keinen Sommer"), und materialiter, daß es sich hier um ein vernunftgeleitetes Regulativ (κατα λογον) handelt[25], daß also die spezifische Tüchtigkeit der Seele in der Betätigung ihrer rationalen Vermögen liegt. Somit ist das Gute Leben ein solches, das durchgängig von Vernunft geprägt ist[26]. Der Besitz zugehöriger Dispositionen ist, auf allen Gebieten, wo wir uns manifestieren, die Essenz des Guten Lebens. Freilich werden die Richtlinien der Lebensführung vom Individuum nur mit Blick auf die eigene Vervollkommnung befolgt; Verhaltensweisen, die dem Wohl anderer förderlich sind, gelten als Manifestationen eigener Vorzüglichkeit und sind somit nicht „altruistisch" motiviert[27].

Der Mensch ist grundsätzlich, was seinen Lebens- und Handlungshorizont angeht, auf Finalität ausgerichtet, und diese Finalität ist in ihm selbst gelegen (dies besagt der Ausdruck εντελεχεια). Handeln läßt sich gar nicht anders verstehen als Tätigsein um eines Zweckes willen, und da Zweckorientierung wesensbestimmend für menschliches Handeln ist, muß es einen höchsten und letzten Zweck für dieses Handeln geben. „Der Mensch handelt bei jeder menschlichen Handlung wegen des letzten Zieles, weil er bei jeder menschlichen Handlung wegen eines Zieles handelt. Denn wer wegen eines Zieles handelt, handelt auch wegen eines letzten Zieles. Das Zwischenziel bewegt den Handelnden ja nur in Kraft des letzten Zieles ebenso wie jede untergeordnete Wirkursache nur wirkt in Kraft der ersten Ursache". Ein Ziel ist nur deswegen ein Ziel, weil es entweder das Gute fördert oder selbst das Gute ist: „Der Mensch handelt bei jeder menschlichen Handlung wegen eines Gutes. Ist dieses das vollkommene Gut, dann ist es das Endziel. Ist es aber nicht das vollkommene Gut, dann wird es angestrebt als zum vollkommenen Gut führend: der Mensch sucht dadurch seine Glückseligkeit soviel als möglich zu erreichen. Er handelt also auch dann wegen des vollkommenen Guten, wegen des Endziels"[28]: Es gibt eine objektive Teleologie, eine Schiene für den Vollzug des Guten Lebens, und sie ist erkennbar. Dieses Endziel ist eine Lebensweise, wo alle Bedürfnisse befriedigt sind, die in der menschlichen Natur angelegt sind, und dies sind nach Aristoteles intellektuelle Bedürfnisse: „Alle Menschen streben von Natur aus nach Wissen"[29].

Eine teleologische Ethik[30] wie die des Aristoteles wird zur Tugendethik, wenn sie nicht bloß, auf der Grundlage axiologischer Prämissen, Regeln vorschreibt, sondern zudem den Menschen selbst evaluativ qualifiziert, und zwar als jemanden, der, im Bewußtsein des Wertes des Endzwecks, das Handeln auf diesen Endzweck hin zur festen Disposition macht – eine Disposition, die sich in verschiedene, die Lebensgestaltung prägende Verhaltensmuster ausdifferenziert. Die Tugendethik ist eudaimonistisch, wenn sie die Tugenden nicht als Mittel für eine zu erreichende (etwa jenseitige) Glückseligkeit definiert, sondern im „Besitz" von Tugenden das Gute Leben selbst erblickt: „(…) nicht die Lust als höchstes Gut und letzter Zweck, sondern die Tugend; oder: die Betätigung der spezifisch menschlichen Kräfte und Tüchtigkeiten ist das, was dem Leben absoluten Gehalt und Wert gibt. Da aber der Besitz dieses Guts mit dem Bewußtsein seines Werts unmittelbar verbunden ist, so kann man auch sagen: die Tugend sichert zugleich die Glückseligkeit, unter welcher nun aber natürlich nicht die Befriedigung aller sinnlichen Neigungen, sondern eben das Bewußtsein des Besitzes dessen zu verstehen ist, was absoluten Wert hat"[31]. Eine so verstandene Tugendlehre ist eine teleologische Gesinnungsethik: Man weiß um den Wert der Tugend für das Endziel bzw. ihren Wert, den sie als Ingredienz des Guten Lebens selbst besitzt, und dieses Wissen verfügt über hinreichende Motivationskraft, um den Willen konstant auf das Ziel auszurichten, ihn widrige äußere Umstände überwinden zu lassen und ihn gegen Störungen seitens der Affekte resistent zu machen.

Die praktischen („ethischen") Tugenden sind Ausrichtungen der Affekte auf das jeweils Mittlere zwischen zwei Extremen[32] (so ist z.B. Tapferkeit zwischen Tollkühnheit und Feigheit situiert); was jedoch im Einzelfall das (persons- und situationsadäquate) Mittlere ist, erhellt nicht aus theoretischem Prinzipienwissen, sondern aus der Beurteilung des konkreten Sachverhaltes. Richtschnur dieser Beurteilung ist zwar das Prinzip (es gibt Anweisung, *was* gesucht werden soll), aber die Identifikation des jeweils Gesuchten obliegt der φρονησις[33] („prudentia"), dem intellektuellen Vermögen der kognitiven Einzelfallbewältigung, einer Art Fingerspitzengefühl praktischer Vernunft. Das Gute Leben vollzieht sich im Rahmen allgemeiner Richtlinien, aber diese Richtlinien (bzw. ein Wissen um dieselben) reichen nicht hin, ein Gelingen des jeweils individuellen Lebensvollzugs zu gewährleisten. Es ist dies der Unterschied zu „ritualisiertem" Verhalten, wo Handlungsabläufe auf Regelkonformität reduziert sind (Gottesdienste sind hierfür exemplarisch) und dem Individuum die Entscheidung, was es wie tun soll, abgenommen ist. Ein Mißlingen des (auf Rituale ausgerichteten) Guten Lebens ist somit nicht zu befürchten, wenn das Verhalten nach dem Muster des Reglements maßgeschneidert ist. Dagegen muß sich bei Aristoteles das Individuum bei jeder Einzelfallentscheidung, in jeder konkreten Handlung bewähren, und riskiert es ein Verfehlen der Mitte und somit Minuspunkte in der Abschlußbilanz seines Lebens.

Bezeichnend für Aristoteles ist, daß das Gute Leben, die Verwirklichung dessen, was ein Mensch, mit Blick auf seine „Form", sein soll („causa finalis"), qua „causa formalis" immer schon dem menschlichen Individuum inhärent ist[34]. Das heißt, daß sich der Wachstumsprozeß „hin zur Form" von einem normativen Hintergrund aus vollzieht, daß somit dasjenige, was verwirklicht werden soll, potentiell bereits vorhanden ist. Potentialität[35] soll jedoch, gemäß der aristotelischen Seinsordnung, in Wirklichkeit transformiert werden; jede Alternative bedeutet Verfehlen des Zieles. Dies involviert, daß von „Freiheit" im modernen, individualistischen Sinne bei Aristoteles keine Rede sein kann. Die Vorstellung einer dem Individuum überlassenen Wahl eines Guten Lebens und der Entfaltung von Individualität (das heißt dem soweit wie möglich Abweichen vom Standard) ist mit Aristoteles' essentialistischem Perfektionismus inkompatibel.

Die staatlich-gesellschaftliche Ordnung verkörpert dementsprechend die Bedingungen, unter denen sich das individuelle Gute Leben entfalten und vollziehen kann, aber: Diese Bedin-

gungen sind auf diejenige Konzeption des Guten Lebens zugeschnitten, welche als das dem „menschlichen Wesen" adäquate
Lebensmuster ausgezeichnet ist[36]. Hinzu kommt, daß das Gute
Leben sich nicht in einem privaten Freiraum vollzieht, der von ob-
rigkeitlichen Schutzwällen nach außen hin abgesichert wird, und
für das Sozialität letztendlich akzidentell ist; dieses Leben findet
innerhalb der Gemeinschaft statt – Sozialität ist für dieses Leben
konstitutiv (φυσει πολιτικον ο ανθρωπος[37]). Mitgliedschaft in
der Gemeinschaft ist keine externe Bedingung des Guten Lebens,
sondern Bestandteil desselben und besitzt somit intrinsiken Wert.
Soziale Umgangsformen („soziale Kompetenz"), die dem aristotelischen Vernünftigkeitsmaßstab genügen, machen nicht nur das
Miteinanderleben angenehm und sind mit Blick auf den gesellschaftlichen Zusammenhalt funktional – ihr eigentlicher Wert
liegt in ihrer Selbstzweckhaftigkeit. Um aber selbstzweckhaftig
handeln zu können, bedarf es der Mitmenschen, Mitbürger, deren
Lebenshaltung solches Handeln wechselseitig ermöglicht. „Die
klassische [von Aristoteles ausgehende] Politik betrachtet den
bios politikos, die politische Existenzform, das Leben des Bürgers
mit seinesgleichen in der politischen Gemeinschaft, der *koinonia
politike*, als einzig naturangemessene Lebensweise des Menschen.
Nur in der auf Pluralität basierenden, durch Differenz belebten
Gemeinschaft des Miteinanderredens und Miteinanderhandelns
lassen sich die den Menschen ausmachenden natürlichen Fähigkeiten, seine Vernünftigkeit, Sprachfähigkeit und Handlungsfä-
higkeit entwickeln. Der Mensch ist von Natur aus auf den Bürger
ausgelegt"[38]. Eine gute Staatsform ist genau dadurch charakterisiert, daß sie auf das Gute Leben ihrer Bürger ausgerichtet ist
(von den drei Varianten Monarchie, Aristokratie und Politie gibt
Aristoteles letzterer ihrer Stabilität wegen den Vorzug), während
schlechte Staatsformen (Tyrannis, Oligarchie und Demokratie)
auf individuelle bzw. Gruppeninteressen (etwa Ansehen und
Reichtum) orientiert sind und somit die Norm des Guten Lebens verfehlen[39]. In den guten Staaten fällt das dem Menschen

als solchem (gemäß seiner Natur) angemessene Leben ineins mit demjenigen des guten Staatsbürgers, d.h. des Bürgers, der den Gesetzen folgt – eben weil in guten Staaten die Gesetze auf das allgemeine Gut (προς το κοινον) ausgerichtet sind. Naturdinge sind, um ihr τελος erreichen zu können, auf das Vorliegen günstiger und das Fehlen ungünstiger natürlicher Randbedingungen angewiesen. Analog sollen Staat und Gesellschaft im Sinne einer entsprechenden Vorliegen/Fehlen-Kombination politisch-sozialer Randbedingungen so organisiert sein, daß sie ihren Bürgern (allerdings einer Minderheit der Bevölkerung) das Gute Leben ermöglichen; andererseits sind Staat und Gesellschaft Betätigungsfelder für tugendgeleitetes Handeln, das ja ein Aspekt der ευδαιμονια ist. Der aristotelische ευδαιμων leistet seinen Beitrag zur Instandhaltung der politischen Ordnung, innerhalb derer er für sich das Gute Leben gestaltet. Am Ende seines Lebens kann er bilanzieren: „Ich habe es geschafft, und zwar aus eigener Kraft; ich kann stolz auf mich sein". Zwar ist der göttliche νους das "transzendente" Modell des Guten Lebens, aber die Vorstellung, er habe das Gelingen seines Lebens dem Eingriff einer Gottheit in seine Lebensgestaltung zu verdanken, dürfte der ευδαιμων voll Verachtung zurückweisen. Wenn wir mit dem Ausdruck „Humanismus" die Konnotation verbinden, daß der Mensch in der Lage ist, aus eigenem Vermögen Gutes zu schaffen, dann ist dies Humanismus.

Zum Thema „das Gute Leben" gehört Aristoteles' Unterscheidung zwischen Poiesis und Praxis[40]. Poietische Handlungen sind nur Mittel zur Erreichung von Zwecken, Instrumente also, die durch jedes andere geeignete Mittel ersetzt werden können. Bei praktischen Handlungen ist die Handlung selbst Zweck des Handelns und kann somit nicht durch etwas anderes vertreten werden. Wenn Blumengießen im Garten für mich Praxis ist, werde ich die Tage verwünschen, an denen es regnet. Natürlich kann das Erreichen des Zwecks ein Aspekt des Gelungenseins der Handlung darstellen. So ist das Komponieren einer Oper vielleicht nur dann gelungen, wenn sie mindestens einmal mit Erfolg aufgeführt wird, aber der praktisch eingestellte Komponist möchte sich die Arbeit nicht z.B. von einer Komponiermaschine aus der Hand nehmen lassen. Das Gute Leben ist in praktisches Handeln ausdifferenziert. Ich möchte den Unterschied zwischen beiden Handlungsvarianten wie folgt umschreiben: *Bei Poiesis muß die Handlung gelingen, damit der Zweck erreicht wird; bei Praxis muß der Zweck erreicht werden, damit die Handlung gelingt.*

Kann Teleologie selbst beargumentiert werden? Ja insoweit, als die Alternative unplausibel erscheint. Teleologie bedeutet, daß es einen höchsten Wert, ein letztes Ziel gibt, das um seiner selbst willen gewollt wird. Die Alternative wäre „man will A wegen B, man will B wegen C, man will C …", ohne daß diese Reihe auf andere Weise als durch den Tod des Betroffenen ein Ende finden würde. Wir könnten übrigens auch keine Entscheidung, die wir treffen, definitiv begründen – die Prämissenmenge enthielte mindestens einen entscheidungsbeschreibenden Satz, bei dem die Warum-Frage unbeantwortet bliebe. Hinsichtlich des Endzwecks ist die Warum-Frage nicht mehr sinnvoll; andererseits ermöglicht er es uns, unsere Entscheidungen, sofern sie auf ihn gerichtet sind, abschließend zu begründen. Es ist die Pointe des Pessimismus zu behaupten, daß wir auf den Endzweck (Glück[41]) unser Leben lang fixiert sind, aber daß just unser Begehren, das uns ja die Verwirklichung des Endzwecks verspricht, das Erreichen desselben unmöglich macht. Natürlich haben wir, so würde Schopenhauer sagen, für all unser Entscheiden und Tun immerzu als Letztbegründung „weil ich glücklich werden will" zur Hand, ohne allerdings jemals glücklich zu werden: ein Zustand, wo all unser Begehren und Wollen befriedigt ist, ist gar nicht vorstellbar. Freilich ist für Schopenhauer all unser Handeln poietischer Natur: Wir sind ja dem Fundamentalprinzip der Wirklichkeit, dem Gesetz der Kausalität, unterworfen, und in diesem Rahmen kann Handeln gar nicht anders als „Bewirkung" oder Bewirken-Wollen aufgefaßt werden. Ein Analogon praktischen Handelns ist die ästhetische „Erfahrung", und so etwas erlebt zu haben kann dem Dasein vielleicht das Prädikat „gut" verleihen. Aber es ist klar, daß Aristoteles dank seiner Metaphysik (die nicht Schopenhauers Metaphysik ist) einen reicheren Handlungsbegriff hat: Hier ist Glück sozusagen „Vollzug menschlichen Wesens im Handeln" und nicht bloßes Bewirken handlungsexterner, Befriedigung des Begehrens generierender Zu- oder Gegenstände, die dann genau das nicht leisten, was sie zu leisten versprochen haben.

Wer das Gute Leben verfehlt, tut dies aus Unkenntnis oder Willensschwäche; von einer eigentlich *moralischen* Beurteilung von Fehlverhalten im Sinne von „gut und böse" ist noch nicht die Rede. Das „malum" wird als etwas für Körper, Seele oder Gemüt Schädliches bestimmt, und seine Verwerflichkeit beruht eben auf dieser seiner Schädlichkeit. Auf Versager und Pechvögel blickt der ευδαιμων, wenn der denn blickt, nicht mit moralischer Mißbilligung, sondern höchstens mit Verachtung herab. Der christliche Standpunkt stellt eine Umkehrung dieses Verhältnisses dar: Hier wird das „malum" als (in Gottes Augen) moralisch verwerflich betrachtet, und die moralische Verwerflichkeit fungiert als Grund seiner Schädlichkeit, d.h. Gott *bestraft* den Menschen, fügt ihm Schaden zu, wenn sein Handeln sich gegen die von Gott vorgesehene Schöpfungsordnung richtet („destructio ordinis naturalis, quem Deus absolute conservari iubet"[42]).

II Liberalismus, Kommunitarismus, Utilitarismus

Aristoteles' Konzeption erscheint hoffnungslos un(post)modern, und zwar schon deswegen, weil ihm die (bereits von David Hume vorgetragene[43]) Auffassung fremd ist, daß Wertsetzungen (bzw. axiologische Vorgaben für das Gute Leben) prinzipiell rationalem Diskurs entzogen sind. Dies soll natürlich nicht heißen, daß man die mit dergleichen Setzungen einhergehenden Attitüden und Handlungsmuster nicht zum Gegenstand empirischer Forschung machen kann. Forschung dieser Art thematisiert Werthaltungen oder auch Wertsetzungen jedoch nicht qua *Wert*haltungen oder -setzungen, sondern als psychologische, historische oder soziologische *Fakten*; sie befaßt sich nicht mit Fragen der Legitimation, sondern mit wissenschaftlicher Erklärung. Rational nicht zu bewältigen ist nach dieser Auffassung die Rechtfertigung der Wertsetzungen qua *Wert*setzungen – nicht-instrumentelle Evaluationen seien keiner vernünftigen Begründung zugänglich. So stellt etwa Kants Autonomiebegriff ein universelles Vernunftkonzept für die Fundierung der allgemein-normativen Randbedingungen individueller Lebensführung dar, wobei diese Lebensführung selbst (einschließlich der ihr zugrundeliegenden Wertsetzungen) subjektiver Beliebigkeit überlassen wird. Dies entspricht der Position des klassischen Liberalismus, der sich immerhin noch Mühe gegeben hat, wenigstens moralisch-rechtliche Räume zu definieren, innerhalb derer Wertsetzungen samt zugehöriger Handlungsweisen angesiedelt werden dürfen. Doch auch Kants Position erscheint inzwischen als antiquiert. Es ist eine der (üblen) Pointen des sog. Postmodernismus[44], daß man nunmehr selbst diese Randbedingungen für nicht begründbar hält, sie daher als nicht weiterhin verbindlich betrachtet und es der Willkür von jedermann überläßt, sie nach Belieben über Bord zu werfen.

Aristoteles' Konzeption des Guten Lebens beruht dagegen auf einer von der Verfaßtheit der Wirklichkeit vorgegebenen und somit alternativlosen Axiologie. Das wertvolle – Gute – Leben ist das (approximativ) vollkommene Leben, ein Leben also, das dem Vollkommenheitsstandard des Menschen weitgehend entspricht. Vollkommenheit *ist* Wert, und nur Vollkommenheit; somit kann beliebige Wertzuerkennung nur Individuen in den Sinn kommen, deren Welt- und Selbstverständnis kognitive Defizite aufweist. Aristoteles' Konzeption ist daher auch der Tendenz nach universalistisch, da er mit (teleologischen) Strukturen operiert, die für die Wirklichkeit schlechthin charakteristisch sind. Daß seine Ethik gleichwohl nur eine „Ethik der griechischen Polis" ist, ergibt sich aus empirischen (außermoralischen) Tatbeständen: Es sei halt nur den Griechen gelungen, eine Kultur zu entwickeln, die den Rahmen des Guten, d.h. des charakteristisch-menschlichen Lebens (und auch dies nur für eine Minderheit selbst unter den Griechen) bereitstellt. Eine strikt universalistische Ethik, wie sie (in der späten Antike) die Stoa, aber auch Jesus von Nazareth[45] anzubieten hat, betrachtet empirisch-kontingente Gegebenheiten als für den moralischen Status von Individuen prinzipiell irrelevant.

Das Gute Leben ist nun offensichtlich einerseits durch *Freiheit* und andererseits durch *Normen und Werte* charakterisiert. Dieses Leben scheint ein freies Leben zu sein: „frei" im Sinne von „frei gewählt" als auch von „frei von externen Hindernissen", und „gut" ist dieses Leben dadurch, daß es etwas Wertvolles zum Inhalt hat bzw. darauf abzielt. Orientierung an Wert impliziert jedoch Normierung: Man läßt sein Verhalten (bewußt oder unbewußt) von demjenigen leiten, was man als wertvoll betrachtet. Das individuelle Leben ist freilich zugleich ein gesellschaftliches Leben, und mit Blick auf dieses Leben scheinen Freiheit einerseits und Normen und Werte andererseits Phänomene zu sein, welche, in gemäßigter Form, miteinander verbunden werden können, deren Extreme einander jedoch ausschließen. Zu viel (individuelle)

Freiheit stellt eine Bedrohung für die Stabilität der Gemeinschaft dar, denn eine Voraussetzung hierfür ist (nicht bloß individuelle sondern) kollektive Orientierung auf jedenfalls ein Minimum an Verhaltensmaßstäben[46]. Dies ist die Position, die man in der politischen Philosophie seit einigen Jahren als „Kommunitarismus" bezeichnet. Kommunitaristische Werte sind nicht nur allgemein, weil sie für jedermann gelten oder gelten sollen (auf diese Weise können auch individuelle liberale Werte allgemein sein – wenn zufällig alle Individuen dasselbe für wertvoll halten); sie sind vor allem in dem Sinne allgemein, daß sie auf die Allgemeinheit bezogen sind – daß sie der Gesellschaft Form und Inhalt verleihen und somit für den Lebensweg der Bürger richtungsweisend sind. Diese Werte laufen zusammen in diesem *einen* Wert: Engagement für das Allgemeinwohl, ein Engagement, das sich in zahllose Aktivitäten ausdifferenziert. Dieser Wert ist durchaus Norm: Als Bürger tragen wir Verantwortung für das Gemeinwesen, und sei es auch nur in unserer Nachbarschaft. Die Pointe des Kommunitarismus liegt darin, daß wir „bürgerliche Tugenden" entwickeln, d.h. Pflichten, die aus unserer Verantwortung hervorgehen, freiwillig und zudem gerne übernehmen. Dies ist ein tiefgreifender Gegensatz zum Liberalismus, und man muß eine liberale Gesellschaft schon gründlich umkrempeln, will man ihr eine kommunitaristische Mentalität anerziehen. Denn eine Orientierung an oder (schlimmer noch) eine Auferlegung von Normen und Werten gilt liberalen Frohnaturen als nicht tolerierbare Beschränkung ihrer persönlichen Freiheit. Stellt man einem willkürlichen Zeitgenossen die Frage, was er unter „Freiheit" versteht, dann wird man mit einiger Wahrscheinlichkeit eine Antwort des Typs „frei bin ich, wenn ich machen kann, wozu ich Lust habe" erhalten. Regeln der Form „dies und das sollst du tun bzw. nicht tun" können demjenigen, wozu jemand Lust hat, zuwiderlaufen und sind daher mit „Freiheit" nicht zusammenzubringen. Eine Attitüde dieser Art sollte allerdings nicht mit Anarchismus verwechselt werden, der mir, soweit man ihn ernst nehmen kann, auf zwei Annahmen zu beruhen scheint: daß, erstens, menschliche Vernünftigkeit in der Lage ist, Notwendigkeit und Beschaffenheit normregulierten sozialen Verhalten einzusehen, und daß, zweitens, diese Einsicht ausreichende motivierende Kraft besitzt, ein solches Verhalten zu bewirken: „the doctrine that men who obey their natural inner light need no authority over them"[47]. Gesatztes Recht ist, soweit es dieser Vernünftigkeit gemäß ist, überflüssig, soweit es vernunftwidrig ist, ist es verwerflich, und soweit es mit politischer Macht verbunden ist, verleitet es zu Machtsmißbrauch und ist somit gefährlich. Der Anarchismus ist, gegenläufig zur „zeitgenössischen" Auffassung von Freiheit, sehr wohl an allgemein-verbindlichen Normen orientiert.

Allgemeine Normen und Werte – die als solche Freiheit in diesem Sinne beschränken – müssen begründet, legitimiert werden; willkürliche Vorschriften bzw. Verallgemeinerungen (weltanschaulicher) Gruppenmoralen – „Ethik mit gruppenspezifischen Begründungsvoraussetzungen"[48] – können nicht legitimerweise als für jedermann verbindlich installiert werden. Dies ist die Position des Aufklärungsdenkens, an dem der Liberalismus seinen Anteil hat. Die zugehörige Begründungsstrategie zielt darauf ab, daß von einem Standpunkt aus, wo persönliche (kontingente) Interessen und Präferenzen dem Blick entzogen sind, ein für jedermann annehmbares, normativ-gesellschaftliches Rahmenwerk geschaffen wird. Das „liberale Subjekt", welches diese Überlegung ausführt, ist charakterisiert (1) durch *Rationalität*, d.h. eine allgemeine Vorstellung von den (materiellen) Bedingungen von Lebensglück, verbunden mit dem Vermögen, die hierfür erforderlichen Mittel zu identifizieren, und (2) durch *Wille*; dies bedeutet, daß dem „Subjekt" (von Natur aus) die Triebfeder inhäriert, sein Lebensglück zu maximieren: „The completely rational individual, pursuing ends set wholly by propensities native to his own personality"[49] – die wirtschaftswissenschaftliche Neoklassik behauptet, der Mensch sei ein (zweck-) rational eingestelltes Wesen, das nach Maximierung des eigenen Konsums strebt.

Dem modernen Subjekt ist also einiges abhanden gekommen: Es hat kein „Wesen" und keine Tradition mehr, das bzw. die zugleich als Kompaß und Ziel seines Lebens fungiert, und es befindet sich auch nicht mehr innerhalb einer kosmischen oder gesellschaftlichen Ordnung, die ihm vorausliegt und es zum Guten Leben führt. „Die Verteidiger der Vertragstheorie (…) wollten die politische Struktur entdecken, die über jede Kritik erhaben wäre. Darum wollten sie sich befreien von allen bestehenden oder aus der Vergangenheit bekannten Systemen, um auf einer tabula rasa gänzlich von neuem anzufangen. Was blieb ihnen übrig, nachdem sie alle bekannten politischen und juridischen Strukturen weg-gedacht hatten? Nichts anderes als lauter Menschen, und zwar Individuen, alleinstehende ohne irgendwelche gegenseitige Verpflichtung, ohne jegliche soziale Bindung. Diese ungeordnete atomistische Menschenmasse nannten die Theoretiker des Gesellschaftsvertrages ‚Naturzustand'"[50].

Die Prämissenmenge, über welche der Liberalismus verfügt, ist hinreichend, um jedermann „negative Freiheit" zuzusprechen, d.h. die „Räume der Handlungsmöglichkeiten" werden egalitär über alle Individuen distribuiert in dem Sinne, daß jeder – unter der Bedingung der Gleichheit – die Verfügung über einen maximalen „Raum" erhält. Mit Bezug auf das Thema „Normen und Werte" bedeutet dies, daß es, zum Ersten, jedem Individuum innerhalb seines „Raumes" selbst überlassen bleibt, für welche Normen und Werte es sich entscheidet, und daß, zum Zweiten, allgemein-gültige Normen und Werte (nur) darauf hinauslaufen, daß man die Grenzen zwischen individuellen „Räumen" respektiert, d.h. die Freiheit des anderen nicht über diese Grenzen hinaus beschränkt. Die klassischen Freiheitsrechte, die das Individuum gegen staatliche Willkür und Despotismus absichern, sind Religionsfreiheit, Gewissensfreiheit, Freiheit der Meinungsäußerung, Recht auf Eigentum und auf Unverletzlichkeit der Person. Der Liberalismus ist zur Toleranz verpflichtet: Niemand ist berechtigt, im Bereich des „Weltanschaulichen" ein Wahrheitsmonopol einzufordern.

Im klassischen Kontraktualismus stellt sich die Ausgangslage wie folgt dar: Individuen leben in einer (als „Naturzustand" bezeichneten) gesellschaftlichen Situation politisch-rechtlicher Unorganisiertheit. Sie erheben gegeneinander Ansprüche, deren Durchsetzbarkeit jedoch von kontingenten Umständen (persönliche Machtmittel, Bereitschaft anderer) abhängt[51]. Das Fehlen eines staatlichen Überbaus involviert die Instabilität der Gesellschaft als ganzer und ein erhebliches Gefährdungspotential für den einzelnen. Irgendwann sieht jedermann ein, daß die Existenz einer staatlichen Ordnung als Stabilisator und Garant persönlicher Sicherheit und Freiheit seinen individuellen Interessen dienlich wäre. Niemand hat jedoch die Macht, allen anderen eine Ordnung aufzuerlegen, die auf seine persönliche Interessenlage zugeschnitten ist[52]. Somit muß man sich einigen, und dieser Einigung wird als „Gesellschaftsvertrag" Form verliehen. Nun muß der Kontraktant seine Interessen unter der Bedingung allgemeiner Zustimmungs-fähigkeit des Vertragsentwurfs durchsetzen. Nicht allgemein-zustimmungsfähig ist (unter Gleichen!) ein Vertragsentwurf, der die individuellen Interessen eines der Kontraktanten gegenüber den Belangen der anderen privilegiert. Eine Ungleichverteilung von Rechten wäre auch keine Überwindung des Naturzustandes, denn ob jeder jeden oder einer alle bestiehlt, macht (außer für den einen) keinen signifikanten Unterschied; es wäre übrigens nicht einmal mehr (wie im ursprünglichen Naturzustand) Widerstand gegen Leute erlaubt, die, mit dem Recht, dies zu tun, ausgestattet, sich anderer Leute Eigentum aneignen. Dies führt zu der Alternative: Entweder man läßt den Plan, einen Vertrag zu schließen, fallen und gerät wieder in den Naturzustand, oder man konzipiert den Entwurf dergestalt, daß er nur Belange berücksichtigt, die alle haben, und dem somit alle zustimmen können. Ein Rückfall in den Naturzustand wäre für jedermann die schlechteste Lösung; da nun niemand dem Vertrag seine persönlichen Interessen auferlegen kann (was für den einzelnen die beste Lösung wäre), ist ein Vertrag, der auf jedermanns Belange abhebt, zwar die zweitbeste, gleichwohl die beste realisierbare Option[53]. Die Kontraktanten bringen nichts anderes ein als ihr Eigeninteresse – also weder „benevolence" noch ein Gleichheitsprinzip als normative Vorgabe; es ergibt sich, daß eigendienliche Rationalität in Verbindung mit externen Umständen, wo keine rationalitätsfremden, also etwa auf Machtungleichheit beruhenden Zwangsmittel vorkommen, zu einem Resultat führt, das für jedermann akzeptabel ist. Die den Vertrag initiierende Vernunft ist mit Blick auf die Vergangenheit (ideologie-)kritisch, d.h. sie bewerkstelligt die Entdogmatisierung des gesellschaftlichen Überbaus, bezüglich der Gegenwart ist sie konstitutiv, indem sie eine politisch-rechtliche Ordnung generiert[54], und was die Zukunft betrifft, so ist sie instrumentell, da sie die Belangenrealisierung aller im Auge hat.

Für Locke ist der Naturzustand eine ungesicherte, (noch) nicht etablierte Rechtsordnung. Er ist defizitär: Es ist für Rechtsansprüche charakteristisch, daß für ihre Berechtigung oder Gültigkeit der Umstand irrelevant ist, ob der den Anspruch Erhebende sie mit eigenen Machtmitteln durchsetzen (gar äußern) kann oder könnte. Durchsetzung und Gewährleistung übernehmen Instanzen der Rechtsordnung. Genau dies ist im Naturzustand nicht gegeben: Es herrscht immer und überall die Gefahr, daß Recht verletzt wird, da der jeweils Stärkere oder Schlauere durch nichts abgeschreckt wird. Brutaler ist Hobbes' Version: Im Naturzustand fallen Recht und Durchsetzbarkeit von Ansprüchen ineins – da kann kein Unrecht geschehen. „To this warre of every man against every man, this also is consequent; that nothing can be Unjust. The notions of Right and Wrong, Justice and Injustice have here no place. Where there is no common Power, there is no Law: where no Law, no Injustice. Force, and Fraud, are in warre the two Cardinall vertues. Justice, and Injustice, are none of the Faculties neither of the Body, nor Mind"[55]. Recht im Sinne von durchsetzbarkeitsunabhängigen Ansprüchen kommt dem Menschen als Naturwesen nicht zu. Recht in diesem Sinne ist nicht etwas, was der menschlichen Natur inhäriert oder aus der

Natur als solcher abgeleitet werden könnte, sondern eine mittels Zwangs in Geltung gehaltene Konvention – gegründet auf die Zustimmung aller und zum Nutzen aller. Der entscheidende Punkt ist: Es gibt für den Staat keine „außermenschliche" Legitimation mehr; Metaphysik und Religion haben ihre Rolle ausgespielt. Soll er Existenzberechtigung haben, dann muß er sich vor der menschlichen Vernunft legitimieren, und das heißt, daß er selbst vernünftig sein muß – vernünftig in dem Sinne, daß er zweckrational menschlichen Interessen dient. „Die Aufklärung hatte die Legitimitätsgrundlage des mittelalterlichen Staates, den Glauben, daß die Staatsgewalt im Auftrage und im Namen Gottes zu handeln befugt sei, zerstört. Der Staat galt nun als eine menschliche Einrichtung, die ihre Legitimität vom Willen des Volkes ableitete und daher für dessen irdisches Wohl zu sorgen hatte. Der König stand nicht mehr als Beauftragter Gottes über dem Staat, sondern als Mandatar des Volkes im Staat, den er nicht mehr, wie irgendeinen Gutshof, als sein Eigentum behandeln konnte"[56]. Die Fiktion des Gesellschaftsvertrages ist der Aufweis, die Rekonstruktion der Vernünftigkeit des Staates, und das Modell staatlicher Ordnung ist das Terrain der Ökonomie.

Die Gleichheit der Interessen hat sich im Naturzustand auskristallisiert. Es wird davon ausgegangen, daß alle Individuen in ähnlichen Lebensumständen verkehren, und daß sie gleichen Gefahren ausgesetzt sind: daß dasjenige, was ihnen „von Natur aus" (also bereits im Naturzustand[57]) zusteht, von böswilligen Mitbewohnern entfremdet wird, und daß Vergeltungsmaßnahmen zu unbeherrschbaren Konflikten führen. Somit liegt das Interesse aller in der Absicherung dessen, worauf sie ein Recht haben, und dieses Recht besteht in der Freiheit, d.h. in der Abwesenheit externen Zwanges, der sie daran hindert, über dasjenige, was ihnen rechtens zukommt, selbst zu disponieren[58]. Dies schließt andererseits allgemeine Wohlfahrtspflege als Staatszweck aus, denn dergleichen würde bedeuten, daß der Staat (wohlhabenden) Bürgern Mittel wegnimmt, um sie für Ziele zu verwenden, die nicht die

Ziele eben dieser Bürger sind: Steuererhebung zur Finanzierung öffentlicher Wohlfahrt ist des Teufels. Dies heißt, daß er sich eines nicht legitimierbaren Eingriffs in die Freiheitssphäre dieser Bürger schuldig macht: Er beschneidet ihnen die Möglichkeit der freien Verfügung über ihr Eigentum[59].

Die Etablierung der Freiheitsrechte geht jeder Wohlstandsdistribution als eine ihrer Rechtmäßigkeitsbedingungen systematisch voraus; somit stehen diese Rechte auf der Ebene materieller Güterverteilung grundsätzlich nicht zur Disposition. Dies will heißen: Freiheitsrechte sind inalienabel, im Gegensatz zu „normalen" Rechten (ich kann das Recht, das ich auf eine Sache habe, abtreten). Der verelendete Arbeitslose kann nicht die Position eines gut gefütterten Sklaven erlangen. Es handelt sich hier um eine Art Simonieverbot – um ein Verbot also, geistliche gegen weltliche Güter zu verhandeln, das darauf beruht, daß geistliche Güter weltlichen Gütern nicht nur wertmäßig übergeordnet seien, sondern daß es sich hier um heterogene, inkompatible Werte handelt.

Diese Konzeption des Gesellschaftsvertrages hat zwei wichtige Konsequenzen. Erstens wird Freiheit (qua Handlungsberechtigung mit Blick auf Belangenrealisierung) egalitär über die Kontraktanten verteilt. Eine Ungleichverteilung von Freiheit würde ja bedeuten, daß den Interessen des einen größeres Gewicht beigelegt wird als den Interessen anderer; dies wäre mit den Restriktionen innerhalb der Kontraktsituation inkompatibel[60]. Zweitens (dies ist freilich eher eine Voraussetzung als eine Konsequenz der Vertragsidee) gilt die staatliche Ordnung nicht mehr als naturoder gottgegebene Institution, als eine Macht also, die vom Willen der ihr Unterworfenen unabhängig ist. Im Gegenteil: Existenz und Aufgabenstellung der staatlichen Ordnung sind das Resultat instrumenteller, auf jeweils eigene Belange der Individuen gerichteter Kalkulation – der Zweck des Staates koinzidiert mit dem Motiv seiner Gründer. Dies hat zur Folge, daß nun nicht etwa der Staat das Recht erhält, die (im Rahmen des Gesellschaftsvertrages definierte) Freiheit seiner Bürger einzuschränken bzw. ihnen vorzuschreiben, wie sie zu leben haben. Der Staat hat den Interessen aller Bürger zu dienen, insofern diese Interessen eben die Interessen *aller* Bürger sind[61]. Hiermit unverträglich sind staatliche Maßnahmen, die bestimmte Lebensweisen subventionieren oder gar monopolisieren bzw. erschweren oder gar unterbinden[62]. Die Trennung von Staat und Gesellschaft[63] ist somit ein liberales Anliegen: Die Gesellschaft stellt sich dar als apolitischer Freiraum für individuellen Vollzug des jeweils anvisierten Guten Lebens. Dagegen unterliegt die Gesellschaft nach der Auffassung weltanschaulich-fundierter Herrschaft politischer Regelung (ein extremes Beispiel wäre die gesetzliche Anordnung sonntäglichen Kirchenbesuchs;); ein solches Gemeinwesen verschafft Lebensorientierung[64], die dem Individuum politisch-gesellschaftlich vorgegeben ist und es somit vom Zwang entlastet, grundlegende Entscheidungen über das Gute Leben selbst und eigenverantwortlich treffen zu müssen. Der Überbau weltanschaulicher Gesell- oder Gemeinschaften ist ein Ensemble von Verhaltensmustern, Überzeugungen und axiologischen Standpunkten, das für den Lebensstil der Individuen prägend ist oder sein soll. Dem Individuum, das eine entsprechende Gesinnung entwickelt, werden Identitätsbewußtsein, Sinngebung und Lebensperspektive ermöglicht (oder auferlegt).

Wenn nun, in liberaler Sicht, das Gute Leben ein (mehr oder weniger) reflektiertes Leben ist, wenn also den darin involvierten Wertsetzungen kognitive Prozesse vorausgehen und Werteverwirklichung von solchen Prozessen gesteuert wird („Normen"), dann wird die zunächst materiell-ökonomisch verfaßte Freiheit auf der Ebene des Bewußtseins als Meinungsfreiheit manifest (die Religionsfreiheit ist, wenn ich recht sehe, das älteste Menschenrecht). Der liberale Staat wird sich jeder Einmischung auf dem Terrain politischer Meinungen, Religionen, Weltanschauungen usw. enthalten und nur darauf achten, daß bestimmte (gesetzlich festzulegende) Grenzen nicht überschritten werden. Aber auch wenn dieser Staat sich keinerlei Werturteil über Erscheinungen auf diesem (sagen wir: kulturellen) Gebiet zugesteht, so kann er doch Meinungsvielfalt und Wertediversität als solche für einen Wert halten – sei es an sich, als Ausdruck allgemeinen Sich-Wohlfühlens, sei es instrumentell in dem Sinne, daß Meinungen und Weltanschauungen einander befruchten oder miteinander konkurrieren und somit eine Entwicklung zu größerem kulturellen Reichtum gefördert wird. Der Liberalismus kann beanspruchen, daß seine normative Vorgabe „größtmögliche Freiheit unter der Bedingung gleicher Verteilung" die Voraussetzung schlechthin kultureller Vielfalt ist, daß er der Entfaltung menschlicher Kreativität konkurrenzlos günstig gesinnt ist. Dies entspricht John Stuart Mills Standpunkt: Angesichts menschlicher Unvollkommenheit sei Pluralität von Meinungen und Lebensentwürfen, die sich, im gewaltfreien Wettstreit miteinander, theoretisch und praktisch bewähren müssen, um überleben zu können, eine Bedingung gesellschaftlichen, ja menschlichen Fortschritts. Es kann und sollte unter diesem Gesichtspunkt dann doch der Fall sein, daß sich der liberale Staat in den kulturellen Markt einmischt, indem er etwa Initiativen (die ohne Subventionierung keine oder nur geringe Chancen haben) fördert – nicht weil er ihnen selbst einen Wert zuspricht, sondern weil sie zu kultureller Pluralität beitragen.

Das Recht als solches ist legitimiert durch seine Funktion: den Bürgern das Gute Leben zu ermöglichen, wobei diese Ermöglichung jedoch nur in der Absicherung der für ein solches Leben essentiellen Güter besteht – was ihre Erwerbung und ihren Besitz betrifft. Da diese Absicherung für jedermann gilt, hat der Liberalismus, was diesen Punkt angeht, Allgemeinwohl im Visier. „Staat und Recht konnten in diesem System nur die Funktion haben, die Grundlage der bürgerlichen Gesellschaft – das Privateigentum – zu garantieren und den allgemeinen Rahmen festzulegen, innerhalb dessen die freie Konkurrenz der Wirtschaftssubjekte und der Meinungen sich entfalten konnte. Rechtlich freie und gleiche Individuen sollten ihre Beziehungen untereinander durch frei vereinbarte private Verträge regeln – gleichgültig ob es sich um politische, ökonomische oder andere Fragen, ob es sich um Arbeitszeit, Geschäftsbeziehungen oder Ehe handelte"[65]. Die Funktionalität des Rechts ist für jedermann *Grund*, sein Verhalten den Regeln der Rechtsordnung zu unterwerfen: Universalisierung von Regelübertretung führt zur Vernichtung dieser Funktionalität, deren Existenz sozusagen ein Eigeninteresse zweiter Stufe der Individuen darstellt. Da jedoch Gründe, zumal wenn sie unmittelbarem Eigeninteresse zuwiderlaufen, nicht eo ipso zu *Motiven* werden, hat die Rechtsordnung Gegenmotive (Strafandrohungen) zur Hand, die darin begründet sind, daß Trittbrettfahren dem Gleichheitsgrundsatz widerspricht. Liberal-bürgerliche Tugend ist Verinnerlichung des Grundes und läßt Regelübertretung als mögliches Motiv gar nicht erst aufkommen. Der Staat ist der Garant der bürgerlichen Freiheitsrechte. Dies heißt auch: Mißtrauen ist ein Gebot, denn just der Staat hätte die Macht, mit diesen Rechten kurzen Prozeß zu machen. Daher muß es eine Verfassung, muß es Gewaltenteilung geben, nicht jedoch ohne weiteres Demokratie, die eine Gefahr darstellt, wenn die Mehrheit nicht von der liberalen Wirtschaftsordnung profitiert und, an die Macht gekommen, Gesetze erläßt, welche die auf das ökonomisch erfolgreiche Individuum zugeschnittenen Freiheitsrechte einschränkt. Mit der Demokratie hat der Liberalismus dann auch lange Zeit erhebliche Schwierigkeiten gehabt. Selbst für Kant impliziert die beste, d.h. die republikanische Verfassung, in welcher der kategorische Imperativ auf das „äußerliche" Handeln projiziert ist, keineswegs politische Partizipationsrechte der Bürger (geschweige den Wohlfahrtsstaat).

Charakteristisch für die liberale Sichtweise ist die Tatsache, daß Freiheit als „Raum" aufgefaßt wird: als Ensemble objektiv-möglicher Handlungsalternativen, das von der staatlichen Macht rechtlich abgesichert wird – man könnte demnach „Freiheit" auch als „das Ensemble von Rechten zu handeln" umschreiben. „Das moderne Recht (...) ist wesentlich Freiheitsrecht. Als solches aber verweist es zugleich auf die rechtliche Gleichheit der Menschen. Denn wenn die Freiheit das einzige gleichsam angeborene Menschenrecht sein und als konstitutives Prinzip der gesamten Rechtsordnung zur Geltung kommen soll, kann die rechtliche Freiheit ihre Grenze nur an der Freiheit, nämlich an der *gleichen Freiheit* des anderen, finden"[66]. Freiheit ist eine objektive Eigenschaft des gesellschaftlichen Umfeldes der Person, unabhängig von ihren jeweiligen Präferenzen und Aktivitäten, unabhängig auch von ihrem (Un-)Willen, sich der Freiheit zu bedienen. Was das Individuum innerhalb seines „Raumes" zuwegebringt, wie es dort sein Lebensglück definiert, sucht und findet, liegt außerhalb des Rahmens der Freiheitsproblematik als solcher. Die liberale Sichtweise ist strikt individualistisch[67]: Jedermann ist Konstrukteur seiner eigenen – höchstpersönlichen und einzigartigen – Persönlichkeit. Diesem Individualismus liegen zwar systematisch *allgemeine* normative Randbedingungen voraus (die Kodifikation der „negativen Freiheit") – das Individuum wendet ihnen sozusagen den Rücken zu –, aber die Vorstellung ist, daß der Mensch „rein aus sich selbst", auch unabhängig von gesellschaftlich-kulturellen Koordinaten, seine spezifisch-eigene Konzeption des Guten Lebens kreiert und verwirklicht. „Jeder Mensch hat, solange er nicht die Gesetze der Gerechtigkeit verletzt, vollkommene Freiheit, sein eigenes Interesse auf seine eigene Weise zu verfolgen und sowohl seinen Gewerbefleiß wie sein Kapital mit dem Gewerbefleiß und den Kapitalien anderer Menschen oder anderer Klassen von Menschen in Konkurrenz zu bringen"[68]. Indem es seine individuellen Kapazitäten und Talente so weit wie möglich zum Tragen bringt, bewerkstelligt das Individuum die Maximalisierung seines Wohlergehens. Die Beziehung zum Mitmenschen wird von den Randbedingungen negativ bestimmt („noli me tangere"); ein positiver Bezug auf den bzw. Solidarität mit dem Mitmenschen sind – aus der Perspektive dieser Randbedingungen – kontingent, dem Zufall, ob jemand Mitmenschlichkeit in seinen Lebensplan integriert, überlassen[69]. Gerecht ist jede Verteilung von Gütern, die sich jeweils aus dem Geflecht vertragsbasierter, d.h. je nach Marktlage taxierter allgemeiner Kooperation ergibt. Dies ist bloß Implikat der egalitären Freiheitsdistribution: der Freiheit, über sein Eigentum (etwa seine Arbeitskraft) verfügen – also kaufen und verkaufen – zu können einerseits, und dem Verbot widerrechtlicher (d.h. gesellschaftsvertragswidriger) Aneignung fremden Eigentums andererseits. Das (man möchte sagen: moralische) Defizit dieser, nur auf egalitärer Freiheitsverteilung basierten Sichtweise distributiver Gerechtigkeit ist offensichtlich: Einerseits gestatten Marktbedingungen extreme Unterschiede an Einkommen, ohne daß dies ungerecht wäre; andererseits hat niemand, der, aus welchen Gründen auch immer, kooperationsunfähig ist, einen auf Gerechtigkeit gegründeten Anspruch auf einen Anteil am gesellschaftlich erwirtschafteten Produkt.

Der Locke'sche Gesellschaftsvertrag definiert, was rechtens ist, aber im rein negativen Sinne des Verbots von Grenzüberschreitungen. Er enthält nicht den positiven Aspekt von Ansprüchen auf faire Anteile am gesamtgesellschaftlichen Wohlstand – wie immer man „fair" definiert, sei es vom Leistungs-, sei es vom Bedürfnisprinzip her. Restriktionen der Güterverteilung im Naturzustand („jeder nur so viel, daß für andere genug übrig bleibt", „niemand mehr, als er selbst verbraucht") werden nicht in den Vertrag übernommen. Zumal das Leistungsprinzip, mit dem Liberale soviel hermachen, ist weder Vertragsbestandteil noch Vertragsimplikat – „es ergibt sich irgendwie" aus anthropologischen und ökonomischen Prämissen, ist aber keine kontraktuell fundierte Norm der Güterverteilung. Grundlage legitimen Vermögenserwerbs ist der interindividuelle Vertrag, die frei gewollte Übereinkunft. Inhaltliche Determinanten einer Wertäquivalenz zwischen den Gütern, die im Vertrag verhandelt werden, sind vertragsextern, gemäß der reinen Lehre dem Markt überlassen. Es läuft daher dem Gesellschaftsvertrag nicht zuwider, wenn zu solchen Determinanten Faktoren zählen, die mit Leistung nichts tun haben, was wiederum bedeutet, daß Vermögenserwerb im

Rahmen der Vertragsfreiheit auch dann legitim ist, wenn ihm keine wie auch immer angemessene Leistung entspricht. Es ist also erklärlich, daß just Liberale mit der Habgier von Konzernchefs und Politikern (die ja mit sich selbst Verträge abschließen, indem sie ihre sog. „Aufwandsentschädigungen" in eigener Regie festlegen) keine Probleme haben.

Das liberale Denken überantwortet Zwecksetzungen und Zielstellungen den persönlichen Präferenzen der Individuen, aber es hat die Tatsache zu berücksichtigen, daß Präferenzen aus axiologischen Standpunkten hervorgehen und nicht umgekehrt. Eine allgemeine Vorstellung bezüglich des „Guten" liegt systematisch[70] (und chronologisch) jeder präferentiellen Attitüde voraus: Der Mensch trifft seine Entscheidungen immerzu aus dem Blickwinkel eines allgegenwärtigen Werte-Horizonts; Werte, nach deren Maßgabe explizit Zwecke oder Ziele gesetzt werden, sind nichts anderes als Konkretisierungen dieser Hintergrundwerte, deren Projektionen auf die Wirklichkeit – man macht sich etwas zum Zweck, eben weil man es für wertvoll hält. Dies ist im liberalen Denken selbst deutlich erkennbar. Der Begründer dieses Denkens, John Locke, konzipiert den Menschen von vorneherein als „homo oeconomicus", d.h. als ein Wesen, für welches materielles Wohl als fundamentaler Wert fungiert[71]. Die gesellschaftliche Form, die diese Wertorientierung innerhalb des Naturzustandes angenommen hat, wird über den Gesellschaftsvertrag auf die politische Ordnung transferiert; die Aufgabe dieser Ordnung liegt darin, just diese Form politisch und rechtlich abzusichern. Die Kontraktanten lassen sich nur deswegen auf das Unternehmen „Gesellschaftsvertrag" ein, weil sie Freiheit, Sicherheit und Wohlstand für Güter, also für wertvoll halten. Sofern aber Ziel- und Zwecksetzungen aus (persönlichen) Präferenzen resultieren, sind diese Präferenzen wiederum in tiefliegenden Hintergrundwerten (Werten zweiten Grades) gegründet. Zwecksetzung impliziert Wertbestimmung; sie setzt – als Auswahlkriterium und Bedingung von Begründbarkeit – evaluative Gesichtspunkte voraus, die in der puren Faktizität (in welcher der Zweck-Kandidat angesiedelt ist) nicht präsent sind, sondern an sie herangetragen werden. Das Zweck-Sein eines Gegenstandes ist keine „natürliche" Eigenschaft desselben; seine natürlichen Eigenschaften qualifizieren den Gegenstand zum Zweck, indem sie ihn als Verwirklichung einer der Zwecksetzung vorgängigen Axiologie zu erkennen geben. Handlungen sind Mittel der Zweckrealisierung; Zweckrealisierungen sind Mittel der Werteverwirklichung, der Transformation empirischer Realität in wertadäquate Wirklichkeit. Genau dies will und tut der Liberalismus nicht. Eine liberale politische Ordnung, die glaubt, ohne systematisch-vorgeordnete Prämissen bezüglich „des Guten" die allgemeinen Randbedingungen für maximale persönliche Freiheit präsentieren zu können, *auf Grund derer* Individuen erst ihre Werte konzipieren und ihre Zwecke setzen, ist selbst axiologisch tief präformiert.

Wir haben zwei Ebenen voneinander zu unterscheiden, auf denen das liberale Denken operiert. Erstens geht es um Entscheidungsprozesse, die das liberale Modell selbst legitimieren sollen, also den Gesellschaftsvertrag. Bei Locke stellt sich dies so dar, daß die Vertragspartner über einen gemeinsamen Erfahrungsschatz verfügen, auf Grund dessen sie bestimmte Güter als zugleich wertvoll und gefährdet betrachten; das Vertragsmotiv ist ihr Wille, das Gefährdungspotential, dem diese Güter ausgesetzt sind, zu minimalisieren. Rawls' Teilnehmer an der „original position" verfügen zwar über keinerlei Erfahrung, aber sie wissen „a priori", daß sie – wie auch immer die Umstände, in die sie geraten, und wie auch immer die Vorstellungen vom Guten Leben, die sie haben werden – jedenfalls zweier Arten von Gütern bedürfen werden: (1) maximale persönliche Freiheit (unter der Bedingung egalitärer Verteilung) und (2) maximaler Wohlstand (unter der Bedingung gerechter Verteilung[72]). Man kann wohl sagen, daß sich in der Periode zwischen Locke und Rawls (Kant!) das Subjekt des Gesellschaftsvertrages seiner Wurzeln in der Empirie entledigt hat und die Entscheidung für den Vertragsentwurf statt aus kontingentem (erfahrungsgeleitetem) Willen aus „reiner Vernunft" hervorgehen läßt[73]. Hier erscheint Will Kymlickas „freischwebendes Ich"[74] auf der Bühne, d.h. ein Subjekt, dessen Deliberationen keinerlei axiologische Standpunkte vorausliegen bzw. das sich von dergleichen Standpunkten, wenn es sie hat, soweit distanzieren kann, daß sie für sein Reflektieren keine Rolle mehr spielen. Nur ein solches Subjekt, außerhalb jeglicher kultureller Zusammenhänge stehend und somit vollkommen vorurteilslos und unparteilich, könnte eine politische Ordnung entwerfen, die jedermann vernünftigerweise akzeptieren kann. Dies wäre eine Ordnung, die spezifische axiologische Setzungen (stillschweigend) weder enthält noch ausschließt – in deren Rahmen sich also jegliches Werte-Ensemble tummeln darf, wenn es nur akzeptiert, daß sie eine Ordnung für *jedermann* ist. Das freischwebende Ich ist demnach eine Instanz, die, ohne von axiologischen Prämissen auszugehen, Werte setzt und sich eine politische Ordnung ausdenkt, in der diese Werte voll zum Tragen kommen, wobei die Werte, die es setzt, allgemein-menschlich sein sollen, sei es auf Grund gemeinsamer Erfahrung, sei es aus „reiner Vernunft". Wir hätten also einen Dreisprung von einem wertneutralen Subjekt, das eine basale Axiologie installiert, hin zu einer Pluralität spezifischer Wertsetzungen, die der Bedingung zu genügen haben, mit dieser Axiologie kompatibel zu sein.

Die zweite Ebene, auf der sich das liberale Denken manifestiert, ist die konkrete Lebenswelt innerhalb der, auf erster Ebene konstituierten, liberalen Ordnung. Hier soll Freiheit in Lebenswirklichkeit umgesetzt werden, sollen Lebenspläne im Rahmen gesicherter politisch-juridischer Randbedingungen verwirklicht werden. Entscheidend ist, daß die liberale Ordnung bzw. die diese repräsentierende politische Macht in keiner Weise in die jeweilige Lebensgestaltung der Individuen eingreift – weder aus Eigenbelang, noch aus dem Motiv paternalistischer Bevormundung[75]. Es ist freilich ein Unterschied, wen oder was der Liberalismus im Visier hat: das (religiöse) Weltanschauungsregime, das einen bestimmten (gottgefälligen) Lebensstil monopolisiert und seinen Untertanen aufzwingt (so etwas hat Kant im Auge), oder den Sozialstaat, der allerdings auch in die Privatfreiheit seiner Bürger eingreift, indem er ihnen finanzielle Mittel wegsteuert, um seine Aufgaben zu finanzieren. „Eines ist die entmündigende Glücksverordnung (…), ein anderes, ein ganz anderes ist es, durch eine Umverteilungspolitik im Zeichen der sozialen Gerechtigkeit für möglichst viele und immer mehr Menschen die ökonomischen und sozialen Voraussetzungen für ein eigenbestimmtes Dasein zu sichern und so die aus der sozialen und ökonomischen Ungleichheit resultierende Freiheitsbenachteiligung zu kompensieren"[76].

Man sollte sich in diesem Zusammenhang aber vor Augen führen, daß eine liberale Gesellschaft nicht sowieso zugleich eine freie Gesellschaft ist. Es gibt neoliberale Fundamentalisten, für die Freiheit darin besteht, daß sich niemand die Freiheit nimmt, freiwillig seinen eigenen Freiheitsraum einzuschränken und – horribile dictu – dergleichen auch anderen zu empfehlen bzw. andere dazu aufzufordern. Der gnadenlose Hedonismus dieses Fundamentalismus heischt: „Alles, was nicht ausdrücklich verboten ist, ist nicht nur erlaubt, sondern *muß*, je nach günstiger Gelegenheit, ergriffen und ausgeschlachtet werden". Es läuft dem Selektionskriterium „günstige Gelegenheit" zuwider, wenn Personen oder Gruppen dem Bereich des Erlaubten auf der Grundlage (etwa religiös geprägter) Lebensrichtlinien entgegentreten, also sozusagen a priori ganze Klassen günstiger Gelegenheiten als für eigene Entscheidungen nicht in Betracht kommend ausblenden. Die Reaktion der Neoliberalen auf solche Ketzereien besteht in Verhöhnung, Mundtotmachung und politisch-gesellschaftlicher Exkommunikation. Frei ist eine Gesellschaft erst dann, wenn sie Lebensorientierungen, die der fundamentalliberalen Ideologie wider den Strich laufen, nicht nur gelassen ertragen kann, sondern als Manifestationen von Freiheit positiv zu würdigen weiß.

Es ist nun die Frage, ob negative Freiheit – „Freiheit des Handelns" – die Gesamtheit dessen umfaßt, was man unter Frei-

heit versteht, oder ob sie davon nur einen Aspekt darstellt. Es gibt
natürlich auch „positive Freiheit"[77]; diese hat zum Inhalt, daß das
Individuum nicht nur über einen rechtlich-garantierten „Raum"
verfügt, sondern auch über die Mittel, um sich der dort objektiv-
gegebenen Alternativen bedienen zu können. Der Grundsatz des
Liberalismus lautet: Freiheit ist das Recht, Eigentum zu erwerben und nach Belieben darüber verfügen zu können. Daß mir
niemand die Freiheit streitig machen darf, mir ein teures Feuerzeug anzuschaffen, ist ein Fortschritt, verglichen mit Gesellschaften, wo der Besitz von Luxus und „Statussymbolen" eine
Frage des Standes ist. Diese Freiheit ist gleichwohl von geringer
Bedeutung, wenn ich den Preis dieses Feuerzeugs nicht bezahlen
kann. „Positiv frei" bin ich also, wenn ich dieses Feuerzeug sehr
wohl bezahlen kann; Alternativen, Wahlmöglichkeiten sind dann
nicht nur abstrakt, sondern auch konkret gegeben. Zur positiven
Freiheit rechne ich jedoch nicht nur „äußerliche", materielle,
sondern auch „innerliche" Umstände, wie etwa den Besitz intellektueller Kapazitäten und Interessen („Bildung"), aus deren
Perspektive Alternativen und Möglichkeiten aufscheinen, die
man als „Ungebildeter" nicht sieht bzw. sozusagen a priori als
unattraktiv ausblendet. Offensichtlich ist „positive Freiheit" eine
Möglichkeitsbedingung des „Genusses negativer Freiheit" und
somit dieser – systematisch – untergeordnet. Freilich ist „positive Freiheit" von ausschlaggebender Bedeutung für den sozialen
Standard, an dem sich eine Gesellschaft ausrichtet. Dies bedeutet
im günstigen Falle, daß möglichst viele ihrer Bürger, sei es durch
die Organisation der Ökonomie, sei es mittels staatlicher Maßnahmen, in die Lage versetzt werden, ihre „Freiheitsräume" für
tatsächliche Lebensgestaltung fruchtbar zu machen. Eine „dog-
matisch-linke" Sichtweise wird auf eine de facto-Gleichverteilung
„positiver Freiheit" orientiert sein (was freilich eine erhebliche
Einschränkung „negativer Freiheit" involviert); eine „gemäßigt-
linke" Position wird Gleichverteilung im Rahmen „positiver Freiheit" eher im Sinne von *Chancengleichheit* auffassen, es sich also

zum Programm machen, daß möglichst jeder imstande ist, aus der Angebotspalette „negativer Freiheit" dasjenige mit Aussicht auf Erfolg zu verwirklichen zu suchen, was seiner Vorstellung eines Guten Lebens am ehesten entspricht. Auch der Liberalismus spricht von Chancengleichheit; es ist dies der mathematisch-genaue Egalitarismus auf der Ebene der Rechte und Freiheiten. Von dort her gibt es nichts, was den einzelnen hindern könnte, sein Glück zu machen – nichts versperrt einem Menschen, der ohne Beine geboren ist, die Möglichkeit, den Weltrekord im Marathonlauf zu brechen. Nach diesem Verständnis ist jede Verteilung materiellen Wohlstandes gerecht, die auf der Grundlage egalitärer Freiheitsdistribution und unter der Bedingung rechtskonformen Handelns zustandekommt. Ausgeblendet wird die Chancenlotterie, die unterhalb dieser abstrakten Ebene, im wirklichen Leben, ihr Unwesen treibt. Die gemäßigt-linke Position will die abstrakt-formale Chancengleichheit des Liberalismus sozusagen materiell unterfüttern und teilt daher mit diesem eine stillschweigende Prämisse: daß Ausgangs- und Vollzugsbedingungen des „pursuit of happiness" für alle (möglichst) gleich sein sollen, nicht jedoch das Resultat. „Chancengleichheit" bedeutet also: für jedermann (approximativ) gleiche (wie auch immer jeweils definierte) Ausgangsbedingungen (einschließlich weitestgehender Kompensation intellektueller, emotionaler und körperlicher Behinderungen) für Wahl, Entwicklung, Formgebung und Führung eines Lebens zu schaffen, welches das jeweilige Individuum als „gut" erfährt[78]. Konstitutiv wird für diese Erfahrung sein, daß sich das Individuum dessen bewußt ist, daß es selbst der- oder diejenige war, der oder die dieses Leben „gemacht" hat und zu führen imstande ist – daß also nicht alles, was für dieses Leben erforderlich ist bzw. woraus es aufgebaut ist, von außen serviert wurde. Ein aristotelischer Lehrsatz lautet, daß Menschen Befriedigung daraus schöpfen, daß sie ihre persönlichen Kapazitäten zur Geltung bringen können, und daß diese Befriedigung umso größer ist, je anspruchsvoller die Aufgaben sind, die mittels dieser Kapazitäten bewältigt werden. Ein Leben, in das nicht Selbstachtung und Selbstrespekt involviert sind, ist als Gutes Leben schwerlich vorstellbar.

Dem Liberalismus steht das autonome Individuum vor Augen, das auf zweckrationale Weise seinen Eigeninteressen nachgeht (wobei es selbst bestimmt, worin dieses Interesse gelegen ist) – eventuell verbunden mit der Behauptung, daß, wenn jedermann zweckrational seinen Eigeninteressen nachgeht, sich als (vom Individuum nicht intendiertes) Resultat Maximalisierung des Gemeinwohls ergibt: „Das Anliegen des Liberalismus ist die Entfaltung des Individuums; sie soll so umfassend sein, wie es der Handlungsraum anderer Individuen und die Belange der Allgemeinheit überhaupt zulassen. Entscheidend kommt es dem Liberalismus darauf an, die individuelle Entfaltung gegen alle formellen und informellen Eingriffe und Behinderungen zu schützen"[79]. Fremdinteressen sind nur dann handlungsrelevant, wenn sie instrumentell zum Eigeninteresse in Beziehung stehen.

Die Menschen sind rationale Egoisten, d.h. Leute, die über erfolgsrelevante Kapazitäten verfügen und diese zweckorientiert und energisch einzusetzen wissen – dies *sind* sie unter der Voraussetzung, daß sie vom falschen Bewußtsein, von den „Idolen" der Tradition, vom metaphysisch-theologischen Überbau befreit sind. Dies ist die Anthropologie des Liberalismus. Primär für den „homo oeconomicus" ist sein Interesse, sein Eigentum, sein privates Kapital, zu vermehren; sekundär ist sein Interesse an selbstbestimmter Lebensführung jenseits des Marktes. Der Liberalismus enthält sich somit der Normsetzung im Bereich dessen, was die wenigen Verbote, welche die negative Freiheit bestimmen, nicht ausschließen. Jedermann weiß von sich aus, was er persönlich unter dem Guten Leben versteht, und was er tun muß, um es zu verwirklichen. Man kann auch von „Emanzipation" sprechen, von einem „Abhängigkeitsverhältnisse durch Selbstverfügungsprozesse ersetzenden Prozeß"[80]. Freilich wird dem Individuum auferlegt, die materiellen Ressourcen seines Lebensstandards selbst zu erwirtschaften; es kann nicht erwarten, daß ihm aus anderen, namentlich gesellschaftlichen Quellen Mittel zufließen. Man könnte das Aufkommen des Liberalismus als Übergang von der Status- zur Erfolgsgesellschaft bezeichnen: „An die Stelle einer berufsständisch oder durch ererbte Privilegien vorgegebenen Hierarchie tritt ein durch Besitz, Stellung im Produktionsprozeß und Bildungsniveau definiertes, prinzipiell durchlässiges soziales Gefüge. An die Stelle überkommener korporativer Bindungen tritt der Individualismus als maßgebendes Prinzip sozialer Beziehungen"[81]. Der Liberalismus bietet das größtmögliche Spektrum an Freiheitsräumen für die individuelle Entfaltung Guten Lebens: von der Freiheit des Erwerbs über die Freiheit der Selbstpräsentation z.B. in der Kunst hin zur Freiheit sozialen Engagements. Und der Egoismus in seinem Menschenschenbild ist an sich nicht verwerflich; er hat nicht definitorisch zum Inhalt, daß Eigeninteressen durch Überwältigung fremder Interessen durchgesetzt werden müssen oder daß Geld und Macht das Einzige seien, was im Leben zählt. „Egoismus" hat hier zu bedeuten, daß neben der Wahrnehmung eigener Interessen ein von außen unerzwungenes, nicht von einer fremden Axiologie auferlegtes und somit eben aus eigener Authentizität hervorgegangenes Wohlwollen dem Menschenbild des klassischen Liberalismus wenigstens dann nicht widerstreitet, wenn die Priorität des (ökonomisch definierten) Eigeninteresses gewährleistet ist.

Freiheit ist eine dreistellige Relation: „X ist frei von Y, um Z tun zu können". Freiheit als solche ist somit eine Kombination aus negativer und positiver Freiheit, und dies sind zwei Aspekte, die man nur böswillig voneinander isolieren kann. Wählen wir ein aktuelles Beispiel: Islamitische Fundamentalisten halten sich selbst wohlwollend für Freiheitskämpfer, und der Aspekt negativer Freiheit liegt im Abschütteln, wie sie es nennen, westlicher Fremdherrschaft. Aber welcher Art ist der positive Aspekt – *wozu* wollen sie negativ frei sein? Man kann sich nicht täuschen: zur Errichtung theokratischer Regime. Nun ist natürlich die Frage, ob sie das Recht haben, dies zu tun, bzw. ob George W. Bush das Recht oder sogar die Pflicht hat, weltweit, auch mit militärischem Zwang, Demokratie zu installieren und zu verlangen, daß die Leute dies freudig begrüßen. Auf der Grundlage des Freiheitsbegriffs, der auf maximalem Handlungsraum beruht, können wir sagen, daß einerseits niemand verpflichtet ist, von einem Recht Gebrauch zu machen – so betrachtet haben sie das Recht, Regime dieser Qualität zu errichten und sich ihnen zu unterwerfen. Andererseits heißt: von einem Recht keinen Gebrauch zu machen, nicht: dieses Recht aufgeben oder verlieren. Und dies bedeutet, daß niemand legalerweise gezwungen werden kann, unter einem solchen Regime zu leben, bzw. daß jedermann das Recht behält, ihm den Rücken zuzukehren, ohne daß ihm oder ihr die Kehle durchschnitten wird. Genau dies ist nicht die Sichtweise der Fundamentalisten. Unter ihrer Herrschaft leben heißt: rechtlos zu sein im Sinne einer möglichen Entscheidung gegen diese Herrschaft und ihre Auswüchse – Abtrünnige sollen ja ermordet werden, und abtrünnig ist schon jeder, der zweifelt, Regeln übertritt oder gar das Regelsystem reformieren will. Man sollte übrigens, mit Blick auf totalitäre Macht, auch Etikettenschwindel im Auge haben. Es gibt starke und schwache Rechte: Das starke Recht, p zu tun, habe ich, wenn ich p tun kann oder darf, aber zugleich auch p nicht bzw. etwas anderes tun kann oder darf, während das schwache Recht nur bedeutet, daß ich p tun kann oder darf, und zugleich verpflichtet bin, p zu tun. Tautologischerweise gewähren totalitäre Regimes alle Rechte, die aus Pflichten hervorgehen, welche den Bürgern auferlegt werden. Ziel von Indoktrination ist, daß die Bürger den Pflichtenkatalog verinnerlichen und dem Unterschied zwischen starken und schwachen Rechten keine Aufmerksamkeit widmen. Nach DDR-Verständnis lag Freiheit darin, genau das zu tun, was dem (von Politbüro und Parteitagen definierten) Interesse der Arbeiterklasse entsprach. Das „Kleine politische Wörterbuch"[82] erklärt uns: „(…) persönliche Freiheit besteht nicht in Unabhängigkeit von der Gesellschaft, nicht in anarchistischer Zügellosigkeit, sondern in der realen Möglichkeit, seine individuellen Fähigkeiten und Bedürfnisse in Einklang mit den Grundinteressen der Gesellschaft frei zu entfalten und zu be[s]tätigen". „Freie Entfaltung" soll (im Sinne negativer Freiheit) heißen, daß das Individuum durch nichts gehindert werden soll, seine positive Scheinfreiheit, also seine Pflichten gegenüber dem in der Parteispitze geronnenen Kollektivinteresse, nach den Richtlinien des jeweils aktuellen Fünf-Jahres-Plans in rastlose Tätigkeit umzusetzen. Freilich wird man von dieser Seite her einwenden, daß die positive Freiheit, die der Kapitalismus formal-abstrakt allen Individuen zugesteht, seinerseits Scheinfreiheit ist, da dem Proletarier gar nichts anderes übrig bleibt, als jede angebotene Arbeit zu ergreifen und, im Wechselbad von schlecht bezahlter Arbeit und Arbeitslosigkeit, ein Leben zu führen, wo von Umsetzbarkeit positiver Freiheit keine Rede ist. Andererseits sei für Leute, die sich einiges leisten können, Gemeinwohl oder wenigstens Gemeinwohlverträglichkeit als Leitmotiv des Handelns höchstens eine Frage privater Grundsätze, wohl gar bloß Dummheit, die dem eigenen Lebensspaß zuwiderläuft. Zwischen „anarchistischer Zügellosigkeit" und bürokratischer Detailregelung individueller Lebensläufe liegt der Kompromiß darin, Gemeinwohl als regulatives Handlungsprinzip im Bewußtsein der Leute zu verankern, in dessen Rahmen jedoch persönlichen Entscheidungen weiter Raum gelassen wird, also „freie Entfaltung" im Sinne positiver Freiheit zu verstehen ist. Damit nähern wir uns kommunitaristischen Vorstellungen.

Die kommunitaristische Zivilgesellschaft krümmt den Rahmenbedingungen des Liberalismus kein Haar, will jedoch die Haltung der Individuen gegenüber der Gesellschaft verändern. Alles, was nicht in den Tätigkeitsbereich der Politik fällt, aber gesellschaftlich notwendig ist, soll nach liberaler Auffassung der Regelung durch den freien Markt überantwortet werden: dem „do ut des" nach Heller und Pfennig. Dagegen will der Kommunitarismus, daß die Bürger dergleichen gesellschaftliche Probleme selbst lösen, und zwar *qua Bürger*: weder als Politiker noch als Wirtschaftssubjekte. Die Bürger sollen sich, unabhängig von den Regeln des freien Marktes, für die Gesellschaft engagieren, Verantwortung für sie übernehmen, und sie sollen begreifen, daß eine dementsprechende Lebensführung einen Wert darstellt, der für Gutes Leben konstitutiv ist. „Bürgerschaft ist hiernach eine wiederherzustellende moralische Handlungsinstanz. Denn nach Auffassung der Kommunitaristen zeichnen unsere heutige moderne Gesellschaft Individuen statt Gemeinschaft aus. Die alten Werte wurden zwar abgesetzt, an ihre Stelle sind indes keine neuen getreten. Nach Auffassung der Kommunitaristen fand ein Triumph des Individuums über die Gesellschaft statt. Der Mensch als soziales Wesen geht bei diesem Nebeneinanderleben immer mehr verloren. Das ausschließliche Verfolgen privater Interessen zerstört das Netz der gesellschaftlichen Bezüge"[83]. Die Zivilgesellschaft floriert jenseits von Politik und Markt.

Zivilgesellschaftliche Initiativen entziehen sich einerseits der Reglementierung durch die Staatsmacht; somit sind sie bei totalitär-weltanschaulichen Regimen wenig beliebt, welche es ja nicht zu schätzen wissen, wenn Untertanen sich außerhalb der von der Obrigkeit etablierten Richtlinien und organisatorischen Vorkehrungen für Lebens- und Freizeitgestaltung zusammenfinden[84]. Andererseits sollen sie (zunehmend) Aufgaben übernehmen, die der am Liberalismus orientierte Staat von sich abschüttelt. Die zivilgesellschaftliche Problemlösung ist jedoch der liberalen Problemaufhäufung bei weitem nicht gewachsen. Die liberale Losung lautet „schlanker Staat", und dies heißt: Privatisierung – Gesundheitswesen, Energieversorgung, soziale Einrichtungen, bis hin zum Strafvollzug. In kleinem Rahmen kann bürgerliches Engagement einiges bewerkstelligen, aber Angelegenheiten dieser Dimension können von privater Initiative unmöglich bewältigt werden. „Privatisierung" heißt zunächst: Delegierung an den Markt, nicht an die Gesellschaft. Das Argument ist bekannt: „Bürokratie fällt weg, es gibt Konkurrenz, die Distribution von Gütern unter

Marktbedingungen ist effizient und verläßlich, die Sachen werden billiger". Der halbwegs aufmerksame Zeitungsleser findet diese Behauptung tagtäglich widerlegt. Das hehre utilitaristische Motiv, es solle allen Leuten besser gehen, ist hier auch nicht im Spiel – vielmehr sei es ein Skandal, daß es im öffentlichen Leben Bereiche gibt, die nicht unternehmerisch ausgeschlachtet werden; Liberale würden die Milchstraße, die ja immer noch unvermarktet herumlümmelt, an den Meistbietenden verscheuern, wenn sie dies (schon) könnten. Was der Markt nicht übernimmt, weil es unprofitabel ist, wird der Zivilgesellschaft überlassen: Armenspeisung ist ja nach liberalem Verständnis eine Angelegenheit von Kirchen und Heilsarmee. Und wenn die Zivilgesellschaft dergleichen Probleme nicht löst, dann bleiben sie halt ungelöst. Charakteristisch und z.B. in den Niederlanden deutlich sichtbar ist die Tatsache, daß dieser gesamte Abwälzungsprozeß von Politikern, die auf die Bibel schwören, während sie neoliberale Politik betreiben, mit kommunitaristischer Rhetorik übertüncht wird. Dieser Neoliberalismus deklariert den hedonistischen Egozentrismus mit seinen Implikationen wie Raffgier, Rücksichtslosigkeit, und soziale Kälte zur Tugend schlechthin des postmodernen Individuums. Die Modellierung von Politik und Gesellschaft nach den Richtlinien dieser Ideologie involviert die Destruktion aller Organisationen und Institutionen, die, vom Staat getragen oder subventioniert, gemeinschaftsbezogene Werte (wie etwa Sorge für und um den Nächsten oder Solidarität) repräsentieren und somit dem Egozentrismus entgegenstehen. Dagegen scheinen mir, wenigstens in der Theorie, sowohl christliche als auch sozialistisch/ sozialdemokratische Politik der Anlage nach kommunitaristisch zu sein, da beide jeweils auf gemeinschaftsbezogene Werte ausgerichtet sind. Die Dichotomie „konservativ / progressiv" hat hier ihren Ort, je nach Inhalt des jeweiligen Werteensembles, während der Neoliberalismus keines von beiden ist, da er außer der Selbstbefriedigung keinerlei Werte anerkennt.

Verwandt mit dem Liberalismus, aber kein Zwilling desselben

ist der Utilitarismus. Er ist letzteres deswegen nicht, weil er Regeln auferlegt, die inhaltlich bestimmt sind und somit weit über das hinausgehen, was der Liberalismus an Normen etabliert. Man kann ihn in vier Schritten kurz umreißen[85]: (1) Die Basistheorie des Utilitarismus ist der Konsequentialismus, d.h. die Methode, moralische Regeln auf der Grundlage von Handlungsfolgen zu erstellen. Dies setzt eine allgemeine Axiologie voraus, in deren Licht diese Folgen bewertet werden. (2) Die Axiologie wird inhaltlich bestimmt als menschliches Glück, d.h. der Konsequentialismus wird zum Utilitarismus spezifiziert. (3) „Glück" wird definiert, und dies führt zu verschiedenen Varianten von Utilitarismus (von denen der Hedonismus nur eine ist). (4) Der Utilitarismus intendiert Allgemeinwohl („the greatest happiness of the greatest number"); dies ist der Kern seiner Axiologie. Diese wird in das ethische Prinzip „maximize happiness" („laß dich bei all deinen Entscheidungen vom Gesichtspunkt des Allgemeinwohls leiten") transformiert, und von hier aus werden moralische Regeln begründet. Es ist klar, daß hier auch die Politik ein anderes Gesicht erhält. Unnötige Gesetze, die Glück im Wege stehen, sind abzuschaffen (hier stimmt der Liberalismus zu), aber hinzukommt, daß politischem Handeln allgemeine Glücksermöglichung oder gar -schaffung als Leitmotiv auferlegt ist. Benthams Bestimmung des Staates als „fabric of felicity by the hands of reason and of law"[86] darf man in diesem Sinne verstehen. Was die Individuen betrifft, so installiert der Utilitarismus Normativität innerhalb des von negativer Freiheit umgrenzten Handlungsbereichs, den der Liberalismus als Spielraum persönlicher Willkür den Individuen überläßt (was der Liberalismus freilich als illegitimen Eingriff in die individuelle Freiheit betrachtet). Dem Individuum wird die Pflicht auferlegt, – nicht etwa dem Altruismus zu frönen, d.h. Fremdinteressen grundsätzlich gegenüber Eigeninteressen den Vorrang zu geben, sondern – Interessen personsunabhängig nach ihrem objektiven Gewicht zu wägen, also unabhängig davon, ob es sich jeweils um Eigen- oder um Fremdinteressen handelt

(„disinterestedness" bzw. „benevolence": „the impartial treatment of every man in matters that relate to his happiness"[87]). „Benevolence" impliziert „impartiality", hat jedoch einen Bedeutungsüberschuß. „Impartiality" will sagen: Ich bevorzuge niemanden auf Grund persönlicher Umstände, aber dies könnte bedeuten, daß ich die Leute ohne Ansehen der Person zum Henker schicke. „Benevolence" dagegen soll heißen: Ich entscheide unparteilich, aber ich habe das Wohl der Menschen im Auge. Eigene Interessen sind (aus der Sicht des unbeteiligten Beobachters) nicht privilegiert gegenüber den Interessen anderer; meine Interessen sind nicht deswegen dringlicher als die Interessen anderer, weil sie *meine* Interessen sind, und die Interessen anderer sind nicht deswegen dringlicher als die meinigen, weil sie die Interessen *anderer* sind. Es ist also nicht so, wie Karol Wojtyla meinte, daß der Utilitarismus „die ‚Nützlichkeit für mich' zum einzigen Kriterium der menschlichen Beziehungen macht"[88]. Die Distribution von „Glückseinheiten" gemäß der Dringlichkeit der jeweiligen Interessen soll die Maximalisierung einer Totalsumme gesellschaftlichen Glücks herbeiführen. Dies ist der utilitaristische Verteilungs*modus*.

Andererseits muß es einen Verteilungs*maßstab* geben, d.h. ein Kriterium dafür, wie Interessen zu gewichten sind bzw. was überhaupt als gerechtfertigtes Interesse durchgehen kann. Sagen wir zunächst: Ein Interesse ist ein Anspruch auf Bedürfnisbefriedigung; man kann dann Interessen nach den ihnen zugrundeliegenden Bedürfnissen sortieren. Hier reicht die Palette vom Hedonismus bis zu Präferenzen (d.h. reflektiertem, rational begründetem Interesse, das erstens nicht egoistisch und zweitens nicht auf Lust und Unlust gegründet sein muß), aber ich will betonen, daß keine mir bekannte Variante des Utilitarismus rein hedonistisch ausgerichtet ist. Am nächsten kommt dieser Position Jeremy Bentham, aber auch er behauptet nicht, daß sinnlich-leibliche Genüsse jeder anderen Art von Genuß prinzipiell vorzuziehen seien; behauptet wird nur, daß bei Entscheidungen zwischen Genüssen verschiedenen Typs die Intensität (neben anderen, ebenfalls rein quantitativen Größen wie Dauer, Fruchtbarkeit, Reinheit, Gewißheit usw.) des Lusterlebnisses den Ausschlag gibt („quantity of pleasure being equal, pushpin is as good as poetry"). Spätere Versionen des Utilitarismus gewichten Bedürfnisse nach qualitativen Gesichtspunkten, und die Quantität des Genusses tritt in den Hintergrund[89].

Bedürfnisse sind subjektive Befindlichkeiten und haben zunächst keine Aussagekraft über den Wert dessen, worauf das Bedürfnis gerichtet ist. Man kann sie natürlich qualitativ gewichten, aber es bleibt der Umstand, daß eben ein Bedürfnis vorliegen muß, bevor Distribution von Gütern bzw. von „Glückseinheiten" stattfinden kann. Die Frage lautet: Kann es Interessen geben, die bestehen, ohne daß mit ihnen Bedürfnisse verbunden sind bzw. wobei Bedürfnisse vorliegen, die diesen Interessen zuwiderlaufen? Hat das halbverhungerte, kaum noch leidensfähige Kind ein *Interesse* an Nahrung, hat der notorische Schulschwänzer ein *Interesse* an Ausbildung?[90] Als Alternative zum Verteilungsmaßstab „Qualität oder Quantität des *Bedürfnisses*" tritt ein anderes Kriterium, nämlich das der „objektiven Dringlichkeit der *Mangelbehebung*". Dies führt zu einer (lexikalischen) Rangordnung zu erfüllender Postulate, etwa von der Sicherstellung primärer Lebensbedürfnisse über die Schaffung von Rahmenbedingungen für die Verwirklichung rationaler Lebenspläne bis hin zu Einrichtungen für Jux und Dollerei. „Gesellschaftliches Glück" im Sinne des Utilitarismus liegt dann in der weitestgehenden Erfüllung solcher Postulate; „Glück" als Bedürfnisbefriedigung im trivialen, landläufigen Sinne kommt erst an letzter Stelle explizit zum Tragen. Man kann hier die Pointe des Utilitarismus von der Glücksausschüttung zur Voraussetzungsgewährleistung verschieben und etwa postulieren: „Maximiere universell und egalitär-zugänglich die materiellen und intellektuellen Ressourcen, derer jeder bedarf, um ein selbstbestimmtes, nach rationaler Planung gestaltetes Leben zu führen". Diese „gemäßigt-linke" Lesart entschärft die Horrorvorstellung Kants, ein Glücksbringer könnte vorschreiben, *wie* man glücklich zu sein hat: Es geht ja nur darum, die Voraussetzungen des Glücks, nicht dieses selbst zu schaffen. Ernährung und Bildung wären somit keine eigentlichen Glücksgüter, sondern Bedingungen des Erwerbs derselben.

Will man es nun nicht dem Zufall überlassen, wer wann und unter welchen Umständen von der Erfüllung solcher Postulate profitiert, muß man diese Aufgabe dem Staat (nicht nur der Gesellschaft) übertragen. Nur er kann die Einhaltung des utilitaristischen Verteilungsmodus garantieren, sofern man diesen statt kumulativ (maximales Glück, wie auch immer verteilt) distributiv auffaßt, d.h. daß dem Modus nur dann Genüge getan ist, wenn alle bzw. möglichst viele Individuen am gesellschaftlichen Glück partizipieren („the greatest happiness *of the greatest number*"[91]). Hier protestiert der Liberalismus. Erstens kann es für das Individuum keine Pflichten geben, die die Mehrung des Glücks anderer Leute zum Inhalt haben; fremdes Glück ist ja nur eine nicht-intendierte (wenngleich nicht grundsätzlich unerwünschte) Nebenfolge eigenen Glücksstrebens. Zweitens gerät der Utilitarismus in geraden Widerspruch zum Liberalismus, wenn es ihm einfällt, eine politische, also mit staatlicher Machtbefugnis ausgestattete Instanz zu installieren, die „von oben" den Bürgern Glücksportionen zuteilt – nach welchem Maßstab auch immer. Jeder hat für sich selbst zu sorgen, und wenn er für andere sorgt, dann gefälligst ohne staatlichen Zwang.

Ein weiterer Einwand des Liberalismus kann zum Inhalt haben, daß eine von Wünschen und Bedürfnissen der Individuen unabhängige Interessenbestimmung diktatorisch, bestenfalls paternalistisch und als dem Menschenbild der Aufklärung widerstreitend unakzeptabel sei. Man könnte polemisch (ad hominem) erwidern, daß die massive Manipulation der Menschen durch die (gerade in der neoliberalen Wirtschaftsordnung blühend gedeihende) Werbung just über die Schiene der Bedürfnisgenerierung läuft, und daß es unmöglich ist, im Durchschnittskonsumenten das autonome, seine Entscheidungen *selbst* frei treffende Subjekt wiederzufinden – im neoliberalen Individuum also, das sich einbildet, seine authentischen, wohldurchdachten Belange zu handhaben, und das sich doch bloß mitreißen läßt im Strudel der Raff- und Hallodriagesellschaft (deren tiefschwarze Nachtseite die Armut ist). Es ist jedoch einzuräumen, daß objektive Interessenbestimmung paternalistische Züge aufweist, aber die Gefahr für Freiheit und Autonomie, die man hier wittert, kann entschärft werden: Richtlinien und Maßstäbe der Interessenbestimmung werden gerade mit Blick auf Freiheit und Autonomie konzipiert. Sozialstaatlichkeit, Gesundheits- und Bildungswesen usw. sind keine Glückshäppchen, die den Leuten von der Obrigkeit ins Maul gestopft werden; sie sind, wie Kersting das nennt, „konditionale Güter": „Von derartigen Gütern gilt allgemein, *daß sie nicht alles sind, alles aber ohne sie nichts ist*. Sie besitzen einen Ermöglichungscharakter; ihr Besitz muß vorausgesetzt werden, damit die Individuen ihre Lebensprojekte überhaupt mit einer Aussicht auf Minimalerfolg angehen, verfolgen und ausbauen können"[92]. Man kann ohne Irrtumsrisiko behaupten, daß jedermann an solchen Gütern ein objektives Interesse hat, das sich umgehend in ein subjektives Bedürfnis verwandelt, sobald man sie in Anspruch nehmen muß oder will. Ein Liberalismus (auch ein Utilitarismus), der die egalitäre Distribution solcher Güter ablehnt (sie etwa den Reichen vorbehalten will), ist pervers und menschenfeindlich. Paternalistisch im guten Sinne heißt, Zugänglichkeit und Finanzierung konditionaler Güter gerecht zu verteilen: die Zugänglichkeit egalitär, die Finanzierung nach Tragkraft (letzteres heißt: „Solidargemeinschaft"). Paternalistisch im schlechten, vom Liberalismus zurecht angeprangerten Sinne sind Obrigkeiten, die die „Lebensprojekte" selbst der Individuen mittels Glücksverheißungen dirigieren und die Inhalte ihrer Indoktrination als objektive Interessen der Untertanen camouflieren. Es ist dies das gar nicht hoch genug zu schätzende Verdienst der liberalen Tradition (oder wenn man es allgemeiner will: des Aufklärungsdenkens[93]) – der Appell nämlich, sich aus seiner „selbstverschuldeten Unmündigkeit" herauszubequemen und all das, was von außen als „wahre Interessen" aufoktroyiert wird, (nicht in Bausch und Bogen zu verwerfen, aber) kritisch zu prüfen und auf Legitimität zu hinterfragen. Ein Interesse ist nicht in dem Sinne „objektiv", daß es von außen, von der oder einer objektiven Wirklichkeit dargeboten und aufgefaßt wird; „objektiv" will heißen, daß ein solches Interesse vernünftig erwogen, rational nachvollziehbar ist und auf jedermann zutrifft, bei dem die einschlägigen Randbedingungen erfüllt sind.

Ein objektives Interesse ist *Grund* des Handelns, nicht notwendigerweise (auch) *Motiv*. Ein Bedürfnis hat man, und sei es durch Manipulation; ein Interesse macht man sich reflektierend eigen. Das Individuum selbst soll ermitteln, was seine objektiven Interessen sind: „Ich habe nicht das Bedürfnis, mich mittels einer Autobombe in die Luft zu sprengen – aber ist dies mein objektives Interesse? Auch das nicht! Also gehe ich lieber einen trinken". Dies heißt aber auch (und das ist der schwache Punkt: siehe Werbung), diese Interessen selbstkritisch von Bedürfnissen zu unterscheiden. „Aufgeklärt" ist ein Mensch, der sich frei und autonom gegenüber einerseits metaphysisch/theologischen Chimären und -ismen sowie andererseits seinen eigenen Bedürfnissen verhält. Illustrativ hierfür ist Epikur, ein aufgeklärter alter Grieche. Nachdem er sich davon überzeugt hatte, daß erstens die Götter sich mit sich selbst, nicht mit den Menschen beschäftigen (also „von außen" bzw. „von oben" nichts Relevantes zu erhoffen oder zu befürchten ist), und daß zweitens gerade Bedürfnisse menschlichem Glücksstreben zuwiderlaufen, teilte er dieselben ein in natürlich/notwendige (wie Essen und Trinken), natürlich/nicht-notwendige (wie etwa Sex) und nicht-natürlich/nicht-notwendige (wie Reichtum, Macht und Ansehen). Der Weise ißt und trinkt, er befaßt sich mit Sex, wenn ihm die Gelegenheit dafür über den Weg läuft, aber er lehnt Reichtum, Macht und Ansehen ab, und zwar aus der Einsicht heraus, daß dergleichen Bedürfnisse der Gemütsruhe abträglich sind (einem immer wieder anzutreffenden Vorurteil entgegen ist Epikurs Lebenskunst gerade nicht hedonistisch ausgerichtet)[94]. Epikur belehrt uns: „Siehe zu, daß du frei von Schmerz und Leid bist (απονια) – wenn das nicht gelingt und es unerträglich wird, dann ist Selbsttötung der Ausweg –, und laß dich nicht verführen von dem wertlosen Dreck, hinter dem Leute, die nicht wissen, was sie tun, herjagen – dies ist Gemütsruhe (αταραξια): Ein besseres Leben kannst du nicht führen". Und seine Auffassung über den Tod ist bekannt: „Man bemerkt ihn ja nicht – wenn er kommt, ist man weg". Freiheit von unbegründeter Angst und Gemütsruhe machen das Gute Leben aus.

Wenn wir die Pflicht haben, Interessen dieser Art bei anderen zu fördern, so haben wir genau diese Pflichten auch gegenüber uns selbst – so urteilt der unparteiische Betrachter, dem es ja gleichgültig ist, ob Träger und Adressat einer Pflicht verschiedene Personen sind. Es gibt also „Liebespflichten" gegenüber der eigenen Person, dem Diktum Schopenhauers zuwider[95], wenn wir den Bezugsbereich dieser Liebe auf objektive Interessen einschränken. Pflichten aus Selbstliebe haben dann zum Inhalt, unsere Interessen all dem vorzuordnen, was wir aus Zuneigung zu unseren Trieben und Begierden sonst zu tun geneigt sind – solche Pflichten können also dem zuwiderlaufen, was unsere Gefühlswelt einfordert.

Der Begriff des objektiven Interesses involviert eine kritische Attitüde „nach innen und nach außen", und zwar im Sinne von Quellen, aus denen Interessen ihre (vermeintliche) Gültigkeit schöpfen. Ein „Außen" anderen Typs ist die Menschenwelt, die (so würde der Liberalismus im Gegensatz zum Utilitarismus behaupten) keine Quelle eigener Interessengenerierung oder -gestaltung ist, dieser aber eine Restriktion auferlegt: nämlich das Kriterium der Interessenkompatibilität unter Freien und Gleichen, was darauf hinausläuft, daß ein legitimes Interesse der Verallgemeinerungsfähigkeit als notwendiger Bedingung zu genügen hat – auch für Liberale ist die Freiheit nur über den Wolken grenzenlos. Die

Position des Utilitarismus ist logisch stärker. Der Grundsatz „maximize happiness" transferiert Interessen (an Glück) in legitime Ansprüche: Wer unglücklich oder nicht glücklich genug ist, hat ein Recht darauf, daß ihm andere (im Idealfall der Staat) beispringen. Hier geht es um mehr als nur konditionale Güter – Paternalismus im schlechten Sinne liegt auf der Lauer.

Allgemein halten wir fest, daß der Begriff des objektiven Interesses zwei definitorische Bestandteile enthält. Zunächst geht es darum, daß ein objektives Interesse *personsunabhängig* bestimmt wird: Die Personalien des Trägers eines solchen Interesses sind für die Festlegung des Dringlichkeitsgrades desselben ohne Bedeutung. Sodann soll die Gewichtung eines solchen Interesses *affektunabhängig* vorgenommen werden: Die Profitgier des am Hunger in armen Ländern verdienenden Konzernchefs kann unmöglich als ein Belang aufgefaßt werden, der dem Interesse des erwähnten Kindes an Nahrung auch nur annähernd an Dringlichkeit gewachsen ist, d.h. daß die Heftigkeit des Begehrens keinen Indikator für die Dringlichkeit des zugehörigen Interesses abgibt.

Man muß sich übrigens klarmachen, daß der Utilitarismus keine Moral für Lebensgenießer ist. Denn nach dieser Auffassung ist nicht das Gute Leben („happiness") selbst moralisch wertvoll, sondern die Ermöglichung desselben: Die Moralität einer Handlung liegt in ihrer Eigenschaft, einen (größtmöglichen) Beitrag zur allgemeinen Glücksbilanz (einem außermoralischen Wert[96]) zu leisten. Nicht der Genießer ist somit der moralisch Handelnde, sondern der Tätige; dies unterscheidet den Utilitarismus von Sichtweisen, die das Gute Leben selbst moralisch sanktionieren. Dies wirft allerdings das Problem auf: Wann ist der Utilitarist eigentlich glücklich? Vor der Alternative „glücklich sein oder Glück schaffen" stehend muß er sich immer für das Zweite entscheiden. Oder kann man seinen Beitrag zur Glücksmaximalisierung (auch) dadurch leisten, daß man glücklich ist, statt Glück zu schaffen? Oder ist man glücklich dadurch, daß man Glück schafft? Was geschieht aber in diesem Falle mit der ungeheuren

Masse geschaffenen Glücks, das dann ungenutzt herumliegt? Die Vorstellung vom Utilitaristen als rastlosem Glücklichmacher hat karikaturale Züge. Dies wäre ein Mensch ohne eigene Freiheit und Persönlichkeit, ohne Lebensstil und Lebenspraxis. Er wäre eigentlich das genaue Gegenteil des liberalen Freien, denn welcher für die Lebensgestaltung signifikante Unterschied besteht zwischen einer Kirche, die mir vorschreibt, den ganzen Tag zu beten, und einem ethischen Prinzip, das mir abverlangt, den Tag hindurch Leute glücklich zu machen? Selbst der Weihnachtsmann hat gelegentlich Freizeit und kann sich dem Suff widmen (wie Hans Scheibner feststellte, als er ihn auf der Reeperbahn in einer polizeilich verbotenen Piesel traf). Viel sympathischer ist ein Utilitarist Mill'scher Prägung, der Verhaltensweisen in seinen Lebensstil integriert, nach denen zu handeln allgemeinwohldienlich ist. Integration bedeutet, daß Handeln in diesem Sinne nicht neben dem eigenen Glücksstreben herläuft, sondern Bestandteil desselben ist. Dies wäre inetwa Tugend im aristotelischen Sinne, kommunitaristisch gewendet, d.h. Praxis als Vollzug Guten Lebens. Eine solche Haltung braucht gar nicht nur intellektuell erworben und prinzipiengeleitet umgesetzt zu werden – auch Gefühle sind lernfähig, oder besser: Die Gefühlswelt „springt an", wenn man ihr die Dimension der Sozialität eröffnet. Der Ertrag ist dann nicht nur schale Zufriedenheit einzig aus dem Bewußtsein, seine Pflicht getan zu haben, sondern zudem Befriedigung des authentischen Bedürfnisses, zum Wohlergehen anderer, die es brauchen, beizutragen.

Ein auf kurzfristige, jeweils eigene Bedürfnisbefriedigung fixierter Vulgärliberalismus dürfte mit dem Utilitarismus seine Schwierigkeiten haben. Der rationale Egoist eines reflektierten Liberalismus könnte sich dagegen mit dem Utilitarismus arrangieren – aus der Einsicht heraus, daß stabile politische und gesellschaftliche Verhältnisse sowie allgemeiner Wohlstand auch ihm selbst die Umsetzung seiner Lebenspläne ermöglichen, und daß uneigennützige und unparteiische Förderung fremder Interessen somit ein Umfeld schafft, in dem er frei und autonom seinen Weg gehen kann.

Es gab und gibt vielleicht noch Liberale, die man in eine solche Idylle hineindenken kann, ohne sich in Weltfremdheit zu verirren. Die Wirklichkeit der liberalen Gesellschaft ist eher grausam als idyllisch. Für den Liberalismus ist jede Verteilung von Wohlstand richtig (oder gerecht), die aus dem Handeln der Wirtschaftssubjekte hervorgeht, sofern es dem Recht und den Regeln des Marktes genügt[97]. Jeder erhält, was er verdient bzw. was ihm als Gegenwert seiner Leistung zusteht, wohingegen für den Utilitarismus jede Verteilung gerechtfertigt ist, die dem größten allgemeinen Nutzen entspricht, d.h. (distributiv gesehen) daß jeder hat, dessen er bedarf, und möglichst auch, was er sich wünscht. Leistung und Bedürfnis sind Distributionskriterien, die, denke ich, nur in einer „idealen Marktwelt" (was immer das sein mag) koinzidieren, d.h. dort wäre die Erfüllung der utilitaristischen Forderung sozusagen ein Implikat liberal organisierter Wirtschaftspraxis. Daß sich der „reflektierte" Liberale dazu durchringt, über den Tellerrand seines Credos „machst nix, hast nix, bist nix" zu klettern und mit dem Bedürfnisprinzip faule Kompromisse zu schließen, wird von der traurigen Einsicht motiviert, daß das liberale Modell unter empirischen Bedingungen eben kein Optimum an allgemeinem Wohlstand zuwegebringt, sondern im Gegenteil für viele Menschen Verelendung produziert. Daß Menschen alt und krank werden, daß sie, selbst wenn sie arbeitslos sind, weiterhin essen und wohnen wollen, daß sie, auch wenn sie es nicht selbst finanzieren können, für ihre Kinder eine Ausbildung wollen, und daß sie, in die Enge getrieben, auf destruktive Gedanken kommen – all dies sind Defizite menschlicher Natur, derer sich die Empirie dem liberalen Modell gegenüber zu schämen hat. Doch die Empirie bleibt stur: Es gibt Bedürfnisse, die nicht durch Eigenleistung gestillt werden können, und deren Ungestilltheit Gefahren heraufbeschwört. Der zähneknirschende Flirt des Marktliberalismus mit dem Bedürfnisprinzip ist auf nichts anderes aus als auf Kompensation einer unerwünschten, weil gefährlichen Folgeerscheinung liberalen Wirtschaftens, mit der die Empirie die hehre Doktrin besudelt.

Doch sehen wir vom Marktliberalismus ab und stellen uns Menschen vor, die ihren persönlich-privaten Lebensstil nach liberalen Grundsätzen gestalten. Dann kommt die Möglichkeit einer Gesellschaftsform in den Blick, welche eine Kombination liberaler und utilitaristischer Ansätze darstellt und die man „kommunitaristisch" nennen kann. Liberal an dieser Gesellschaft ist der Umstand, daß die Teleologie menschlichen Handelns nicht von der Politik definiert und implementiert wird, sondern der Gesellschaft, den Bürgern überlassen wird. Das utilitaristische Element liegt darin, daß man das Wohlergehen des Kollektivs im Visier hat, daß also das Handeln des Einzelnen immer oder zumeist auch auf den Nutzen der Gruppe, im Grenzfall der ganzen Gesellschaft gerichtet ist. Der Charakter des Kommunitarismus liegt darin, daß individuelles Handeln sich vollzieht im Einklang mit einer allgemeinen Zwecksetzung – „daß man mitmacht", wenn es etwa darum geht, in einem Stadtteil Kinderbetreuung zu organiseren oder die Landschaft gegen die Industrie zu verteidigen. Gesellschaft dieses Zuschnitts beruht also darauf, daß der Einzelne bereit ist, sich gesellschaftlich (also an einem Strang mit anderen) für einen Zweck zu engagieren, der in den Bereich des Allgemeinwohls fällt, daß er sich für etwas verantwortlich fühlt, was die (jedenfalls kurzfristigen) Eigeninteressen übersteigt. Es geht hier um Zwecke, deren Realisierung die unsichtbare Hand nicht aus der Summe aller individuell-selbstbezogenen Handlungen hervorzaubert. Dies ist die „Zivilgesellschaft"[98]; sie besteht aus engagierten Bürgern, welche die Gesellschaft für jedermann lebenswert machen möchten. Eine solche Gesellschaft ist liberal geprägt, wenn sie aus rational-kalkulierenden Egoisten besteht, die ihre langfristigen Interessen (oder die ihrer Kinder) im Auge haben; sie ist kommunitaristisch gefärbt, insofern ihre Bürger den jeweiligen gemeinsamen Zweck als einen Wert betrachten, dessen Dignität nicht auf persönlich-egoistische Motivation zurückgeführt werden kann.

Das Problem des Verhältnisses zwischen Liberalismus und Kommunitarismus ist auch das Problem der Beziehung zwischen Markt und Gesellschaft. Es gibt gesellschaftliche (oder wenn man es allgemein will: menschliche) Werte, die, wenn man sie auf den Markt transferiert, nicht als ökonomische Werte reproduziert werden – die also im Nichts verschwinden: Der Markt ist ein „Moralverzehrer" (Wilhelm Röpke). Verkommerzialisierung der Gesellschaft, die der liberale Markt betreibt, bedeutet allgemeines Recht auf Konsum, aber es gibt dort keine Pflichten mehr, die über den bloßen Marktmechanismus des Kaufens und Bezahlens hinausgehen. Werte, auf deren Instandhaltung oder Verwirklichung dergleichen Pflichten gerichtet sein können, treten in einer vermarkteten Welt nicht mehr auf oder sind dort zumindest nicht mehr sichtbar. Folgendes Beispiel ist illustrativ: Es war und ist bei Familien Gewohnheit, die Mahlzeiten gemeinsam zu Hause einzunehmen. Solche Mahlzeiten sind nicht bloß zweckrationale Reproduktion von Arbeitskraft, sondern stellen für diese Menschen einen Wert eigener Dignität dar. Die Werbestrategie amerikanischer Hamburger-Ketten ist darauf aus, diese familiären Strukturen und „Rituale" zu zerschlagen: Man will erreichen, daß die Individuen, wann immer es im Umtrieb ihrer Geschäftigkeit gelegen kommt, möglichst am Auto-Schalter den dort feilgebotenen Fraß verschlingen. Der letzte Heuler auf dem Immobilienmarkt ist dementsprechend, wie ich hörte, daß es künftig in Häusern und Wohnungen gar keine Küchen mehr geben soll. Genau dergleichen Entwicklungen will der Kommunitarismus gegensteuern. Rational-kalkulierender Egoismus ist als anthropologischer Blaudruck des realen Menschen bereits inadäquat; was Menschen zum Handeln bewegt, ist erstens keineswegs immer zweckrational und zweitens nicht durchgängig auf Zwecke orientiert, die von einem Egoismus, wie Liberale ihn sich vorstellen, überhaupt selektiert werden können. Ebensowenig ist rational-kalkulierender Egoismus allein hinreichender Garant für die Stabilität des Marktes; auch liberale Wirtschaft kann nicht bestehen, geschweige denn florieren, wenn die Menschen, die dort tätig sind, nicht in kulturell-gesellschaftlichen Zusammenhängen verwurzelt sind und von dort her „Tugenden" mitbringen, die aus bloßem Eigenbelang kaum hervorgehen können: Ausdauer, Treue, Ehrlichkeit, Pflichtbewußtsein, Respekt, Hilfsbereitschaft. Die Gesellschaft lebt vom materiellen Zufluß aus dem Markt, aber der Markt zehrt von gesellschaftlichen Tugenden.

Man könnte sich – und dies ist nun ein anderes Thema – vorstellen, daß in einer Gesellschaft weltanschaulich-verfaßte, also auf jeweils eigene Wertvorstellungen ausgerichtete Gemeinschaften nach liberalem Modell koexistieren – diese Gemeinschaften wären sozusagen die „Individuen" dieser Gesellschaft. Dann ergibt sich jedoch das Problem, daß der Liberalismus zwar hinnimmt, wenn ein Individuum seine eigenen Grundrechte verletzt (falls so etwas möglich ist), aber sehr wohl einzuschreiten hat, wenn Gemeinschaften den Grundrechten ihrer Mitglieder Gewalt antun. Von hier aus ist es ein großer, wenngleich naheliegender Sprung zu Paul Feyerabends „freier Gesellschaft". Dort gibt es „Traditionen" – von Menschenfressern bis zu Humanisten –, und die wissenschaftlich-rationale Tradition ist nur eine von ihnen. Das will sagen: Diese Tradition ist nicht legitimiert, nach ihren eigenen Maßstäben Werturteile über andere Traditionen zu fällen, oder genauer: sich selbst auf der Grundlage solcher Urteile besondere Rechte zuzuerkennen – etwa das Recht, anderen Traditionen Verhaltensweisen zu ge- oder verbieten. Der Spruch der Vernunft gilt nicht gegenüber der Gaskammer, denn: „*Traditionen sind weder gut noch schlecht; sie existieren einfach.* ‚Objektiv', das heißt unabhängig von Traditionen, gibt es keine Wahl zwischen einer humanitären Einstellung und dem Antisemitismus. Ergänzung: die Rationalität ist nicht ein Schiedsrichter zwischen Traditionen, sie ist selbst eine Tradition (Klasse von Traditionen) oder ein Aspekt einer Tradition. Sie ist daher weder gut noch schlecht, sondern *ist* einfach"[99]. Dies ist jedoch nicht der Schluß von Feyerabends Erzählung. Aus seiner Feststellung „Traditionen sind rational nicht beurteilbar" könnte man schließen: „Also lassen wir es; soll jeder machen, was er will und kann" (dies wäre in etwa der Hobbes'sche Naturzustand). Aber Feyerabends Folgerung ist logisch stärker: Alle Traditionen sind gleich*berechtigt* („Ausgangspunkt ist die Gleichberechtigung aller Traditionen"), und dies ist ein Spruch der Vernunft – einer Vernunft freilich, die über den Traditionen steht, also nicht mit der wissenschaftlich-rationalen Vernunft identisch ist (für die ja Gleichberechtigung nicht in Frage kommt). Diese Vernunft teilt Rechte aus, und da sie keinen Grund sieht, selbige ungleich zu verteilen, entschließt sie sich halt zur Gleichverteilung. Feyerabend versucht nicht, dies kontrakttheoretisch zu begründen, aber das liberale Modell ist deutlich erkennbar (z.B. soll eine Polizei (!) verhindern, daß die Traditionen übereinander herfallen). Freilich: Dort geht es um Individuen, hier dagegen um Kollektive, denen Rechte zuerkannt werden, aber das Recht des Kollektivs ist nicht dasselbe wie Rechte der Mitglieder des Kollektivs. Das „Recht" des Kollektivs, die Genitalien kleiner Mädchen zu verstümmeln, ist etwas anderes als das Recht dieser Mädchen auf körperliche Unversehrtheit – ein Recht, das sie – gemäß Feyerabend – nur dann haben, wenn sie zufällig in einer Tradition zu Hause sind, die ihnen dieses Recht zugesteht – ein Schelm, wer behauptet, es gebe traditionsunabhängige Menschenrechte. Der zentrale Lehrsatz des Liberalismus: „Es geht um das Individuum. Individuen haben Rechte und Freiheiten, nicht dagegen Gruppen und Kollektive" wird von Feyerabend im Namen seines entindividualisierten Metaliberalismus zerklatscht.

Nach liberaler Sicht können sich verschiedenartige Traditionen im Rahmen einer Rechtsordnung manifestieren, die auf die Rechte und Freiheiten der Individuen zugeschnitten ist. Ob Erwachsene freiwillig Rechte nicht wahrnehmen, um den Richtlinien ihrer jeweiligen Tradition zu genügen, darf den Liberalismus nicht interessieren; entscheidend ist, daß sie diese Rechte *haben*, und daß die Rechtsordnung sie verbürgt. Auf dieser Grundlage kann man definieren, was man unter dem Begriff der „multikulturellen Gesellschaft" verstehen will. Daß andererseits Feyerabends Konzept mehr ist als realitätsfernes Geschwafel, erhellt aus der Tatsache, daß in den Niederlanden während der Periode 1994-2002 Multikulturalität in seinem Sinne als Staatsdoktrin installiert wurde – mit dem Unterschied freilich, daß die Funktion von Polizei und Rechtsprechung, Traditionen gegeneinander abzusichern, minimalisiert wurde. So war es gang und gäbe, auch und gerade „traditionsübergreifende" Kriminalität nicht nur zu tolerieren, sondern zudem zu befürworten, wenn sie von Allochthonen, namentlich solchen mit islamitischem Hintergrund, ausging. Für die autochthone Bevölkerung galt das Diskriminierungsverbot: das Verbot, nicht alles (aber auch wirklich alles) begeistert gutzuheißen, was andere „Kulturen" so treiben, oder, schlimmer noch, sich darüber zu beschweren. Wer Einwände gegen den Islam erhob, war Rassist. Eines der Indoktrinationsmittel war ein Schlager-Liedchen, das man täglich wenigstens zehnmal im Radio zu hören bekam, und dessen Refrain verdeutscht lautet:

Fünfzehn Millionen Menschen
auf diesem sehr kleinen Stückchen Erde.
Denen schreibt man keine Gesetze vor,
denen läßt man ihre Würde[100],

was sagen will: Wenn mich jemand dazu auffordert, Gesetze zu respektieren, dann raubt er mir meine Würde. Unliberaler geht's nimmer; man muß dabei wissen, daß die klassische liberale Partei der Niederlande, die VVD, als Juniorpartnerin in dieser Regierung (Wim Kok) ihr Unwesen trieb. Ich erwähne dies, um zu illustrieren, wie gründlich sich auch eine liberale Partei selbst pervertieren kann, wenn sie der Macht wegen ihre Prinzipien verabschiedet.

Feyerabends (im Hinblick auf den Schutz der Individuen) defizitärer Metaliberalismus ist auch mitnichten ein zivilgesellschaftlicher Entwurf – eben weil er an dieser Stelle defizitär ist. Lassen wir, was den Begriff der Zivilgesellschaft betrifft, Jan Peter Balkenende, derzeit Minister-Präsident der Niederlande, zu Worte kommen: „De civil society is een bont geheel van min of meer zelfstandig optredende kringen. Ieder met zijn eigen aard, taak en waarden en normen. Dit kan alleen functioneren onder de voorwaarde dat er bij alle kringen consensus bestaat over één overkoepelend normenkader. Alleen zo kan een rijke verscheidenheid bestaan, zonder dat de samenleving uiteenvalt of aan onderlinge conflicten ten onder gaat"[101]. Also: Reiche (weltanschauliche, religiöse) Verschiedenheit unter einer gemeinsamen Kuppel normativer Grundvoraussetzungen. Es geht um Gruppen, deren Mitglieder sich an Verhaltensmustern, Überzeugungen und axiologischen Standpunkten orientieren, welche auf lange Sicht für diese Gruppen kennzeichnend und obendrein für sie qua Gruppen konstitutiv sind, und die den zugehörigen Individuen Identitätsbewußtsein, Sinngebung und Lebensperspektiven vermitteln.

Man muß festhalten, daß der Kommunitarismus mit *Gruppen* zu hat; die Zeiten (etwa der mittelalterlichen Gesellschaft) sind vorüber, wo es ein Weltanschauungsmonopol gab, wo also der Staat die Aufgabe hatte, allgemeinverbindlich „eine substanzielle Konzeption des guten Lebens zu verteidigen und zu fördern"[102]. Das klassische Modell der Zivilgesellschaft, auf das Balkenende sich beruft, ist die Idee der „soevereiniteit in eigen kring", das von Abraham Kuyper in der zweiten Hälfte des 19. Jahrhunderts konzipiert und in der ersten Hälfte des 20. Jahrhunderts von Herman Dooyeweerd in seinem monumentalen Werk „De wijsbegeerte der wetsidee" abschließend weiterentwickelt wurde. „Souveränität" soll heißen, daß der Staat sich nicht in „kringen" („Kreise") einzumischen hat – es sei denn, daß dort Individuen Unrecht zugefügt oder Gewalt angetan wird. Es ist genau die normative „Überkuppelung", die Balkenendes Sichtweise von der Feyerabendschen unterscheidet. Nun muß man diese Kuppel im Sinne liberaler Rechtsgrundsätze verstehen und nicht etwa als eine der Gesellschaft auferlegte Weltanschauung: Dies wäre die Negation der Souveränität der „Kreise" und somit das kontradiktorische Gegenteil der Zivilgesellschaft. Das heißt, daß Kreise legitim sind, die erstens die Individualrechte ihrer Mitglieder respektieren, und die sich zweitens rechtswidriger Übergriffe auf andere Personen oder Kreise enthalten; gesellschaftlich wünschenswert ist, daß Kreise sich zudem der Kommunikation und Kooperation mit anderen Kreisen öffnen. Kerstings Vorwurf an die Adresse des Kommunitarismus, er beruhe auf dem „Sozialitätsfehlschluß", d.h. er halte Sozialität als solche für einen Wert und habe nicht die Mittel, Gemeinschaften nach inhaltlichen Kriterien zu bewerten[103], geht unter der Voraussetzung ins Leere, daß alle Kreise sich unter der Kuppel häuslich einrichten. Solange sie dies tun, sind sie, „von oben gesehen", legitim, und es ist *unter dieser Bedingung* gar nicht einzusehen, warum Vergesellschaftung (oder besser: Vergemeinschaftung) als solcher nicht ein (außerethischer) Wert sollte zugesprochen werden können. Kantisch gedacht: Außerhalb der Ethik dürfen wir uns auf die empirische Natur des Menschen berufen, wenn wir axiologisch urteilen, und da scheint mir der kommunitaristische Entwurf entschieden wirklichkeitsnäher zu sein als der auf das eigene Selbst fixierte Lebenswandel des liberalen Einzelgängers[104].

Freilich teilt der Kommunitarismus mit dem Liberalismus ein Problem: das der gesellschaftlichen Kohäsion, die über ein Nebeneinander und ein (nur) zweckrationales Miteinander hinausgeht. Der Liberalismus überläßt dies privater Feierabendgestaltung; für eine kommunitaristische Gesellschaft wird dieses Problem allerdings dann zum Problem, wenn es sich um strikt voneinander abgegrenzte Gemeinschaften handelt, deren Durchschnittsmengen leer sind, und wenn sich jeder nur für das engagiert, was er von seinem Dachfenster aus überblicken kann. Dies ergäbe

„Parallellgesellschaften", die zudem noch in sich segmentiert sein können: Werte wie Solidarität und Engagement wären für den Hausgebrauch reserviert. Gesamtgesellschaftliche Kohäsion kann nun nicht dadurch zustandekommen, daß übergeordnete Werte (etwa eine religiöse Doktrin, eine inhaltlich festgelegte „Leitkultur") Integration stiftet; eine zivilgesellschaftliche Leitkultur kann nur Freiheits- und Menschenrechte sowie Demokratie zum Inhalt haben (selbst dies geht Feyerabend zu weit, da er hierin den Herrschaftsanspruch westlicher Rationalität wittert).

Wenn man es nicht von oben auferlegen soll, dann muß es von unten kommen. Das Konzept der „civil society", wie Balkenende es zu verstehen scheint, ist ein Appell an die Bürger, über das bloße, zähneknirschend-gewaltlose Nebeneinander hinauszugehen und Wege eines Miteinander zu suchen, ohne dadurch den Verlust gruppeneigener Identität in Kauf nehmen zu müssen. Nicht zu machen ist dies mit Gruppen, die genau diesen Verlust bei den anderen Gruppen einfordern, sie also unterwerfen wollen. Gegenwärtig laufen zwei Strömungen der Zivilgesellschaft zuwider: der islamitische Fundamentalismus, der keinerlei Werte und Normen anerkennt oder auch nur toleriert, von denen der Prophet Magengeschwüre kriegt, sowie der liberalistische Fundamentalismus, der Religion und Weltanschauung aus der Gesellschaft in die reine Privatsphäre abdrängen und am liebsten ganz und gar in Luft auflösen möchte. Die Trennung von Kirche und Staat ist eine altehrwürdige liberale Forderung – dem liberalen Fundamentalismus geht es jedoch um mehr: um die Trennung von Kirche (oder allgemein: Religion) und *Gesellschaft*, um die Abdrängung von Religion in die innerste Innerlichkeit der Gläubigen, aus der heraus sie höchstens im privaten Betstübchen mal ein wenig frische Luft schnappen darf. Man fürchtet, daß religiöse Gruppen und Organisationen gesellschaftliche Entwicklungen initiieren oder beeinflussen, ohne daß dergleichen von der Vernunft, die diese Liberalen ja gepachtet haben, gutgeheißen werden kann. Man beruft sich dabei auf das Aufklärungsdenken, aber dem ist zu entgegnen, daß die Losung der Aufklärung nicht lautet „keine Religion!", sondern „keine religiöse Intoleranz!" – auch dann nicht, wenn diese von Liberalen ausgeht, die sich ja für religionslos und damit irrtümlicherweise für besonders schlau halten. Es ist eine erwähnenswerte Pointe, daß Kuyper mit seiner Idee gerade gegen den *liberalen* Staat seiner Zeit Front zu machen suchte, der mit seiner antireligiösen Ideologie immer nachdrücklicher ins Alltagsleben der Bürger eingriff.

III Eine christliche Sichtweise

Es wurde die Frage gestellt, ob Freiheit des Handelns das Ganze der Freiheit umfaßt – und dies ist gewiß nicht der Fall. Wenn ich innerhalb meines „Raumes" wählen und obendrein das Gewählte realisieren kann – wer oder was trifft meine Wahlentscheidung? Mit dieser Frage wird das Problem des sog. „Determinismus" berührt, die Frage nämlich, ob die Wirklichkeit, in der wir leben, von einer universalen, jedes Detail beherrschenden kausalen Naturgesetzlichkeit festgelegt wird, ob somit alles, was geschieht (einschließlich der Entscheidungen, die wir treffen), von einer den Geschehnissen jeweils externen Ursächlichkeit bestimmt wird[105]. Daß wir die Illusion haben, frei zu sein, beruht darauf, daß wir objektive Möglichkeit in die subjektiven Handlungsumstände projizieren. Objektive Möglichkeit ist mein Handlungsraum – ich kann heute abend in die Oper oder in die Kneipe gehen –, und in diesem Sinne bin ich frei. Doch was ich heute abend de facto tun werde, wird (sozusagen hinter meinem Rücken) von der Motiv/Charakter-Konstellation determiniert, und in diesem Sinne bin ich gerade nicht frei. Der Determinismus betrachtet menschliche Handlungen als eine Teilklasse der Naturvorgänge, und dies heißt für unser Thema, daß moralisches Handeln ausgeschlossen ist, denn es geht ihm nicht die Entscheidung voraus, moralisch handeln zu wollen. Ein moralisches Gebot oder ein moralischer Appell können höchstens in dem Sinne für eine Handlung ursächlich sein, wie dies der Anblick einer Flasche Whisky sein kann. Die Gegenposition, der Indeterminismus, behauptet demgemäß, daß wir in Bezug auf unsere Entscheidungen und Handlungen selbst ursächlich sind: „Es reicht nicht, daß das Subjekt durch

nichts determiniert ist, es muß sich vielmehr selbst determinie-
ren, selbst der Urheber seiner Akte, die Ursache seiner Bewegung
und seines Wirkens sein"[106] (ein naturphilosophischer Indeterminismus hat dagegen zum Inhalt, daß es unverursachte Ereignisse
gibt). Eine interessante Variante des Determinismus vertritt Arthur Schopenhauer: Die Entscheidungen, die wir treffen, ergeben
sich (1) aus einem Motiv, das von außen an uns herantritt, und
(2) aus demjenigen, was Schopenhauer den „Charakter" nennt:
eine allgemeine Disposition, auf Motive zu reagieren, eine Art
persönliche Gesetzlichkeit. Wenn Motiv und Charakter „zu-
sammenstimmen", dann erfolgt hieraus mit Notwendigkeit die
Entscheidung nebst zugehöriger Handlung. Wichtig ist für Schopenhauer, daß der Charakter unveränderlich ist; was der Mensch
allerdings tun kann, ist seinen Charakter kennen zu lernen („empirischer Charakter") und sodann bestimmte Motiv/Charakter-
Kombinationen zu vermeiden suchen bzw. just herbeizuführen.
Offensichtlich kann selbst bei dem Deterministen Schopenhauer
von einem Rest Freiheit die Rede sein[107].

Schopenhauers Sichtweise suggeriert, daß in der Freiheitsproblematik drei Komponenten präsent sind: der „Raum", die
verursachte bzw. nicht-verursachte Entscheidung, und noch ein
dritter Faktor, in diesem Falle der Charakter. Ein Freiheitsmodell,
das aus drei dergleichen Komponenten aufgebaut ist, fand ich bei
einem Autor, bei dem ich es zunächst nicht gesucht hätte: beim
Kirchenvater Augustinus. Ich denke, daß Augustinus' Modell
eine Sichtweise auf Freiheit an die Hand gibt, welche die bloß
politisch-rechtliche Freiheit des Liberalismus einem umfassenden
Freiheitsbegriff einordnet und mit Bezug auf dessen Konstituenten relativiert.

Die Komponenten, mit denen Augustinus' Theorie des Handelns operiert, und aus denen seine Sichtweise auf Freiheit zusam-
mengesetzt ist, sind die folgenden: (1) „Raum für das Treffen von
Entscheidungen bezüglich Handlungsalternativen" ist vorhanden.
Hier würde ich seine „uti/frui"-Dichotomie positionieren. „Frui"

bedeutet, daß man sich einer Sache verschrieben hat der Sache selbst wegen; es geht also um eine Sache, die man nicht wiederum als Mittel einsetzt, um sich eine andere Sache eigen zu machen. „Uti" verweist auf just dies: etwas instrumentalisieren, um etwas anderes zu realisieren. Der „Raum" hat demnach zu bieten: (a) Möglichkeiten von Handlungen, die selbst für die Sache, der man sich verschrieben hat, konstitutiv sind (deren Ausführung Bestandteil des Guten Lebens ist), und (b) Möglichkeiten von Handlungen, welche die Sache, der man sich verschrieben hat, befördern helfen, ohne selbst in das Gute Leben integriert zu sein. Es geht hier um die „Unterscheidung zwischen dem Zwischenziel oder vorläufigen Ziel, welches auch Mittel sein kann, aber, weil es innerlich-wesenhaft am finalen Charakter und dem ihn begründenden Wert teilhat, eine eigene Erstrebenswürdigkeit besitzt, und dem Mittel, das bloß Mittel ist und dessen ganzer Wert darin liegt, um des Ziels willen dazusein (Nützlichkeit)"[108]. Der „Raum" bietet also sozusagen das „materielle Reservoir des Guten Lebens"; er ist die Welt, in der wir leben. (2) Sodann gibt es bei Augustinus den Willen – „Wille" im Sinne von „die Instanz, welche Entscheidungen trifft und auswählt". Der Wille ist somit das Vermögen, aus dem Material, welches der „Raum" anbietet, zu selektieren (scholastisch: „libertas specificationis" bzw. „libertas contrarietatis" oder „disparitatis"). Wesentlich für Augustinus' Theorie ist die Tatsache, daß der Wille – das „liberum arbitrium" – immer frei ist, d.h. daß die Entscheidungen, die wir treffen, nicht von Faktoren kausal determiniert werden, die diesem Willen äußerlich sind – *wir selbst* sind diejenigen, welche die Entscheidungen treffen, d.h. daß sich der Wille selbst zum Wollen bestimmt (scholastisch: „libertas exercitii" bzw. „libertas contradictionis")[109]. (3) Schließlich tritt – in Analogie zu Schopenhauers Charakter – ein dritter Faktor auf, nämlich die „voluntas".

Die „voluntas" stellt eine allgemeine Lebensrichtung dar, ein Orientiert-Sein auf letztendliche Lebensziele oder, wenn man so will, die jeweils persönliche Konzeption des Guten Lebens;

sie soll, wenigstens virtuell, den Lebenslauf in Richtung auf das höchste Lebensziel hinsteuern: Die „voluntas" steht für die Sinndimension des Lebens. Die (einander ausschließenden[110]) Ausrichtungen der „voluntas" sind der „amor Dei" bzw. der „amor sui" (mit den Varianten „superbia", „curiositas" und „cupiditas"). Das Gute Leben besteht gemäß Augustinus in einer Bindung an etwas in der Weise, daß (a) diese Bindung selbst nicht zerbrechen kann[111] und (b) dasjenige, woran man sich bindet, unvergänglich ist. Selbstredend genügt allein die Bindung an Gott diesen Bedingungen[112]. Wer also sein „Glück" innerhalb der irdischen Wirklichkeit sucht, täuscht sich hinsichtlich der ontologischen Stabilität der Objekte, mit denen er eine Beziehung eingeht: Was irdisch ist, steht unter den Bedingungen der Zeit, ist somit vergänglich und daher keine Quelle des Glücks: „Ihr sollt euch nicht Schätze sammeln auf Erden, wo sie die Motten und der Rost fressen und wo die Diebe nachgraben und stehlen. Sammelt euch aber Schätze im Himmel, wo sie weder Motten noch Rost fressen und wo die Diebe nicht nachgraben noch stehlen"[113]. Ein wichtiges Merkmal der „voluntas" ist darin gelegen, daß sie kein Gegenstand von Wahlentscheidungen ist. Der „amor sui" ist das Resultat des Sündenfalles („peccatum originale"); der „amor Dei" ergibt sich aus einem Gnadenakt Gottes (Augustinus' berühmte Bekehrung – „tolle lege" – war nicht eine Veränderung seiner Einsicht, sondern eine Umwälzung seiner „voluntas"[114]). Nach Gottes Eingriff ins persönliche Leben ist der „amor sui" keine Option mehr. Gottes Gnade wendet Blick und Intention des Menschen auf dessen Heilsperspektive und disponiert zu einer Lebensführung, welche sich auf der Schiene dieser Perspektive vollzieht: Dies sind sozusagen der theoretische und der praktische Aspekt von Gottes Handeln zum Menschen hin, wobei bei Augustinus der praktische Aspekt im Vordergrund steht bzw. die eigentliche hinreichende Bedingung für die Richtungsänderung des Willens konstituiert[115].

Daß Gottes Eingriff überhaupt erforderlich ist, ist die verheerende Folge der Erbsünde, die es uns unmöglich macht, aus eigener Kraft, dank unserer natürlichen Fähigkeiten, unserer „voluntas" die entscheidende Wendung zu Gott hin zu geben; selbst besserem Wissen zuwider bleibt unser Wille ohne diesen Eingriff dem Irdischen verhaftet. Dies ist ein Pessimismus, wie er ungriechischer kaum sein könnte – ein Pessimismus, der noch dadurch verschärft wird, daß Gottes Gnade nur einigen Auserwählten zuteil wird, wobei unerfindlich ist, warum sie, erstens, nur einigen (und nicht allen) zuteil wird, und warum sie, zweitens, gerade denen zuteil wird, denen sie zuteil wird. Die Ausflucht, Gott sei nicht nur gerecht, sondern auch barmherzig, ruft ihrerseits die Frage nach dem Distributionsmodus dieser Barmherzigkeit hervor. Origenes wollte alle zum Heil gelangen lassen (αποκαταστασις[116]), wenn auch nach gründlicher Säuberung im Fegefeuer; seine Auffassung wurde vom 2. Konzil von Konstantinopel (553) verurteilt – Augustinus' „massa damnata"-Lehre hat die Tradition bestimmt. Übrigens: Erbe dieser Lehre ist der menschenverachtende Calvinismus. Man muß erlebt haben, wie ein Orthodox-Gläubiger auf dem Sterbebett auf ein Zeichen Gottes hofft – nein, das ist viel zu schwach: wie er schreit, fleht und winselt um dieses Zeichen seiner Erwählung, und wie er dann, wenn er dieses Zeichen nicht empfängt, elend, zerrüttet und völlig verzweifelt krepiert.

Die Struktur von Augustinus' Sichtweise auf Handlungen bzw. auf Freiheit wurde mir deutlich, als ich die Form eines (rechtwinkligen) Dreiecks auf diese drei Komponenten projizierte, und zwar dergestalt, daß der Schnittpunkt der Katheden, also die Spitze des Dreiecks, die „voluntas" darstellt, während „liberum arbitrium" und „Raum" von den beiden Schnittpunkten von Katheden und Hypothenuse repräsentiert werden.

Aus diesem Dreieck erhellt, daß die „voluntas" die Aufgabe hat, zwischen „liberum arbitrium" und dem „Raum" zu vermitteln: Die „voluntas" fungiert als *Selektionskriterium* für das „liberum arbitrium" mit Bezug auf den „Raum"; sie gibt zu erkennen, was jeweils begehrenswert ist – als Mittel für das Gute Leben bzw. als Bestandteil desselben. Ohne ein solches Kriterium oder einen solchen Gesichtspunkt würden wir uns orientierungslos durch die Wirklichkeit bewegen: Wir wüßten nicht, wofür wir uns zu entscheiden hätten. Ein freier Wille als solcher ist blind; was auch immer der „Raum" zu bieten hat – alles wäre in gleichem Maße begehrenswert bzw. nicht begehrenswert (oder eher: keines von beiden), und somit hätten wir keinerlei Veranlassung, eine bestimmte Wahlentscheidung zu treffen. Wenn wir gleichwohl wählen müßten, so käme diese Wahl aus dem Nichts und hätte mit Freiheit der Entscheidung nichts zu tun, denn es „besteht (…) die Freiheit keineswegs in dem Vermögen, ohne Grund zu handeln – eine solche Wahl wäre bloß eine Kurzschlußhandlung, ein verrückter Einfall, ein unter-menschliche Akt –, sondern in dem Vermögen, sich die Gründe seines Handelns selber zu geben, ein bestimmtes Motiv wirksam zu machen, einen bestimmten Wert als Höchstwert einzusetzen, ihm letztverbindliche Geltung zuzuerkennen (…)"[117]. Gut und Böse sind nicht in den Dingen selbst gelegen, auch nicht in unseren Neigungen und Triebfedern. Moralische Qualifikation tritt erst dann hervor, wenn wir uns entscheiden, d.h. aus einer prinzipiellen Strebensrichtung unseres Willens heraus Dinge gutheißen: Moralität beruht auf der „intentio", der Letztorientiertheit des Willens. Aber für jede Entscheidung, die wir treffen, ist die „voluntas" der *Grund*, nicht das die Handlung bestimmende *Motiv*. Bei jeder Entscheidung ist auf Motivationsebene die (freie) Entscheidung zweiten Grades involviert, den „amor Dei" als Grund wirksam werden zu lassen. Der Mensch ist, von der Struktur seines Willens her, auf die Erlangung all dessen, was er begehrt, angelegt, und dies ist „beatitudo" im Sinne des „finis ultimus formalis", d.h. eines Zustandes, der den definitorischen Merkmalen der Glückseligkeit in abstracto („secundum communem rationem beatitudinis"[118]) genügt: „(…) beatitudo est ultimus finis, in quem naturaliter humana voluntas tanquam in finem tendit"[119].

Die Frage ist jedoch, was *inhaltlich* als höchstes Lebensziel, als „finis ultimus materialis", angesehen wird, und hier stehen der „voluntas" die beiden Wege – der rechte zu Gott und der trügerische zur Welt – offen. Jemand, bei dem sich die „voluntas" als „amor Dei" manifestiert, wird sich innerhalb seines „Raumes" nur für Dinge entscheiden, die – als Mittel – seine Beziehung zu Gott verfestigen – „(...) indem er alles Geschaffene zur Ehre Gottes gebraucht (...)"[120]; alles andere wird er als irrelevant oder schädlich außer Betracht lassen. Just hierin ist die Freiheit des Christen gelegen: Er kann über alles, was sich innerhalb der materiellen Wirklichkeit präsentiert, instrumentell verfügen; an nichts ist er in dem Sinne teleologisch gebunden, daß dort etwas als letztendlicher Zweck seine Entscheidungen bestimmt oder beeinflußt[121]. Die Welt ist ein Dispositionsterrain, auf welchem sich Güter verschiedengradiger relativer Werthaftigkeit hervortun, welche jeweils vom (transzendenten) absoluten Wert her bestimmt ist. Und während für die Freiheit hinsichtlich der materiellen Wirklichkeit deren totale instrumentelle Verfügbarkeit kennzeichnend ist, stellt sich das Wesen der Freiheit mit Bezug auf die Mitmenschen (oder vielleicht Mit-Gläubigen) just als totale Nicht-Verfügbarkeit in instrumenteller Hinsicht dar. Die Liebesbeziehung schließt aus, daß man den Mitmenschen rein als Mittel verwendet, denn jemanden lieben heißt, ihn um seiner selbst willen, nicht seiner Nützlichkeit wegen lieben[122]. Man liebt seine Mitmenschen nicht „fleischlich" („non carnaliter"), sondern „geistlich" („spiritualiter") – eine Instrumentalisierung des anderen für „weltliche Zwecke" kommt nicht in Betracht. Man liebt in einem bestimmten Menschen (auch wenn es sich um die eigene Person handelt) *den* Menschen; christliche Selbst- und Nächstenliebe sind ununterscheidbar, da nach dem Maßstab dieser Liebe Individualien nichtig sind. Dies ist Gottes Sichtweise: „Es ist kein Ansehen der Person (προσωπολημψια) vor Gott"[123]. Individualien sind akzidentiell; das universelle Gebot der Nächstenliebe kann nur auf eine Konstante gegründet sein, die dem Menschen sowohl qua Adressaten als auch qua Instanz des Gebotes strikt allgemein, in gleicher Weise und nach der Schöpfungsordnung notwendig eigen ist: „Proximus est omnis creatura rationalis, gratiae ac gloriae capax. (…) Omnes aequaliter capaces sumus gratiae ac gloriae, atque ad eandem finem aequaliter destinati sumus"[124]. Akzidentalien (wie etwa die Notlage eines Mitmenschen) sind *Anlässe* für liebevolles Handeln, aber nicht dessen *Grund*. Es gibt also einen Grund, einem willkürlichen Menschen dann zu helfen, wenn dafür ein Anlaß gegeben ist, und ein solcher Anlaß ist die Notlage, in der sich dieser Mensch befindet, nicht eigener Kalkül des Helfenden. Der Grund – so allgemein, wie er von Jesus Christus vorgetragen wird – verbürgt die Universalität der Nächstenliebe; Not ist das Kriterium, das aus dieser Universalität Anlässe dafür selektiert, sein Handeln von diesem Grund bestimmen zun lassen. Der Grund heilsorientierten Handelns ist das Liebesgebot, also die Autorität, von der aus solches Handeln als gesollt erweisbar ist.

Die Liebe selbst, die seelische „Verkörperung" dieses Gebotes, ist eine persistente Disposition, die anläßlich heilsrelevanter Umstände zu solchem Handeln motiviert. Liebe im Sinne affektiver Zuwendung zu bzw. Bindung an einen bestimmten Menschen – gerade wegen dessen spezifischen Eigenschaften – fällt in den Bereich des „amor sui" und ist damit abwegig – jedenfalls ist Liebe *dieser* Art etwas anderes als Nächstenliebe[125]. Nächstenliebe hat zum Inhalt, daß Zuwendung zum Mitmenschen nicht von empirisch-kontingenten (letztlich immer personenbezogenen) Umständen abhängig gemacht wird. Sie ist altruistisch in dem Sinne, daß, soll dem anderen geholfen werden, Eigeninteressen des Adressaten des Nächstenliebegebotes keine die Liebeshandlung motivierende Rolle spielen dürfen. Dagegen ist sie nicht-altruistisch in der Bedeutung, daß legitimer Eigenbelang mit andermans legitimen Belangen gleichrangig ist, daß also der Notleidende Handlungen aus Nächstenliebe auch erwarten (einfordern?) darf.

Eine andere Frage ist noch, ob man den Richtlinien christlicher Lebensführung schon dann genügt, wenn man sich pflichtgemäß verhält, sofern man (zufällig) in eine pflichtrelevante Situation gerät, oder ob man dergleichen Situationen aufsuchen soll – mit den Ausdrücken Birnbachers: ob man in dieser Hinsicht nicht nur eine „Hol-", sondern auch eine „Bringschuld" hat: „Man kann moralische Pflichten einerseits als ‚Holschuld', andererseits als ‚Bringschuld' auffassen. Eine Ethik, die moralische Pflichten als Holschuld auffasst, hat gegen das ‚reine Gemüt', das sich mangels Gelegenheit keine moralischen Verfehlungen, aber auch keine moralischen Verdienste zurechnen kann, nichts einzuwenden, während eine Ethik, die moralische Pflichten als Bringschuld auffasst, verlangt, dass man die Gelegenheiten zu moralischem Handeln aktiv aufsucht. Nach dem Holschuld-Prinzip ist es eine Sache des Zufalls, ob der Akteur zu einem Handeln mit guten Folgen moralisch verpflichtet ist. Er ist nur soweit verpflichtet, als es der Zufall fügt, dass er auf eine Situation trifft, in der er Gutes bewirken kann. Nach dem Bringschuld-Prinzip darf der Akteur dies nicht dem Zufall überlassen, sondern muss selbst initiativ werden. Sein Gewissen kann erst beruhigt sein, wenn er trotz intensiver Nachforschungen keine Bedarfslage gefunden hat, die sein persönliches moralisches Eingreifen erfordert". Die Beschränkung auf Holschuld legt zudem nahe, es tunlichst zu vermeiden, in pflichtrelevante Situationen zu geraten – „durch Selbstisolierung und Informationsverweigerung"[126]; man verletzt dann nicht seine Pflicht, sondern geht ihr nur aus dem Weg. Wir denken an die fröhlichen Urlauber, die in arme Länder reisen, um sich dort in (vom Elend abgeschirmten und mit allem Luxus ausgestatteten) Touristenzentren zu vergnügen (und dies auch noch für eine gute Tat halten). Ist also das „Bringen" von Nächstenliebe supererogatorisch (also verdienstlich, nicht nur obligatorisch) und reicht das Scherflein im Klingelbeutel als Investition in Gottes Wohlwollen aus – oder wird vom Christen mehr verlangt? Gewiß doch: Ist Jesus nicht zu den Menschen gekommen, und sollten Christen ihm nicht nachfolgen?

Ein Schwerverwundeter liegt am Wegesrand, und Personen gehen vorüber, ohne helfend einzugreifen. Die Vorbeigänger werden als die-und-die (Priester, Levit) bezeichnet, während der Mann am Wegesrand als der-und-der anonym bleibt – er ist bloß Mensch. Ich sehe zwei Möglichkeiten, das Verhalten dieser Leute zu interpretieren. Vielleicht sahen sie doch einen der-und-der-Menschen (bestimmte Rasse, Religion, gesellschaftliche Stellung), dessen der-und-der-Sein sie von der Hilfeleistung abhielt. Oder (und das ist die interessantere Version) sie sahen in der Tat bloß einen Menschen, waren aber konditioniert, nur Menschen zu sehen, die die-und-die sind, und hätten vielleicht geholfen, wenn sie einen der-und-der-Menschen erblickt hätten, dessen der-und-der-Sein ihnen sympathisch war. Sozusagen: Wer eine Brille braucht, sieht, was ihm die Brille sichtbar macht; wer eine Brille braucht, aber keine hat, sieht nichts Bestimmtes. Der Samaritaner hatte und brauchte keine Brille. Der Kommandant eines Konzentrationslagers schnauzte einen Gefangenen mit den Worten an: „Sie sind hier Jude, *und nichts sonst als Jude*", und dies soll doch heißen: „Ich sehe in dir keinen Menschen, sondern das Exemplar einer Rasse, die ich widerwärtig finde". Dies ist ein extremes, aber auch wieder typisches Beispiel: Indem wir den Mitmenschen durch die Brille unserer Kategoriserungen sehen, sehen wir in erster Linie die Kategorie und wird unser Bewußtsein getrübt, daß wir es mit einem *Menschen* zu tun haben. Der Samaritaner dagegen sah schlichtweg einen Menschen liegen, und da er selbst ein Mensch war, konnte er keinen signifikanten Unterschied zwischen sich selbst und dem Hilfsbedürftigen feststellen; somit gab es für ihn keinen stichhaltigen Grund, nicht zu helfen. Ich glaube nicht, daß er beim Anblick des Verwundeten von Liebesgefühlen überwältigt wurde (nun ja, „es jammerte ihn") – er tat schlicht, was aus seiner Perspektive heraus, nämlich den Menschen und nicht ein Exemplar einer Gruppe oder Sorte zu sehen, selbstverständlich war.

Wenn dies richtig ist, dann ist für Nächstenliebe charakteri-

stisch, daß man sich den Blick auf seine Mitmenschen nicht durch
Sichtweisen oder Denkmuster verstellen läßt, die aus eigenen Interessen hervorgehen, die aber auch und vor allem von der Kultur,
der Gesellschaft, der Religion, der persönlichen Umgebung trans-
portiert und auferlegt werden. Der perspektivisch-verzerrte Blick
auf den Anderen beinhaltet das Risiko, daß man den Menschen
nicht mehr sehen kann und ihn am Wegesrand zugrundegehen
läßt. Freilich kann man die Perspektive verschieben: *den* Menschen sehen heißt ausblenden, wie es empirisch um ihn bestellt
ist. Man kennt ja das heuchlerische Pfaffengeschwätz (dieser Ausdruck ist hier, aber nur hier, angemessen), welches das Leid des
Leidenden für nichtig erklärt, angesichts künftiger Wonnen im
Himmel. Empirische Not sei für *den* Menschen (oder für seine
Seele) ohne Bedeutung, und nächstenliebende Hilfeleistung sei
auf's Beten zu beschränken. Gustav Wyneken klagt an: „Nein,
nicht das Los der Völker, nicht das Los der Armen interessierte
das Christentum, sondern quer durch alle Völker und Stände hindurch das, was alle in gleicher Weise betraf: das Los der unsterblichen Seele. Nicht Verbesserung der Welt, sondern Rettung der
Seele war seine Losung"[127]. Sich auf das konzentrieren, was *alle* betrifft und zudem seinem Wesen nach transzendent ist, heißt eben,
den Weltzustand aus der Betrachtung ausklammern. Man könnte
den Pfaffenstandpunkt „rationalisieren": er sehe (platonisch) im
Menschen die Seele und nicht (eher aristotelisch) den Menschen
„ganzheitlich", aber das wäre zuviel der Ehre. Die aristotelisch-
thomistische Sichtweise wird sich gewiß das Prädikat zuerkennen,
daß sie mit ihrer Wesensbestimmung des Menschen als „animal
rationale" *den* Menschen im Visier hat, aber man sollte nicht über-
sehen, daß zum Wesen auch das genus, „animal", gehört, also die
Leiblichkeit mit ihren Funktionen und Bedürfnissen. Wenn auch
der Leib dem Geist dienen soll – seine Intaktheit ist Konstituens
individueller Wesensgemäßheit. Der „Platonismus" dieser Pfaffen
ist reine Heuchelei. Die Weltabgewandtheit hat die Kirchen in
ihrer Geschichte bekanntlich nicht daran gehindert, sich weltlich

zu engagieren: in der Parteinahme für und in der Kooperation mit den Mächtigen und Reichen („halt' du sie dumm, ich halt' sie arm"). Und der magere Appell, Almosen zu geben, war nie eine Bedrohung für gesellschaftliche Machtverhältnisse, die Menschen dazu verdammen, auf Almosen angewiesen zu sein – im Gegenteil. Wenn man den „eigentlichen Menschen" bzw. die menschliche „Natur" eben nicht als Natur, sondern als überempirisches „Wesen" konzipiert, das obendrein auf einen überempirischen Heilszustand hinsteuert, dann ist es folgerichtig, wenn man alles, was am Menschen empirisch ist, als heilsirrelevant ausblendet. Mit Krieg, Unterdrückung, Ausbeutung usw. hat die Kirche ja lange Zeit keine nennenswerten Probleme gehabt, aber das scheint nun Vergangenheit zu sein. Dies ist in zahlreichen Schriften dokumentiert und muß hier nicht weiter dargestellt werden – aber man sollte es gelegentlich erwähnen.

Vor dem Horizont des „amor sui" wird der Gegenstand des jeweiligen Wollens nicht seiner selbst wegen begehrt, sondern immer rückbezogen auf die Bedürfnisse des Wollenden, wie sie sich aus seinem empirischen Triebleben und Begehren ergeben. Der „amor Dei" eliminiert diesen Rückbezug aus der Struktur individuellen Wollens; somit fungiert auch der andere nicht mehr als Mittel für selbstbezogene Zwecksetzungen (man liebt den Nächsten um Gottes willen, Gott jedoch um seiner selbst willen). Der Christ ist also frei mit Blick auf die materielle Wirklichkeit, weil er dort über alles disponieren kann; er ist frei in der Beziehung zu seinen Mitmenschen, weil niemand über ihn disponieren darf. Der Christ ist somit doppelt frei: in seiner *vertikalen* Bindung an Gott (als Bedingung seiner Freiheit gegenüber der Welt) und in seiner *horizontalen* Beziehung zum Mitmenschen. Hieraus erhellt, daß das Dasein des Christen im Zentrum der Struktur des *Kreuzes* – im Schnittpunkt von Quer- und Längsbalken – positioniert ist (ich verweise auch auf das biblische „Doppelgebot der Liebe"[128]). Der Querbalken steht also nicht etwa für den „amor sui", sondern das Kreuz als ganzes repräsentiert die Struktur des

„amor Dei". Es liegt gleichwohl nahe, Liebe zu Gott und Nächstenliebe voneinander zu unterscheiden, terminologisch als ερως und αγαπη (A. Nygren); C.S. Lewis hat diese Differenz mit den Ausdrücken „need-love" und „gift-love" bezeichnet[129]. Die Pointe des ερως liegt darin, daß er auf Glückseligkeit aus ist, also das persönliche Gute Leben des Liebenden selbst im Visier hat (dies trifft, so Nygren, auch auf Augustinus zu: „fruitio Dei"), während αγαπη schenkende Liebe ist, aus der heraus der Liebende nichts für sich selbst erreichen will. Der Mensch kann Gott wohl nichts schenken; somit wäre der „amor Dei" grundsätzlich als ερως zu verstehen. Andererseits ist Gottes Liebe zum Menschen schenkende Liebe – will also der Gläubige Gottes Liebe mimetisch nachahmen, so wird sich Nächstenliebe als αγαπη manifestieren müssen.

Die Freiheit des Christen bezüglich der materiellen Wirklichkeit stellt allerdings gemäß Augustinus keinen intrinsiken Wert des religiösen Lebens dar; es geht hier nicht um ein „Frei-Sein um wählen zu können" bzw. um „Freiheit für", sondern eher um „Freiheit von" – um die Freiheit vom Zwang, dem Guten Leben auf einem Terrain nachspüren zu müssen, das sub specie aeternitatis für dieses Heil gar nicht in Frage kommt. Die Bewohner der „civitas Dei" (einer spirituellen, nicht einer politischen Gemeinschaft[130], die auch keineswegs mit der Kirche ineinsfällt) verhalten sich dann auch einigermaßen gleichgültig gegenüber weltlichen Angelegenheiten. Die „Freiheit von" bleibt jedoch eine prekäre Angelegenheit: Weil das „liberum arbitrium" selbst nicht vom „amor Dei" determiniert (allerdings beeinflußt) wird (und somit jede Entscheidung eine freie, authentische Tat auch des Christen ist), stellt die materielle Welt eine fortwährende Verführung und Bedrohung der „via recta" dar. Man bedarf des Mit-Gläubigen: Da sie einander als Zwecke ansehen, „haben Christen aufeinander acht und ermahnen einander"[131]; die Bewerkstelligung des Heils ist Gemeinschaftssache. Das letztendliche Ziel (die ευδαιμονια bzw. "beatitudo") – sei es natur- oder gottgegeben – ist eine Lebenssituation, in welcher der Mensch seine Bestimmung erreicht, sein Wesen verwirklicht oder seine „Form" gefunden hat. Es ist dann die Frage, ob diese Situation eine innerweltliche Angelegenheit ist (und dann kann man noch unterscheiden, ob sie einen Kulminationspunkt des Lebens darstellt, oder ob sie sich (aristotelisch) im Lebensvollzug selbst ausdifferenziert), oder ob sie diese Welt transzendiert, wie das christliche Denken annimmt[132]. Die Basisprämisse christlicher Ethik hat zum Inhalt, daß die Bestimmung des Menschen in der Gemeinschaft mit Gott gelegen ist. Diese Gemeinschaft ist letztendlich transzendenter Art, aber sie ist „rückgekuppelt" auf das irdische Leben, indem sie sich im menschlichen Miteinander manifestiert. Die Liebe *zu* Gott wird in der Nächstenliebe mimetisch nachgebildet – eben weil die Liebe, die *von* Gott ausgeht, allen Menschen gilt. Liebe zu Gott ist μιμησις θεου, und dies bedeutet, daß man sich anderen Menschen, selbst oder gerade seinen Feinden, gegenüber so verhält, wie Gott dies tut: „Denn er läßt seine Sonne aufgehen über die Bösen und über die Guten und läßt regnen über Gerechte und Ungerechte"[133].

Die christliche Liebe hat zwei Elemente, die wohlwollend-affektive Bezogenheit auf den anderen, und die Art dieser Bezogenheit: daß man nämlich den anderen um seiner selbst willen, nicht aus Zweck-Mittel-Erwägungen heraus, liebt bzw. ihm oder ihr Gutes tut. Dies letztere impliziert nun wieder, daß dasjenige, was man dem anderen an Gutem tut und von diesem auch als solches angesehen und angenommen wird, *wirklich gut ist*, d.h. seiner Wesens- oder Heilsbestimmung und somit seinem wahren Interesse entspricht. So heißt es bei Thomas: „Unicuique enim rei est bonum quod convenit ei secundum suam formam; et malum quod est ei praeter ordinem suae formae"[134]. Erst im Lichte des „amor Dei" (also nach Ausschaltung all dessen, was der „amor sui" als begehrenswert vorgaukelt), erhellt, was für den Menschen wesentlich bzw. unwesentlich ist, und somit kann man im Umgang mit dem anderen sein Augenmerk eben auf das Wesentliche und daher auf sein wahres Interesse richten. „As in faith we know our own final destiny, so also we know that of our neighbour. Service to him must develop into service for his eternal destiny (…). (…) the distinctive thing about genuine Christian manifestations of love is this, that behind this practical act of helpfulness there is a profound interest in the eternal salvation of our neighbour. How can it be otherwise, if we are really concerned about the interests of the other?"[135]. Dieses Wesen ist die „perfecta natura humana", wie sie vor dem Sündenfall gegeben war, und die gerade nicht, qua „perfecta", Bestandteil „weltlicher Natur" ist, sondern außerhalb derselben und gegen dieselbe restauriert werden soll[136].

Der entscheidende Aspekt des „amor Dei", der prinzipiellen Strebensausrichtung auf Gott, scheint mir in seiner gesinnungsethischen Intention zu liegen. Es kommt eben darauf an, daß regelkonformes Handeln nicht (nach Kants Ausdruck[137]) „zufällig und mißlich" stattfindet, sondern daß solches Handeln aus dem Willen zur Regelkonformität hervorgeht, und daß dies wiederum auf dem Willen beruht, (nicht: sich zähneknirschend Gottes Diktat zu unterwerfen, sondern) das Gute, welches Gott für den Menschen bereitet hat, handelnd nachzuvollziehen – und zwar aus der Einsicht heraus, daß hier eben *das Gute* auf dem Spiel steht. Aus der *Einsicht* heraus: Die Problematik einer theistischen Ethik liegt nicht nur in der Frage nach der Verifizierbarkeit der These, daß es Gott gibt; viel interessanter ist die Aufgabe, plausibel zu machen, daß Gott (zugegeben: wenn es ihn denn gibt) eine *ethische Autorität* ist – daß er uns also nicht nur Gebote auferlegt, sondern daß wir auch nachvollziehen können, *warum* er dies tut. Seine absolute Entscheidungsbefugnis qualifiziert ihn noch nicht zum legitimen Gesetzgeber; dies ist erst der Fall, wenn die Gebote, für die er sich entscheidet, auch inhaltlich überzeugend sind. Wenn Gott uns nicht den Grund dafür einsichtig macht, warum wir seine Gebote befolgen sollen, dann kann er uns zwar motivieren, es zu tun, indem er uns mit der Hölle und dem Himmel droht, aber er legt uns damit keine Verpflichtung, sondern nur Zwang auf. Kant sagt es: *„vis obligandi* kann nicht in der Gewalt bestehen. Wer da droht, der obligiert nicht, sondern der extorquiert"[138]. Zu etwas verpflichten kann mich nur jemand, der mir einen stichhaltigen und zwingenden Grund vorlegt.

Wenn Gott eine ethische Autorität ist, dann müssen uns seine Gebote, die für uns Handlungs*gründe* sein sollen, überzeugen. Ihre Überzeugungskraft muß hinreichend dafür sein, daß sie für uns zu Handlungs*motiven* werden können. Eine ethische Autorität gibt Gründe und motiviert mittels dieser Gründe. Eine Gottheit ist dann keine ethische Autorität, wenn sie uns durch Grund und Argument nicht überzeugen kann (bzw. dergleichen gar nicht zur Verfügung hat), sondern, um uns zu gebotgerechtem Handeln zu bewegen, auf *Motivationsebene* Triebfedern (also Lohnversprechen und Strafandrohung) etablieren muß. Fast rührend äußert sich Cathrein: „(...) Lohn und Strafe sind die einzig wirksamen Mittel, um freie Wesen zur Beobachtung der Gesetze nachdrücklich anzuhalten. Also muß Gott als Leiter der ganzen menschlichen Gesellschaft die sittlich guten Handlungen belohnen und die bösen bestrafen (...)"[139]. Ein Gott, dessen Autorität darin besteht, daß er mit Leckerli lockt und mit Prügel droht, ist eine Witzblattfigur. Über Allah, wie er sich etwa in den Köpfen heiliger Krieger darstellt[140], braucht man nicht zu reden; hier wird mit Surrogaten abgespeist, wie der Hund, für den das Auffinden von Verschütteten kein Gut ist, eine Wurst bekommt. Qua Gründe sind die Gebote Gottes, jedenfalls für Menschen, die in der aristotelisch-thomistischen Tradition geistig beheimatet sind, überzeugend; die Frage ist, ob sich ihr rationales Gewicht in Motivationskraft umsetzen läßt. Es gibt Menschen, die zähneknirschend und mit geballten Fäusten (also gegen heftigen Widerstand ihrer Neigungen) Gottes Gebote erfüllen; hier mögen Hoffnung auf Lohn und Angst vor Strafe als außerethische Motive ihre Rolle spielen, wenn nicht kantische Pflichterfüllung stattfindet, was heißen würde, daß beim Vollzug derselben weder Neigung noch Abscheu motivational in Funktion sind. Ich meine jedoch, daß nach christlicher Sicht beim

Verhältnis zwischen Gott und Mensch mehr im Spiele ist. Augustinus' „amor Dei" ist Kronzeuge: Wenn er zugegen ist, sind keine
Neigungen und Triebfedern mehr dominant, die Gottes Geboten
zuwiderlaufen, und da die Gefühlswelt nicht ausgeschaltet wird,
kann dies nur bedeuten, daß göttliches Gebot und menschliche
Neigung koinzidieren: daß man nicht nur – aus der Einsicht in
die Fundiertheit göttlichen Wollens heraus – seine Pflicht erfüllt,
sondern dies obendrein mit Freude tut. Der Grund des christlichen Gottes ist die Vervollkommnung seiner Schöpfung, und die
Gebote, die er erläßt, fallen in diesen Rahmen. Die „beatitudo"
ist nun nicht etwas, was sozusagen neben Gottes Schöpfungsplan herläuft („hier ist euer Lohn, und nun gehabt euch wohl"),
sondern Bestandteil dieses Plans. Unsere Vervollkommnung, die
in unserem wohlverstandenen Eigeninteresse liegt, ist Teil der
Schöpfungsvervollkommnung[141] – unser Motiv fällt, wenigstens
partiell, mit Gottes Grund ineins, was also heißt, daß Gottes
Grund uns zum Motiv wird. „Christian ethics is not destructive
of self-interest, but rather promotes an enlightened self-interest
which finds its own welfare in the conformity of creaturely life
to the Creator's will. The good is also instrumental; to a felicious
destiny; that is why it is eschatologically sanctioned"[142].

Ich möchte der scholastischen Tradition als Motiv die Triebfeder unterstellen, nachweisen zu wollen, daß alles, was Gott will
und tut, für die menschliche Vernunft eben überzeugend ist. Womöglich kann man diese Sachlage wie folgt umschreiben: Die
Einsicht des Menschen in seine Bestimmung und sein Wille, ihrer
teilhaftig zu werden, sind Bestandteile dieser Bestimmung selbst.
Der gedankliche Hintergrund dürfte folgender sein: (1) Aus der
griechischen Philosophie ist bekannt, daß jedes Ding nach (appro-
ximativer) Vollkommenheit, d.h. größtmöglicher Übereinstimmung mit seiner jeweiligen Form strebt[143]. (2) Nach christlicher
Auffassung ist diese Form eine Schöpfung Gottes – und Gott will,
daß die Menschen ihre Form möglichst perfekt repräsentieren.
(3) Aus (1) ergibt sich, daß auch der Mensch dies will. (4) Somit

fallen göttlicher und menschlicher Wille ineins. Indem man also den Willen Gottes tut, tut man das, was man selber will, und vice versa. Augustinus sagt: „Liebe und tue, was du willst" („dilige et fac quod vis")[144]. Prägnanter kann man es nicht ausdrücken: Die prinzipielle Koinzidenz von göttlichem und menschlichem Willen hat zur Folge, daß alles, was man auf dieser Grundlage tut, eben dasjenige ist, was man selbst will. Benedikt XVI. sagt es so: „Die Liebesgeschichte zwischen Gott und Mensch besteht eben darin, dass diese Willensgemeinschaft in der Gemeinschaft des Denkens und Fühlens wächst und so unser Wollen und Gottes Wille immer mehr ineinanderfallen: der Wille Gottes nicht mehr ein Fremdwille ist für mich, den mir Gebote von außen auferlegen, sondern mein eigener Wille aus der Erfahrung heraus, dass in der Tat Gott mir innerlicher ist als ich mir selbst"[145]. Die Schöpfung ist nicht pure Faktizität im positivistischen Sinne, sondern *enthält* als Bestandteil das „so soll es sein", eine Normativität, die ihre rein faktische Dimension sozusagen unsichtbar überlagert, aber eben zu ihr gehört. Eine umfassende Schöpfungsbeschreibung enthielte neben deskriptiver Sprache deontologische Ausdrücke, die das natürliche Verhalten der Dinge, Pflanzen und Tiere sowie (und darauf kommt es hier an) das vernünftige Handeln des Menschen als gesollt auszeichnen. Von einem illegitimen Gedankensprung von Sein zu Sollen ist keine Rede: Das Sollen ist ein Implikat des Seins, eben weil Normativität Wesensbestandteil desselben ist. Sollenszuschreibungen bezeichnen natürliche Eigenschaften. Man vergleiche dies hiermit: Wie definieren wir „Vater" – positivistisch als „Kinderzeuger" oder obendrein als jemanden, der die Pflicht hat, für das von ihm gezeugte Kind zu sorgen? Eine bestimmte Wirklichkeitsverfassung ist von Gott axiologisch als Endziel ausgezeichnet, und normenverhaftet ist alles Geschehen (namentlich menschliches Handeln), das diese Verfassung herbeiführt. Der Rechtsgrund dieser Normen ist nicht die Kraft des Faktischen, sondern Gottes Wille. Nach christlicher Sicht ist alles, was Gott will, vernünftig und gut; der Appell an den Menschen,

Gottes Willen zu folgen, ist der Auftrag, selbst vernünftig und gut zu sein (die Hölle ist für die Toren). Ich kann also, wenn ich mich auf den Boden aristotelisch-christlicher Ethikkonzeption stelle, nichts Unplausibles in dem Gedanken finden, daß die Erfüllung der Pflichten, die Gott mir auferlegt, in meinem eigenen, wohlerwogenen Interesse liegt: daß ich natürliche Neigungen („inclinationes naturales") habe zu tun, was sie gebieten, und daß mir auch vom Intellekt her klar ist, daß das Resultat meiner Pflichterfüllung darin besteht, daß mein Wesen entfaltet ist und ich somit „glückselig" bin. Nochmals: was ist unplausibel an einer Koinzidenz von Pflicht und Eigeninteresse? Die Pflicht macht sich bemerkbar, wenn ich vom Weg, der *mein* Weg ist, abweiche, und da mag Gott mir eine Ohrfeige verpassen – als Mittel, damit ich ins Grübeln komme. Aber Glückseligkeit als Belohnung für eine Lebensweise, die dieser Lebensweise selbst extern ist – das ist unplausibel. Die christliche Lebensweise selbst ist Glückseligkeit, zumal unter „idealen Bedingungen" im Jenseits.

All dies hat weitreichende Folgen für die „societas christiana"[146]: Zwischenmenschliche Beziehungen, die auf Generierung von Lust oder Nutzen gerichtet sind (wie dies bei der liberalen Kooperation der Fall ist[147]), hängen von kontingenten Umständen ab und wechseln je nach Sach- und Interessenlage. Dagegen findet die Liebe zwischen Personen statt, die zwar *anläßlich* kontingenter Umstände ihre Entscheidungen treffen, diese Umstände jedoch nicht zu *Kriterien* ihrer Entscheidungen erheben. Als Kriterium fungiert das Wohl des anderen im Sinne dessen, was für ihn wesentlich, seinem Wesen zuträglich ist („amor benevolentiae"). Dieses Wesen ist jedoch konstant; eine Liebe, die das Wesen des anderen im Blick hat – „nihil praeter hominem"[148] –, ähnelt also in dieser Hinsicht dem „amor Dei", ist, platonisch gedacht, eine Abspiegelung desselben in der empirisch-gesellschaftlichen Wirklichkeit. Da die Liebe das (invariante) Wesen des anderen, also durchgängig dasselbe, im Auge hat, kann ein Perspektivenwechsel anläßlich kontingenter Randbedingungen nicht stattfinden – etwa in dem Sinne, daß die Brauchbarkeit des anderen im Lichte eigener Interessen bei Gelegenheit nicht mehr gegeben ist. Dies heißt, daß die zwischenmenschliche Beziehung, wenn sie von Liebe in diesem Sinne geprägt ist („amor amicitiae"), *stabil* ist. Sodann ist, aufgrund der Liebe, die „societas christiana" friedvoll: Es findet zwischen ihren Bürgern keine Rivalität statt. Rivalität entsteht, wenn um Güter gerungen wird, die knapp sind, und knapp ist ein Gut G dann, wenn die Tatsache, daß jemand G besitzt, zur Voraussetzung hat, daß andere G nicht besitzen. Wenn also mehrere Personen G begehren oder besitzen wollen, so wird Rivalität, bis hin zu Mord und Totschlag, kaum zu vermeiden sein. Dagegen bietet die vertikale Dimension ein Gut, das jedermann anstreben und erwerben kann, ohne dadurch andere vom Erwerb oder Genuß dieses Gutes auszuschließen – im Gegenteil: Die Liebe zum anderen, welche dessen Heil im Blick hat und gerade dasjenige als irrelevant ausblendet, was (an irdischen Gütern) mimetische Konflikte und Rivalitäten hervorruft, wird die Teilhabe anderer an diesem Gut freudig begrüßen[149] (das negative Gegenstück hierzu, die „invidia fraternae gratiae", rechnet die katholische Tradition zu den „Sünden wider den Heiligen Geist"): „Der Dienst, den wir einander zu leisten haben, besteht darin, daß wir uns gemeinsam zum selben Ziel hin bewegen"[150].

Die Bürger dieser „societas" sind sozusagen zweifach gegen Rivalität abgesichert. Erstens ist der Gegenstand der Liebe (oder wenn man so will: des Begehrens) transzendent, d.h. außerhalb der Erfahrungswelt positioniert. Gott ist kein empirisch-verfügbarer Gegenstand, den man sich zu eigen machen kann, übrigens auch nicht im Sinne irdischer Maßverhältnisse („mehr, weniger") – er ist, um mit Girard zu sprechen, ein „externer Vermittler", der nicht „zurückrivalisiert". Zweitens ist die Liebe zum anderen unauflöslich mit dem „amor Dei" verknüpft[151]; Bindung an Gott und Rivalität mit Mitmenschen schließen einander aus. Schließlich ist Liebe *universell*. Wenn man im anderen dessen Wesen erblickt, lösen sich alle akzidentiellen Eigenschaften und Beziehungen auf, die ihn, nach der gewöhnlichen Sichtweise, gerade als diese *andere*, vom Betrachter ver- und geschiedene Person zu konstituieren scheinen, und die es einem so schwer machen, ihm gegenüber eine utilitätsfreie Attitüde einzunehmen. Liebe ist – oder setzt voraus – das Durchschauen des (um mit Schopenhauer zu sprechen) „principium individuationis", d.h. aller konventionell oder kulturell bedingter Schemata und Perspektiven, die bestimmen, wie wir den anderen sehen, ohne dabei ihn-selbst zu sehen. Die Bekämpfung des Bösen im anderen (und in der eigenen Person) findet statt unter der Voraussetzung der Wesenserkenntnis. Das Böse ist erstens kein Wesensmerkmal eines Menschen und zweitens keine in ihm auftretende wesensfremde Macht, sondern „negatio in subjecto", d.h. „privatio"[152], das Fehlen eines wesentlichen (!) Attributs des jeweiligen Menschen bzw. seiner Handlungsweise: Das Böse liegt darin, daß ein Mensch nicht ist und tut, was er, seinem Wesen nach, sein und tun sollte. Die Universalität der Liebe ergibt sich dann daraus, daß eben *jedermanns* Wesen hinter dem „Schleier der Maia" verborgen ist – daß es also keinen stichhaltigen Grund geben kann, jemanden nicht zu lieben[153]. Das Gebot der Nächstenliebe enthält den Appell: „Laß den Umstand außer Betracht, daß ihr, du und der andere, qua irdische Wesen verschiedene Personen seid!". Wenn all dies zutrifft, dann sind, auf der horizontalen Ebene, Stabilität, Friedfertigkeit und Universalität der Liebe als Merkmale zwischenmenschlicher Beziehungen die Klammern der „societas christiana". Freilich: „Die Sünde ruhet vor der Tür". Das Wesen der Todsünde besteht in der Ausrichtung auf die Welt als höchstem Lebensziel und *damit*[154] in der Abwendung von Gott („conversio ad creaturam cum aversione a Deo"), während bei der läßlichen Sünde die Ausrichtung auf Gott wenigstens habitualiter erhalten bleibt.

Im Guten Leben nach mittelalterlicher Sichtweise steht die „fides" im Zentrum – nicht ohne Weiteres als „Glaube" zu übersetzen (im Sinne von „etwas für wahr halten, was man nicht beweisen kann"). Inhalt der „fides" ist die Offenbarung, und sie kann man in der Tat nicht beweisen, aber sie war für das Mittelalter fester, nicht zu bezweifelnder Wissensbestand übernatürlicher Provenienz: „(...) fides, per quam veritatem *cognoscas*"[155]. Der „Glaube" ist nicht ein „Fürwahrhalten ohne zureichenden Grund", sondern beruht auf dem Entschluß, Gott als schlechthin wahrhaftiger Autorität zu vertrauen und somit allem, was er den Menschen zu sagen hat, das Prädikat „unbezweifelbar wahr" zuzuerkennen: Die Pointe der „fides" ist nicht „ich glaube, daß", sondern „ich glaube dir". Dies stand nicht zur Diskussion – problematisch waren nur Wert und Rolle der „ratio", der natürlichen Vernunft. Dialektiker und Antidialektiker haben sich zu Beginn der Scholastik hierüber zerstritten, aber vorherrschend in der mittelalterlichen Tradition scheint mir die Auffassung zu sein, daß man, wenn man sich der Vernunft bedient, doch recht weit kommt: „credo ut intelligam" und „fides quaerens intellectum" sind hierfür programmatische Losungen. Die Frage war: Muß man, was die Offenbarungstexte darreichen, schlichtweg hinnehmen, oder macht es Sinn, sich ihnen mit Hilfe der „ratio" anzunähern? Wahrheitsbeweise sind natürlich unmöglich (und auch nicht nötig), aber man kann versuchen, die Offenbarung verständlich, dem menschlichen Geist adäquat zu machen, indem man diese Texte rational durchforscht und ergründet[156] – man arbeitet sich sozusagen „von unten her" an die göttliche Wirklichkeit heran, indem man sich wenigstens etwas von dem, was Gott ist und tut, einsichtig macht (ich denke, daß dies auch die Intention der sog. „Gottesbeweise" war). Die Offenbarung präsentiert sozusagen „übernatürliche Tatsachenfeststellungen" über Schöpfung, das Wesen des Menschen, Sünde, Heil usw., die man, als unbezweifelbare, weil von Gottes Autorität verbürgte Wahrheiten schlicht zur Kenntnis nehmen kann. Etwas anderes ist, wenn man sich daranmacht, den Inhalt der Offenbarung zu *verstehen* (soweit dies menschlicher Erkenntnis möglich ist) – also zu ergründen versucht, was Schöpfung, Mensch, Sünde Heil usw. ihrem Wesen nach sind, und in welchen Zusammenhängen sie untereinander stehen[157]. So ist Anselms „ontologischer" Gottesbeweis die rationale Explikation der Existenzweise Gottes: Dasein ist ein Aspekt göttlicher Vollkommenheit, und daher existiert Gott notwendig – er kann nicht nicht existieren. Die Unvernünftigkeit des Toren („insipiens") liegt darin, daß er etwas nicht glaubt, was er implizit weiß, also was aus der (ihm möglichen) Vorstellung des vollkommenen Wesens („aliquid quo nihil maius cogitari possit") logisch folgt. Der Gottesbegriff verbürgt (so Anselms Intention) stringent die notwendige Existenz Gottes selbst; man könnte mit einem Ausdruck Kants sagen: Die „fides" als gedanklicher Inhalt gewährleistet ihre eigene „objektive Realität". Entscheidend ist nun, daß der Kern von Gottes Offenbarungsbotschaft die Verkündigung der Heilsperspektive für den Menschen ist – die Botschaft, daß die menschlichen Interessen in die objektive Ordnung der Schöpfung eingelagert sind. *Daß* es einen Gott gibt, kann die natürliche Vernunft allenfalls plausibel machen (mit Hilfe kosmologischer oder teleologischer Argumente[158]), aber daß das Heil des Menschen in seiner Bestimmung liegt, bei Gott zu sein – dies mußte offenbart werden[159]. Wer in der „fides" lebt, wer also seinen Lebensweg auf diese Bestimmung hin orientiert und dies durchhält, kann sein Heil nicht verfehlen[160] und hat das Gute Leben (die Frage ist allerdings, ob der Mensch sich aus eigenem Entschluß für Gott entscheiden kann – so die Pelagianer –, oder ob Gott den Anstoß dazu geben muß – so Augustinus). Die Triebkraft ist der „amor", das Begehren zu „besitzen", was alles Wünschen und Wollen befriedigt, also Gott. Intellektuelle haben es dabei besser als schlichte Menschenkinder. Das letztendliche Heil des Menschen liegt in seiner „visio Dei facie ad faciam"[161], und diese ist unter irdischen Bedingungen nicht zu haben. Aber die rationale Durchleuchtung der „fides" verschafft den Theologen ein Analogon, einen Vorgeschmack dessen, was sie im Himmel erwartet.

Man sieht, wie intellektualistisch dieser Begriff von Glück ist[162]: Es geht um das Bedürfnis, Gott kennen zu lernen, also um ein intellektuelles Bedürfnis, dessen Befriedigung „beatitudo" ist.

Anselm von Canterbury spricht es klar aus: „Ergo, Domine, qui das fidei intellectum, da mihi ut, quantum scis expedire, intelligam quia es sicut credimus, et hoc es quod credimus"[163]. Das kann auch nicht anders sein, denn die Gottebenbildlichkeit des Menschen, sein Wesen, besteht darin, daß eben Gottes *Geist* das Original dieses Bildes ist: „(...) quod homo dicitur esse ad imaginem Dei, non secundum corpus, sed secundum id quo homo excellit alia animalia (...). Excellit autem homo omnia animalia quantum ad rationem et intellectum. Unde secundum intellectum et rationem, quae sunt incorporea, homo est ad imaginem Dei"[164]. Da Glückseligkeit die Erfüllung dessen ist, was vom Menschen „naturaliter", also wesensmäßig erstrebt wird, kann hier nichts anderes im Spiel sein als intellektuelle Bedürfnisse. Unter irdischen Bedingungen ist das Gute Leben ein Abglanz dieses „Glücks", ein Vorgeschmack[165] – sei es in unreflektierter „fides", sei es in rationaler Annäherung an Gott. Dies will auch sagen, daß die ewige Glückseligkeit weder als Belohnung für gottgefälligen Lebenswandel noch als „Wiedergutmachung", Kompensation, mit Blick auf alles, was man im Rahmen dieses Lebenswandels an weltlichen Genüssen hat entbehren müssen, aufzufassen ist. Die „beatitudo" ist schlichtweg die Vervollkommnung dieses Lebenswandels, in dessen Vollzug der Gläubige nichts hat entbehren müssen, was für ihn irgendwie attraktiv gewesen wäre[166].

Dies wirft Licht auf den „amor Dei" – und auf sein Gegenstück. Der Platonismus, dessen Erbfolgerin (trotz Aristoteles) die christlich-katholische Tradition ist, gibt uns auf, unser Heil in einer Wirklichkeit zu suchen, wo all unser Streben, Wollen und Begehren zum Stillstand gekommen ist – weil es erfüllt ist. Daß uns die Dinge der materiellen Welt begehrenswert erscheinen, beruht auf der Illusion, daß ihr Besitz uns glücklich machen wird, aber es gibt immerzu Unzähliges, das wir nicht besitzen, und was wir besitzen, kann jeden Augenblick zwischen unseren Fingern zerrinnen. Wir sind angesichts der materiellen Welt immerzu defizitär und verwundbar; neben der Begierde zu besitzen beherrscht uns die Angst zu verlieren. Irdische ευδαιμονια, gäbe es sie, wäre von der Gnade der ευτυχια abhängig; es ist vielleicht unser Verdienst, Güter erworben zu haben – es ist nicht unser Verdienst, sie behalten zu dürfen. Ihr Besitz macht uns nicht glücklich, aber die Aussicht, sie zu verlieren, macht uns unglücklich. Für Wesen, deren Natur das Begehren ist und deren Glück darin liegt, daß ihr Begehren befriedigt wird, ist die materielle Welt prinzipiell kein geeignetes Betätigungsfeld. Glück liegt immer in der Zukunft – wenn wir besitzen werden, was wir jetzt begehren. Sobald wir es besitzen, wird es schal, und wir machen uns auf zu neuen Ufern oder werden von Langeweile überwältigt. „Der Wunsch ist, seiner Natur nach, Schmerz: die Erreichung gebiert schnell Sättigung: das Ziel war nur scheinbar: der Besitz nimmt den Reiz weg: unter einer neuen Gestalt stellt sich der Wunsch, das Bedürfniß wieder ein: wo nicht, so folgt Oede, Leere, Langeweile, gegen welche der Kampf eben so quälend ist, wie gegen die Noth"[167]. Am Ende unseres Lebens, wenn es für uns keine Zukunft mehr gibt, stellen wir fest, daß nichts uns glücklich gemacht hat. Wenn der Mann mit der Sense an der Tür klingelt, kann uns bewußt werden, wie glücklich wir mit dem, was wir hatten, hätten sein können, würde die Struktur des Begehrens Zufriedenheit als Quelle von Glück zulassen.

Dieser Skizze irdischer Glücksperspektiven, die mir mein Lehrer Arthur Schopenhauer diktiert hat, würde Augustinus wohl nicht widersprechen. Nur sucht Schopenhauer das Heil (können wir sagen: das Gute Leben?) in einem Lebendigtotsein, also in der Elimination des Begehrens, des Willens – einem Lebendigtotsein, das kaum merklich, ohne Hoffnung und Bedauern, im Totsein verlischt: „gänzlich erloschen, bis auf jenen letzten glimmenden Funken, der den Leib erhält und mit diesem erlöschen wird"[168]. Dies ist die Beendigung eines Daseins, das seinem inneren Wesen nach niemals Gutes Leben im Sinne von Erlangung dessen, was wir begehren, sein kann: „So ist denn allerdings im Leben Alles geeignet, (…) uns zu überzeugen, daß der Zweck unsers Daseyns

nicht der ist, glücklich zu seyn"[169]. Schopenhauer zitiert mit Zustimmung den persischen Dichter Anwari Soheili:

> Ist einer Welt Besitz für dich zerronnen,
> Sei nicht im Leid darüber, es ist nichts;
> Und hast du einer Welt Besitz gewonnen,
> Sei nicht erfreut darüber, es ist nichts.
> Vorüber gehn die Schmerzen und die Wonnen,
> Geh' an der Welt vorüber, es ist nichts[170].

Die Welt stimuliert unser Begehren, die Quelle des Leides. Sich
von der Welt lösen heißt, das Begehren auslöschen und somit
zwar nicht die Quelle selbst, aber den Zustrom aus derselben tro-
ckenlegen. Das Nirvana ist eine Seinsweise, in der Begehren nicht
mehr vorkommt.

Der Vorstellung freilich von einem Dasein, wo das Begehren
dem Glück deswegen nicht im Wege steht, weil es ausgelöscht ist,
würde Augustinus sehr wohl widersprechen: Begehren und Glück
koinzidieren, sobald jenes *erfüllt* ist. Worin liegt diese Erfüllung?
Nicht im trivialen „Haben", Besitzen eines Gegenstandes, den
man in sein Wohnzimmer stellt und gelegentlich abstaubt. Das
„Haben Gottes" als begierdestillender weil -erfüllender Besitz ist
von anderer Art. Ich denke, man kann dies wie folgt umschreiben:
Ich „habe" Gott, sobald er mir gegenübertritt als unerschöpfliches,
unverlierbares und ohne spekulative Umwege kognitiv zugäng-
liches „Betätigungsfeld" (sit venia verbo!) meiner intellektuellen,
d.h. spezifisch-menschlichen Kapazitäten. Dies heißt, daß meine
geistigen Vermögen vollständig und in höchstem Maße in Tätigkeit sind („secundum hoc enim dicitur aliquid esse perfectum,
secundum quod est in actu. Nam perfectum dicitur, cui nihil
deest secundum modum suae perfectionis"[171]) und zugleich das
höchste Sein zum (also anspruchsvollsten) Gegenstand haben.
Gott ist unendlich; seine „visio", die das Wesen meiner „beatitudo" ausmacht, wäre ein nie jemals endender kognitiver Prozeß

(wenn wir denn Ewigkeit im Jenseits als unendliche Zeit bzw. unendliche Zeit als Bild dieser Ewigkeit auffassen dürfen). Ich möchte dies damit vergleichen, daß sich jemand nach jahrelangem mühsamem Sparen die Anschaffung der Gesamtausgabe von Goethes Werken leisten kann und dann den Rest seines Lebens dem intensiven Studium dieser Schriften widmet. Man stelle sich auch vor, daß man einen Lebenspartner „hat" – den oder die hat man nicht, wie man ein Auto hat. Das „Haben" dieses Partners ist (oder sollte sein) ein lange währender Prozeß von Hinwendung, Zärtlichkeit, Verständnis, und was sonst noch zu einer guten Beziehung gehört. Und was ist der solche Prozesse immerzu begleitende und steuernde motivationale Hintergrund – doch *Liebe*? Beim Partner evidentermaßen, aber auch irgendwie bei Goethe. Und bei Gott?

Aber irdisches Leben ist, eudaimonistisch betrachtet, wohl doch nicht ohne Eigenwert. Religion wird gelebt; sie ist entschieden mehr oder jedenfalls etwas anderes als ein Dogmensystem, das in ehrwürdigen Büchern beheimatet ist und „zwischen den Ohren" der Gläubigen ein beschauliches Dasein fristet[172]. Religion eröffnet Perspektiven gelingenden Lebens, die in der Transzendenz verwurzelt sind. Entscheidend ist, daß diese Perspektive dem irdischen Leben Form, Inhalt und Richtung verleiht, daß also die irdische Lebensführung einerseits von der Transzendenz geprägt, andererseits auf sie hingeordnet ist. Glück, das dem Gläubigen während seines irdischen Lebens zuteil wird, resultiert aus dem Bezug seiner Lebensführung zur Transzendenz. Es besteht nicht nur in der freudigen Erwartung ewigen Heils (ist also nicht nur Glück über künftiges Glück), sondern ist hier und jetzt zugegen im Bewußtsein, daß die Lebensführung selbst sub specie aeternitatis gelingt. Das diesseitige Leben ist nicht glücksneutral oder bloßes Mittel zur Erlangung jenseitigen Heils. Indem es von der Transzendenz geprägt ist, *ist* es erfülltes Leben, selbst unabhängig von der Perspektive auf jenseitiges Heil: Das gottgewollte Leben wäre auch dann gut, wenn es keine Heilsperspektive gäbe. „Quorum-

cumque est natura determinata, oportet esse operationes deter-
minatas; quae illi naturae conveniant; propria enim operatio uniuscuiusque naturam ipsius sequitur. Constat autem hominum
naturam esse determinatam. Oportet igitur operationes esse aliquas secundum se [!] homini convenientes". Gäbe es kein ewiges
Leben, könnte der Mensch gleichwohl bloß im irdischen Dasein
in der Erkenntnis und Liebe Gottes seine Bestimmung finden:
„(…) quod homo naturaliter ordinatur in Deum sicut in finem.
Ea igitur quibus homo inducitur in cognitionem et amorem Dei,
sunt naturaliter recta (…)"[173]. Der irdische Mensch befindet sich
im „status viatoris": Er freut sich auf das Erreichen seines Zieles,
aber er genießt auch die Wanderung selbst. Gelingendes Leben
ist *menschliches* Leben, aber was Menschsein ist und bedeutet,
erhellt (nur) aus Gottes Schöpfung und Werken. Hier liegt der
entscheidende Unterschied zur aristotelischen Sichtweise. *Daß*
der Mensch von Gott nach seinem Bilde erschaffen wurde, ist
eine Tatsache der Offenbarung. Dies schließt ein, daß es spezi-
fisch-menschliche Lebenshaltung und -führung gibt, die zwar
gottgewollt sind, aber eben auch vom Menschen erstrebt werden,
just weil sie spezifisch-menschlich sind, und auch von jedermann
erstrebt würden, gäbe es nicht den trügerischen Schein des „amor
sui". Das Menschenbild, wie es in den „Seligpreisungen" präsentiert wird, widerspricht dem „amor sui" geradezu kontradiktorisch, wie auch die Beiseitesetzung der Sorgen um das tägliche Leben[174]. Man kann sagen, daß der Mensch erst dann „zu sich selbst
findet", wenn er, was er ist, nicht von der Immanenz, sondern
von der Transzendenz her begreift. Wenn er sich selbst gefunden
hat, kann er auch unter irdischen Bedingungen seinem Wesen
entsprechend leben, und dies wäre für ihn das Gute Leben.

Zurück zu Augustinus: Abgesehen von Inhalt und metaphy-
sisch-theologischem Hintergrund scheint mir sein Dreiecksmo-
dell das Paradigma eines adäquaten Verständnisses dessen zu
sein, was man sich unter dem „Wesen der Freiheit" vorzustellen
hat. Was er „voluntas" nennt, würde ich als „Lebensorientierung"

oder „Bindung an letztendliche Lebensziele" bezeichnen; sodann möchte ich behaupten: Freiheit ist nicht Bindung, aber es ist keine Freiheit ohne Bindung möglich. Bindung ist Orientierung an Dingen, die man für wertvoll hält (an „Werten" also), und Normen sind Regeln, denen man sich mit Blick auf die Möglichkeitsbedingungen für die Aneignung dieser wertvollen Dinge unterwirft. Somit repräsentiert dasjenige, was hier „Bindung" genannt wird, den „Normen und Werte-Aspekt" unseres Entscheidens und Handelns. Und dieser Aspekt ist keine Einschränkung der Freiheit, sondern eine Bedingung derselben: Entscheidungen werden aus Präferenzen heraus getroffen, und Präferenzen sind in axiologischen Ausgangspunkten fundiert. Eine präferenzfreie Entscheidung wäre blinde Willkür (und somit gar keine Entscheidung). Im Lichte der Theorie René Girards wäre dem hinzuzufügen, daß Augustinus' Freiheitsbegriff ein ganz anderer ist als derjenige des Liberalismus. Diesem zufolge besteht Freiheit darin, daß jedermann mit jedermann mimetisch rivalisieren kann; die Freiheit des Evangeliums beinhaltet dagegen, daß auf horizontaler Ebene keine Mimese stattfindet. Man kann dem Mitmenschen frei begegnen, d.h. ohne sich in mimetische Mechanismen zu verwickeln. „Freiheit" im Horizont des „amor Dei" soll dann heißen: sich nicht dem Konflikt einander widerstrebender Neigungen und Triebfedern aussetzen (mit der Konsequenz, daß die jeweils „stärkste" die Handlung hervorruft), sondern einen Standpunkt einnehmen können, von dem aus dergleichen autonom (oder theonom?) beurteilt und im Bedingungsgefüge des Handelns zugelassen werden oder nicht – „autonom", d.h. unabhängig von der diesen Neigungen und Triebfedern jeweils inhärierenden Motivationskraft. Allein im Rahmen solcher Autonomie kann Moralität hervortreten: Es ist dann nicht so, daß zufällig die „stärkste" Neigung eine gute Handlung hervorruft – nein, die *im Lichte dieses Standpunktes* gute Handlung wird ihrer Gutheit wegen gewollt und ausgeführt. Erich Fromm erklärt uns: „Ist auch der Mensch wie alle anderen Geschöpfe Kräften unterworfen, die ihn bestimmen, so ist er doch das einzige vernunftbegabte Geschöpf. Er ist das einzige Wesen, das die Kräfte begreift, denen es unterworfen ist, und das dank seinem Verstehen aktiven Anteil an seinem eigenen Geschick nehmen und jene Elemente festigen kann, die zum Guten hinstreben"[175]. Das muß aber heißen, daß der Mensch kraft seiner Vernunft das Gute erkennen kann. Dies begründet zu haben, ist das Verdienst Kants. Für die christliche Sichtweise gilt, daß das Gute aus der Heilsordnung (also einer vernunftexternen Quelle) hergeleitet wird – einer Ordnung freilich, die nur der Vernunft zugänglich ist, während die moralische Qualität des Handelns nicht primär der Vernunfterkenntnis geschuldet ist, sondern in der Willensrichtung liegt, d.h. in der festen Disposition, die aus der Heilsordnung fließenden Handlungsgründe als Motive wirksam werden zu lassen. Im Willen liegt das Heil: „(...) Jesus sought to teach the truth that ethicality is a quality that belongs to the will alone, and that it is in the will alone, in its intensity, its scope and range, its motives, its purposes, its determination, that the ethical is to be sought"[176].

Ein grundlegender Unterschied zwischen einer Sichtweise, wie Augustinus sie vorträgt, und der liberalen Position liegt darin, daß im ersten Falle das Bindungselement eine kollektive Angelegenheit ist; das Heil, das letztendliche Gute Leben, ist ein „bonum commune", nicht die Addition von „bona propria" (dies heißt, daß das Heil des Einzelnen unvollkommen ist, wenn nicht auch seine Mitmenschen (oder Mit-Gläubigen) ihren Anteil daran haben[177]). Nach der liberalen Auffassung geht Bindung aus „rationalem Eigeninteresse" hervor, d.h. aus vernünftig-verantworteter Einsicht in die eigene Natur und die dieser inhärierenden Triebfedern. Nachdem von den Philosophen der Frühen Neuzeit alle (traditionellen) Dogmen beiseitegeräumt waren, die den Blick auf die „condition humaine" getrübt und verfälscht hatten, wurde das Individuum in die Lage versetzt, vorurteilslos auch die Mittel in Augenschein zu nehmen, die für seine Interessenrealisierung erforderlich sind. Außerhalb des Rahmens der hiermit verbundenen instrumentellen Rationalität (welche als Zweck nur das Eigeninteresse akzeptiert) befindet sich die teleologische Orientierung auf den Anderen, d.h. daß, vom Standpunkt dieser Rationalität aus gesehen, das Wohlergehen des Mitmenschen als womöglich instrumentell-relevanter Faktor, nicht jedoch als Zweck des Handelns fungiert. Es herrscht die Vorstellung, daß rational-kalkulierende Egoisten, indem sie miteinander kooperieren, ihre jeweils eigenen Interessen optimal durchsetzen können (die Gesellschaft manifestiert sich als „Positiv-Summen-Spiel"), aber dies involviert, daß Menschen, die nicht in der Lage sind, den Kooperationsbedingungen zu genügen, von der Kooperation auch nicht profitieren können und somit verpaupern und vereinsamen.

IV Kantische Gesichtspunkte

Ethik ist die philosophische Begründungstheorie der Moral. Sie operiert mit *Prinzipien*, d.h. mit Sollenssätzen höchster Allgemeinheit, die auf Handeln als solches bezogen sind, und fundiert auf dieser Grundlage moralische *Regeln*, also Gebote geringerer Allgemeinheit, die für Handlungen jeweils bestimmten Typs einschlägig sind (das klassische Beispiel eines Regelkatalogs ist der Dekalog, während die „Goldene Regel" ein ethisches Prinzip ist). Teleologische Theorien qualifizieren einen (im weitesten Sinne) Gegenstand zum Zweck, d.h. sie verleihen diesem Gegenstand axiologische Autorität und konstituieren Moral als Handlungsnormierung, bezogen auf die Verwirklichung dieses Zweckes. Teleologische Ethiken enthalten somit zwei Komponenten: (1) Instrumentelle Rationalität, d.h. das Vermögen, die für die Erreichung eines Zweckes geeigneten Mittel zu identifizieren und einzusetzen, (2) eine axiologische Festlegung, d.h. die Charakterisierung des zu Erreichenden als Wert in absolutem, letztendlichem Sinne, was zu bedeuten hat, daß die Werthaftigkeit des Gegenstandes nicht darauf beruht, daß er wieder für andere, höhere Werte instrumentell verwendet werden kann (eine über den Endzweck hinausweisende Warum-Frage ist, wie Aristoteles bemerkt, sinnlos). Moral resultiert aus (1) und (2): Das moralisch Gute ist deswegen gut, weil es instrumentell auf die Verwirklichung des Letztzweckes gerichtet ist. Das moralisch Gute ist somit dem axiologisch Guten systematisch unter- und vorgeordnet; die Begründung moralischer Regeln bzw. die Auszeichnung von Verhaltensweisen als moralisch lobenswert findet statt mit Bezug auf die Eignung derselben, das axiologisch Gute zu verwirklichen. Das

Prinzip teleologischer Ethik (im Gegensatz zu den moralischen *Regeln*, die mit seiner Hilfe begründet werden) lautet in seiner einfachsten (mittelalterlichen) Form: „Erstrebe das Gute und meide das Böse"[178]. Aus den historischen Varianten teleologischer Ethik erhellt, daß die Begründung der jeweiligen Axiologie (neben dem Prinzip) auf metaphysischen, theologischen oder psychologisch-empirischen Prämissen beruht; auch intuitionistische Positionen wurden vertreten.

Mit Blick auf Kant stellen wir fest: Er leugnet nicht, daß menschliches Handeln teleologisch ausgerichtet ist, und daß es individuelle und kollektive (End-) Ziele gibt, und diese Tatsache wird auch argumentativ verdiskontiert. Entscheidend ist jedoch, daß bei Kant die Gültigkeit moralischer Regeln nicht vom Ziel des Strebens her begründet wird, d.h. die Begründung beruht nicht auf axiologischen Prämissen. Nach kantischer Auffassung ist das Prinzip der teleologischen Ethik zu schwach, um moralische Regeln allgemeinverbindlich begründen zu können. Die teleologische Ethik leidet unter der Problematik der Verbindlichkeit der Endzwecksetzung, einer Verbindlichkeit, die zum Wesen moralischer Gesetze gehört. Das Problem der traditionellen, aristotelisch geprägten Ethik „Wie muß ich (man) leben, um gut zu leben?" ist für Kant kein *ethisches* Problem mehr; es weicht der Frage „Was soll ich tun, was sind meine Pflichten?", deren Beantwortung sich die Vernunft zutraut, und zwar souverän gegenüber vorgeblich normsetzender sowohl Objektivität als auch Subjektivität, wie sie sich in der Gefühlswelt hervortut[179]. Freilich involviert das moralische Leben die Möglichkeit, daß man, indem man so lebt, todunglücklich wird: „Die Ehrwürdigkeit der Pflicht hat nichts mit Lebensgenuß zu schaffen"[180].

Die teleologische Ethik hat die Frage zu beantworten: „Wie kann man begründen, daß jedermann X erstreben soll?" bzw. „worauf beruht die axiologische Autorität von X?". In kantischer Perspektive stellt sich diese Frage wie folgt dar: (1) Die *Vernunft* besitzt (primär) keine axiologische Kompetenz, d.h. es ist nicht möglich, „aus reiner Vernunft" dem Willen inhaltlich normative Vorgaben zu machen, will sagen Zwecke zu setzen. Zwecksetzung beruht auf Neigungen und Begierden. Zwar werden bestimmte Zwecksetzungen („eigene Vervollkommnung", „fremde Glückseligkeit") mittels ethischer Reflexion als verbindlich ausgezeichnet; es ist aber (umgekehrt) nicht so, daß ethische Reflexion ihre Verbindlichkeit aus Zwecken schöpft. (2) Aus *Erfahrung* erhellt, daß jedermann Zwecke erstrebt. Eine ganz andere Frage lautet, ob es einen Zweck gibt, den jedermann erstrebt. Selbst wenn dies der Fall ist, ist damit noch nicht fundiert, daß dasjenige, was jedermann erstrebt, auch von jedermann erstrebt werden soll. Die Erfahrung berichtet nur, was der Fall ist, gibt aber nicht zu erkennen, was der Fall sein soll. (3) Die Quelle axiologischer Autorität könnte sich außerhalb von Vernunft und Erfahrung befinden, etwa im Willen Gottes. Eine solche Auffassung gerät jedoch in ernste Verifikationsprobleme. Zudem kann Gottes Wille nur dann für uns eine Quelle moralischer Obligation sein, wenn er gut, d.h. rational ist. Die ethische Rationalität axiologischer Festsetzungen ist unserer Vernunft jedoch unzugänglich. Nun ist unser Handeln nur insoweit moralisch, als wir es vor unserer eigenen Vernunft legitimieren können. Daher ist Gottes Wille für uns ohne Bedeutung. wenn er sich, indem er axiologisch ausgerichtet ist, unserer Vernunft entzieht[181]. Die Gutheit des menschlichen Willens ist nicht begründet auf der Gutheit des Gegenstandes, den er will, sondern auf der Motivation, und das will sagen: auf der Tatsache, daß ethische Gründe ihn zum Handeln bestimmen[182]. Es gibt keine Axiologie, die erstens allgemeinverbindlich etabliert werden kann, und aus der zweitens erhellt, daß es ein objektives Gut gibt, das gesollt ist. Das heißt nicht, daß ein Wille böse ist, wenn er sich in den Fällen, wo von Pflicht keine Rede ist, von Zwecksetzungen bestimmen läßt; gut ist er, wenn er sich, von Achtung stimuliert, die (formale) Maxime, also die Disposition zueigen gemacht hat, dem Sittengesetz, selbst mit Abbruch aller Neigungen, immer dann Folge zu leisten, wenn anders zu handeln diesem Gesetz zuwider wäre.

Kant handelt die Teleologie menschlichen Verhaltens im Einzugsbereich instrumenteller Rationalität ab, d.h. unter dem Stichwort der „hypothetischen Imperative". Hypothetische Imperative („wenn du A willst, dann tue B") stehen unter zwei Prinzipien praktisch-instrumenteller Rationalität, die zum Ausdruck bringen, daß es im allgemeinen vernünftig ist, für die Verwirklichung gesetzter Zwecke die jeweils (kausal) am besten geeigneten Mittel einzusetzen bzw. daß ein rationales Wesen seine persönliche Vorstellung von Lebensglück kohärent und zweckrational zu verwirklichen sucht. Das Prinzip der *Geschicklichkeit* ist Ausdruck instrumenteller Rationalität („wähle die geeigneten Mittel!"), während im Prinzip der *Klugheit* („Prinzip der vernünftigen Selbstliebe") wertesetzende Rationalität (im Sinne des Entwurfs dessen, was man unter Lebensglück versteht) hervortritt[183]. Aus diesen Prinzipien resultieren jedoch nur hypothetische Imperative, die als moralische Regeln nicht in Frage kommen. Das Terrain hypothetischer Grundsätze und Regeln liegt außerhalb von Ethik und Moral. Die Vorschrift „tue B" ist abhängig davon, ob der zugehörige Adressat A will, und sie besitzt keine strenge Verbindlichkeit: Er kann A wollen und trotzdem B nicht tun (dies wäre inkonsequent, aber nicht unmoralisch), und er kann A aufgeben und sich somit dem Gebot entziehen; beides widerspricht dem Begriff des moralischen Gesetzes[184].

Der spezifisch ethische Aspekt von Rationalität kommt im „kategorischen Imperativ" zum Ausdruck. Man muß hier zwischen „dem" (in einigen Varianten vorliegenden) kategorischen Imperativ qua ethischem Prinzip und „den" kategorischen Imperativen im Sinne moralischer Regeln unterscheiden. „Der" kategorische Imperativ (ich bezeichne ihn als „Universalisierungspostulat") ist also das ethische Begründungsprinzip kategorischer Imperative qua moralischer Gesetze. Dieser kategorische Imperativ ist jedoch keine oberste Prämisse, aus der logisch-deduktiv Moral abgeleitet werden kann; er ist eine Reflexionsvorschrift, die uns anleitet, uns vorzustellen, was der Fall wäre, wenn ein individuelles Verhaltensmuster ein allgemeines Verhaltensmuster wäre – wenn also jeder so handeln würde. Eine teleologische Ethik könnte entsprechend erwägen: „Wenn jeder so handeln würde, dann wäre der Schaden beträchtlich; also sollte niemand so handeln". Hier wird auf einen Zweck abgehoben, dem entgegengewirkt würde, wenn jeder so handelte.

Der kategorische Imperativ argumentiert ähnlich, aber eben in einem entscheidenden Punkt anders. In allgemeinster Form lautet das Prinzip: „Prüfe, bevor du handelst, ob die Maxime, nach der du handeln willst, universalisierbar ist". Eine Maxime ist eine subjektive Lebensregel mit etwa folgender Form: „Ich will immer, wenn ich in eine Situation des Typs S gerate, auf die Art A handeln, um das Ziel Z zu erreichen". Maximen sind Ausdruck persönlicher Lebensgestaltung und Lebenszielbestimmung: „(...) die maxime ist das subjective Gesetz, d.i. das, was man sich selbst allgemein zu thun vorgesetzt hat"[185]. Die Universalisierungsbetrachtung sieht dann so aus: „Stelle dir vor, daß deine Maxime ein allgemeines Naturgesetz wäre, daß also jeder nach dieser Maxime handeln würde. Dann kann sich zeigen, daß, wenn jeder so handeln würde, niemand so handeln könnte; man könnte also nach dieser Maxime nur unter der Voraussetzung handeln, daß nicht jeder nach ihr handelt. Ein Gesetz, das, um gelten zu können, voraussetzt, daß es nicht allgemein gilt, ist kein Gesetz. Somit entbehrt eine solche Maxime des hypothetischen Gesetzescharakters, und nach ihr zu handeln ist moralwidrig"[186]. Eine (logisch-schwächere) Variante des kategorischen Imperativs hat zum Inhalt: Es gibt Maximen, die zwar als allgemeine Gesetze gelten können, jedoch von einem rationalen Willen nicht als solche gewollt werden können. Die Universalisierungsbetrachtung beurteilt die Maxime also nicht unter dem (inhaltlichen) Gesichtspunkt der Werthaftigkeit des mit ihr verbundenen Zwecks. Entscheidend ist, daß der unmoralisch Handelnde voraussetzen muß, daß nicht jeder so handelt (denn dann könnte *er* nicht so handeln); er beansprucht somit für sich selbst einen größeren

Freiheitsraum, als er anderen zugestehen kann: „Der kategorische Imperativ zeichnet solche Handlungsweisen als moralisch unzulässig [aus], die parasitär von der moralischen Disziplin eines hinreichend großen Teils der Gemeinschaft zehren, die also nur darum erfolgreich sein können, weil der Rest der Gemeinschaft freiwillig darauf verzichtet, sich dieser Handlungsweisen zur Realisierung der eigenen Ziele zu bedienen. Der Universalismus der Moral bringt das Prinzip der Fairneß zur Geltung, indem er Handlungsweisen negativ auszeichnet, die wie der Diebstahl, die Lüge oder der Betrug um ihres eigenen Erfolges willen wollen müssen, daß im allgemeinen die Prinzipien des Privateigentums, der Wahrhaftigkeit und des Vertrauens beachtet werden"[187].

Die Wahl von Maximen ergibt sich daraus, was Neigungen als begehrenswert und wertvoll anzeigen: Sie beruhen auf „Bedürfnis und Neigung"[188]. Maximen sind, als relativ konstante Bestandteile der Lebensführung, auf allgemeine Ziele gerichtet, die nicht einmalig, zu einem bestimmten Augenblick, verwirklicht werden, sondern die, auf längere Sicht, Ingredienzien dessen sind, was die jeweilige Person als Gutes Leben betrachtet. Gute körperliche Verfassung, Ansehen, Reichtum, ein erfreuliches Familienleben sind hierfür Beispiele. Maximen sind konstitutiv für unsere Lebensplanung – es ist für uns als rationale Wesen just nicht so, daß wir regellos, von Moment zu Moment von Triebfedern bestimmt, Entscheidungen treffen und so durchs Leben torkeln. Kants Auffassung ist, „daß animalische Neigung niemals in menschliches Handeln münden kann, es sei denn, daß sie durch die Vernunft in ein *Interesse* umgeformt wird, das zu einer *Maxime* oder einem rationalen Prinzip des Handelns führt"[189]. Dies bedeutet aber, daß eine von Maximen geleitete Lebensweise oft genug dem zuwiderläuft, was Triebe und Augenblicksgelüste von uns verlangen. Wer sich einerseits, was seine Arbeitsleistung angeht, hohe Maßstäbe setzt, aber andererseits dem Alkohol zugetan ist, wird erfahren, daß sich beides auf Dauer schwer vereinbaren läßt. Wenn das Erbringen von Leistung seine Maxime ist, dann wird er sich immer wieder der Versuchung angesichts der Flasche widersetzen müssen. Jemanden, dessen Lebensplan (wie er sich in seinen Maximen ausdrückt) gegen Augenblicksgelüste resistent ist, betrachten wir mit Achtung und Wertschätzung, aber dies ist nicht moralischer Art, wenn seine Maximen keine moralischen Gesetze sind. Gleichwohl: „Seine eigene Glückseligkeit sichern" sei „Pflicht (wenigstens indirekt): denn der Mangel der Zufriedenheit mit seinem Zustande in einem Gedränge von vielen Sorgen und mitten unter unbefriedigten Bedürfnissen könnte leicht eine große *Versuchung zu Übertretung der Pflichten* werden"[190]. Es gibt keinen Grund, einen bestimmten Lebensplan vom Inhalt her moralisch zu bewerten (solange die zugehörigen Maximen verallgemeinerbar sind), aber die Tatsache, *daß* jemand einen solchen Plan durchhält, verdient (wenigstens indirekt) moralischen Beifall.

Zufriedenheit ist etwas anderes als Glückseligkeit. Glücklich werde ich, wenn ich Zwecke verwirkliche, die eben für mein Glück konstitutiv sind, zufrieden dagegen, wenn ich eine moralische Pflicht auch dann erfüllt habe, wenn sie meinem Glücksstreben zuwiderläuft. Kant würde sicher sagen, daß Zufriedenheit von höherem sittlichen Rang ist als Glückseligkeit, aber das soll nicht heißen, daß man jene gegen diese ausspielen kann. Es ist fadenscheinig, von den Menschen Selbstaufopferung zu velangen und ihnen als Lohn Seelenfrieden zu versprechen. Ein gewisser G. v. Gizycki[191] stellt den Grundsatz auf: „Strebe nach Gewissensfrieden, indem du dem Wohle der Menschheit dich weihst". So konnte man auch Millionen weismachen, das schöne Bewußtsein, „seine verdammte Pflicht und Schuldigkeit getan zu haben", sei reichlich Entgelt für Kugel- und Bombenhagel. All dies ist unkantisch: Das Gute Leben ist ein glückliches Leben, zu dem allerdings Zufriedenheit gehört – das Bewußtsein, seines Glückes würdig zu sein. Gleichwohl möchte ich von einem extremen Fall berichten, der sich in meinem weiteren Bekanntenkreis zugetragen hat: Eine Frau, deren Lebensglück darin lag, Geige zu spielen (und sie konnte es wunderschön), entdeckte im Nachbarhaus Feuer. Unter Lebensgefahr rettete sie dem kleinen Sohn der Nachbarn (die nicht zuhause waren) das Leben. Sie wurde schwer verletzt und vor allem: Ihre Hände sind verbrannt – sie wird nie wieder nennenswert Geige spielen können. Die Frau ist zutiefst unglücklich – aber zufrieden.

Aus Universalisierbarkeitsbetrachtungen resultiert das Ensemble moralischer Regeln: Es ist Pflicht, sich von Maximen leiten zu lassen, deren Negationen nicht universalisierbar sind (Gebote) bzw. es ist Pflicht, sich nicht von Maximen leiten zu lassen, die nicht universalisierbar sind (Verbote)[192]. Die Wahl von Maximen, die selbst und deren Negationen universalisierbar sind, ist ins persönliche Belieben gestellt. Der „gute Wille" nun ist ein solcher, der sich bei der Wahl seiner Maximen nicht nur von Zweckrationalität bestimmen läßt, sondern auch und gerade vom kategorischen Imperativ, und zwar dergestalt, daß die ethische Erwägung der zweckrationalen übergeordnet ist. Aus der Menge der zweckrational akzeptablen Maximen eliminiert der kategorische Imperativ alle diejenigen, die mangels Universalisierbarkeit aus dem Rahmen des ethisch Zulässigen herausfallen. Hierbei gilt, daß die Autorität des ethischen Prinzips *allein* hinreichend ist, den Willen zu bewegen, sich dem kategorischen Imperativ zu unterwerfen, d.h. daß er hierfür keiner zusätzlichen (außerethischen) Motivation bedarf.

Die moralische Beurteilung von Handlungen kann nicht, der kantischen Intention gemäß, von der Zwecksetzung her stattfinden, sondern nur von der Motivation aus[193]. Drei mögliche Faktoren können zum Befolgen einer moralischen Regel motivieren: (1) Die Regel selbst, (2) eine Belohnung für regelkonformes Handeln bzw. eine Bestrafung für Regelübertretung und (3) eine auf moralisches Handeln ausgerichtete Naturanlage. (2) und (3) scheiden als *moralische* Motive aus. Kant ist der Auffassung, daß nur Handlungen, die vom Bewußtsein der Pflicht, einer moralischen Regel zu folgen, motiviert sind, eigentlich moralische

Handlungen sind. Hier ist Vernunft praktisch: Sie erhellt nicht nur theoretische, auf das Handeln bezogene Zusammenhänge, sondern treibt, über das Gefühl der Achtung, zum Handeln an – sie ist also ein kausales Vermögen[194]. Solche Handlungen erhalten das Prädikat „Moralität"; Handlungen, die aus außermoralischen Motiven hervorgehen, aber gleichwohl regelkonform ausfallen, besitzen „Legalität": „Die äußere rechtmäßigkeit der Handlungen geht nur auf die That und heißt legalitaet, die innere auf die Gesinnung, aus welcher sie entsprungen, und auf das princip und heißt moralitaet"[195].

Der nicht-teleologische Charakter der praktischen Philosophie Kants manifestiert sich auf drei Ebenen: (1) Das ethische Prinzip selbst enthält keinen Bezug auf Zwecke qua ethisch-signifikante Instanzen; (2) somit wird auf dieser Grundlage die Geltung moralischer Regeln als von Zwecken unabhängig bestimmt; (3) moralische Motivation wird so definiert, daß Utilitätserwägungen für ihre Genese unzulässig sind (Kants „Rigorismus" hat zum Inhalt, daß schlechterdings niemals und unter keinerlei Umständen Nützlichkeit Handlungen legitimieren kann, welche nach dem kategorischen Imperativ unzulässig sind).

Im Gegensatz zu teleologischen Ethiken (deren allgemeine Geltung auf die Akzeptanz metaphysischer, theologischer oder empirischer Prämissen gegründet ist[196]) ist Kants Moraltheorie die einzige Ethik, welche in der Lage ist, strikt universalistisch zu denken. „Universalistisch" ist hier gemeint als eine Eigenschaft der Ethik, im Kontrast zum Anspruch bestimmter Moralen auf universelle Geltung (moralischer Absolutismus). Das Prädikat „universalistisch" kommt einer Ethik zu, welche die moralischen Voraussetzungen Guten Lebens in einer Weise begründet, die von jedermann, soweit er oder sie berechtigt ist, sich als vernünftiges Wesen zu verstehen, akzeptiert werden kann. Für so jemanden fungiert nur die formale Eigenschaft „Universalisierbarkeit" als Kriterium der Akzeptanz. Autonome Vernunft macht der ethischen „Wahrheitsfindung" keine inhaltlichen Vorgaben; so-

mit werden Inhalte vernunftvorgängig weder favorisiert noch ta-
buisiert, sondern jeder Inhalt hat das Recht, zum Examen durch
die Vernunft zugelassen zu werden[197]. Von „universalistisch"
kann hier die Rede sein, weil (so würde Kant wohl sagen) die
Vernunft die einzige Instanz ist, die (kulturinvariant) für alle
Menschen dieselbe ist. Ethik gilt, im Gegensatz zu Moral[198], in
jeder möglichen Welt, die von rationalen Wesen bevölkert ist.
Nicht-universalistisch ist jede Ethik, die Verhaltensmustern Gesetzescharakter verleiht, die nicht universalisierbar sind (dies ergibt vernunftwidrige Moral) bzw. die Gesetze vorschreibt, deren
Gültigkeit auf vernunft-externen (wohl gar fiktiven) Faktoren
beruht (eine solche Moral kann man als vernunftfremd bezeichnen). Eine moralische Verpflichtung in striktem Sinne kann nur
aus Vernunft (bzw. aus vernünftiger Einsicht) hervorgehen; somit
sind Moralen des zweiten Typs nicht für vernünftige Wesen als
solche obligatorisch (Moralen des ersten Typs sind für niemanden
obligatorisch)[199]. Ethik „aus reiner Vernunft" schafft Moral, die
den Menschen viel Freiheit zugesteht und und nur sehr wenig in
die individuelle Lebensführung eingreift. Individuen, Gruppen
und Kulturen wird großer Spielraum gewährt, was aber umgekehrt heißt, daß diese ihre Besonderheiten nicht zu moralischen
Forderungen erheben dürfen.

Die autonome Vernunft ist weder kausaler Faktor innerhalb
von Prozessen, die vom Begehren ausgehen und über den Willen zum Zweck hin verlaufen, noch ist sie Organisator solcher
Prozesse – dies wäre instrumentelle Vernunft im funktionalen
bzw. deliberativen Sinne. Die autonome Vernunft ist außerhalb
aller Kausalität und Teleologie angesiedelt, und der Mensch, als
Träger dieser Vernunft, ist demnach ein Wesen, das sich über die
Natur erhebt.

Kant steht somit in der altehrwürdigen philosophischen Tradition der Zwei-Welten-Theorie, welche bereits bei Thales von
Milet beginnt. Bei Platon ist es so, daß sich die Seele entweder in
dieser oder in jener (vorzugsweise in jener) Welt aufhält, wäh-

rend ich Augustinus so interpretieren möchte, daß ihm gemäß der Mensch in beiden Welten zugleich zugegen ist (die „civitas Dei" ist jedenfalls eine Vorstufe jenseitigen Daseins und hat mit dieser entschieden mehr Affinität als mit der „civitas terrena"), jedoch in der Weise, daß Hinwendung zur bzw. Bürgerschaft in der „civitas Dei" Abwendung von der irdischen Welt impliziert. Auch bei Kant lebt der Mensch in beiden Welten zugleich; ein Gegensatz zu Augustinus liegt darin, daß Bürgerschaft im noumenalen Reich der Freiheit Hinwendung zur phänomenalen Wirklichkeit involviert. Augustinus' Gottesstaatsbewohner befinden sich (um mit Girard zu sprechen) in der Mimese mit der jenseitigen Daseinsweise; die Elimination des „amor sui" als einer affektiven Bindung an die irdische Wirklichkeit ist hierfür unerläßlich. Von einer Ausblendung oder Abwertung diesseitigen Strebens nach Glück kann bei Kant keine Rede sein; die Menschen sollen glücklich werden, und zwar auf Erden – freilich unter der Voraussetzung, daß sie bei all ihrer Weltzugewandtheit auf eine Weise miteinander umgehen, wie dies noumenale, d.h. autonom-rationale Wesen tun oder tun würden. Kant erklärt, „(…) daß (…) dem Menschen nicht angesonnen werde, er solle, wenn es auf Pflichtbefolgung ankommt, seinem natürlichen Zwecke, der Glückseligkeit, *entsagen*; denn das kann er nicht, so wie kein endliches vernünftiges Wesen überhaupt; sondern er müsse, wenn das Gebot der Pflicht eintritt, gänzlich von dieser Rücksicht *abstrahieren*; er müsse sie durchaus nicht zur *Bedingung* der Befolgung des ihm durch die Vernunft vorgeschriebenen Gesetzes machen (…)"[200] und eventuell in Kauf nehmen, daß ihm Moral Handlungsweisen auferlegt, die seinem Glückstreben im Einzelfall zuwiderlaufen. Die Irrelevanz eudaimonistischer Gesichtspunkte gehört zum Wesen der Pflicht, „welches Wort bedeutet, daß du, was dieses Gesetz sagt, thun mußt ohne nach dem Vortheil zu fragen, den du davon haben mögtest, auch selbst wenn du dabey deine größte Vortheile aufopfern solltest, überhaupt auch die Handlung höchst beschwerlich und unangenehm wäre"[201]. Die

Hinwendung des Menschen zur empirischen Welt ist bei Kant einerseits eudaimonistisch im außermoralischen Sinne, andererseits soll diese Welt von den ethischen Maßstäben des Reichs der Freiheit „durchdrungen" werden.

Kant konzipiert diese Umgangsweise auf der Grundlage der Mittel-Zweck-Relation; zu begründen ist, daß innerhalb dieser Relation bestimmte Konstellationen ethisch ausgeschlossen, andere geboten sind, sobald ein Mensch (sei es die eigene Person, sei es ein anderer) als Faktor innerhalb einer teleologischen Beziehung auftritt. Mit groben Strichen möchte ich Kants Gedankengang wie folgt nachzuzeichnen versuchen. (1) Die Formulierungen des kategorischen Imperativs, welche Maximenverallgemeinerung heischen, ergeben eine Explikation des Begriffs autonomer Vernunft: Es handelt sich um ein Vermögen, das unabhängig von vernunftexternen Triebfedern (wenngleich mit Hilfe empirischer Prämissen) Gut und Böse definieren sowie zu gutem Handeln motivieren kann. (2) Damit nimmt autonome Vernunft eine exponierte Stellung ein: Sie bedarf weder zur Gewinnung moralischer Einsicht noch zur Stimulierung und Lenkung des Handelns einer externen Axiologie. Damit besitzt sie absoluten Wert, der nicht mit Blick auf einen höheren Wert relativiert werden kann. Relativ wäre ihr Wert, wenn sich ihre Tätigkeit darauf beschränken würde, (a) das Handeln auf einen als wertvoll vorausgesetzten Zweck hin zu ordnen und (b) den Menschen dazu zu bringen, diesen Zweck (eventuell seinen Neigungen zuwider) auch tatsächlich zu erstreben. (3) In die Teleologie unseres Handelns und Miteinander-Umgehens übersetzt heißt dies, daß es sich hier um ein Vermögen handelt, welches nicht auf die Funktion eines (bloßen) Mittels reduziert werden kann. (4) Damit geht die ethische Argumentation von der Explikation autonomer Vernunft über zur Positionierung derselben als Begründungsfundament für Moral. (5) Dies ergibt schließlich eine teleologische Moralfundierung, die allerdings von der herkömmlichen dadurch signifikant unterschieden ist, daß sie auf einem absoluten Wert (und somit „finis ultimus") beruht, den sich die Vernunft selbst zuerkennt, wobei sie sich nicht auf vernunft-externe Werte beruft.

Wenn Menschen als Faktoren innerhalb von Mittel-Zweck-Relationen auftreten, dann ergeben sich vier kombinatorische Möglichkeiten: (1) Man behandelt den anderen als Mittel und nicht zugleich auch als Zweck; dies ist ein Verstoß gegen eine vollkommene Pflicht. (2) Man behandelt den anderen nicht nur als Mittel, sondern zugleich auch als Zweck; dies ist die Erfüllung einer vollkommenen Pflicht. (3) Man behandelt den anderen als Zweck und nicht zugleich als Mittel; hier handelt es sich um die Erfüllung einer unvollkommenen Pflicht. (4) Man behandelt den anderen weder als Mittel noch als Zweck; dies stellt einen Verstoß gegen eine unvollkommene Pflicht dar[202].

Interessant sind die Varianten (1) und (3). Einen anderen *auch* als Zweck behandeln heißt, ihn ebenfalls als Mittel zu behandeln. Dies ist ein Handeln, das aus irgendwelchen Triebfedern hervorgeht und auf die Interessen des jeweiligen Akteurs gerichtet ist, für welches jedoch die Zweckhaftigkeit des anderen eine normative Randbedingung darstellt. Wenn man den anderen nur als Zweck, nicht auch als Mittel behandelt, dann heißt dies, daß ein solches Handeln nicht aus Eigeninteresse hervorgeht; ein solches Handeln ist vom (wohlbegründeten) Eigeninteresse des anderen motiviert. Aber auch hier liegt eine (stillschweigende) normative Randbedingung vor: daß man nämlich seine eigene Zweckhaftigkeit nicht zugunsten anderer aufgibt, daß man sich also nicht selbst zum Mittel für die Förderung anderer macht. Die Zweckhaftigkeit der eigenen Person ist, objektiv betrachtet, der Zweckhaftigkeit anderer ebenbürtig.

Die Varianten (1) und (3) enthalten ein Instrumentalisierungsverbot bzw. ein Zwecksetzungsgebot mit Bezug auf den anderen. Zwischen beiden liegt die Erlaubnis, den anderen als Mittel und nicht nur (aber eben auch) als Zweck zu behandeln. „Instrumentalisierung" soll heißen, den anderen nur als Mittel zu behandeln, und zwar (dies scheint mir entschieden kantisch zu sein) auf dem

Wege der Ausschaltung von Faktoren, die für ihn als rationales Wesen charakteristisch und unverzichtbar sind. Unter einem rationalen Wesen können wir uns etwa folgendes vorstellen: Es handelt sich um ein Wesen, das unter bewußter Inachtnehmung moralischer Rahmenbedingungen und auf der Grundlage möglichst adäquater Kenntnis der relevanten Umstände für sich selbst Zwecke setzt und diese mittels Handlungen verwirklicht[203]. Wenn ich somit den anderen betrüge, dann entziehe ich ihm die Kenntnis relevanter Umstände; wenn ich seinen Freiheitsraum formell oder materiell einschränke, dann beschneide ich ihm Möglichkeiten von Zwecksetzung und -realisierung; wenn ich ihn foltere, dann breche ich seine Moral (ich zwinge ihn z.B., gegen sein Gewissen Aussagen zu machen); wenn ich ihn umbringe, dann erledige ich alles mit einem Schlag.

Diese Sachlage weist Entsprechungen auf mit der thomistischen Konzeption des „malum" als „privatio", d.h. als „negatio in substantia"[204]. Wenn die obige Umschreibung eine adäquate Explikation des Begriffs „rationales Wesen" darstellt, dann bedeutet die unmoralische Behandlung eines Menschen: die Essenz dessen eliminieren, manipulieren oder pervertieren, was für ihn als rationales Wesen charakteristisch ist – nämlich seiner Vernunft. Man darf hier vielleicht den Begriff der Autonomie in allgemeinem Sinne bemühen: Indem ich den anderen instrumentalisiere, beschädige ich seine Autonomie, d.h. sein Vermögen, selbst über sein Leben und Handeln zu entscheiden (die in der Fußnote erwähnten vier Rationalitätsaspekte sind Konstituenten bzw. Randbedingungen dieses Vermögens). „Respektiere die eigene und aller anderer Menschen Autonomie" – so könnte man das Leitmotiv des kategorischen Imperativs in seinen verschiedenen Varianten formulieren. Man muß allerdings im Auge haben, daß das Instrumentalisierungsverbot nicht mit einem (positiv verstandenen) Zwecksetzungsgebot äquivalent ist: Den anderen als ein seine Zwecke selbst setzendes und verwirklichendes Wesen respektieren ist nicht dasselbe wie die Zwecke des anderen fördern[205]. Interessen, die vor der Vernunft legitimiert werden können und die sozusagen „normative Kraft" besitzen, sind nicht solche, die aus subjektiv-kontingenter Axiologie hervorgehen; diese Interessen sind die des Willens als solchem. Die Bestimmung dessen, was man „muß wollen können", kann nicht auf etwas beruhen, was der Vernunft selbst äußerlich ist; der im Sinne von Lebensgestaltung vernünftige Wille ist auf „Glückseligkeit" ausgerichtet, und man muß, wenn man vernünftig ist, wollen, daß den Vernünftigkeitsbedingungen dieses Willens genüge getan ist. Nicht wollen kann ich die Erstellung dieser Bedingungen mit Hilfe anderer und zugleich das allgemeine Verhaltensmuster, welches Hilfe gerade ausschließt. Wir können somit Autonomie auf zwei Niveaus ansiedeln. Einerseits, und dies ist das Basisniveau, „bewacht" die erste Formel des kategorischen Imperativs die Grenzen unserer Freiheitsräume: Sie gebietet, der Autonomie anderer nicht zu nahe zu treten; bei Übertretung ist Retribution angesagt.

Ein davon verschiedener Fall ist jedoch dieser, daß die Autonomie eines anderen beschädigt ist, ohne daß ich dafür verantwortlich oder daran schuldig bin – wenn etwa jemand als Behinderter geboren wird. Die Frage lautet: Gibt es dann für mich eine Pflicht, die Autonomie eines solchen Mitmenschen ins Lot zu bringen, wenn mir dies möglich und der Aufwand dafür zumutbar ist? Ja, aber nur insoweit, als die *Autonomie* des anderen betroffen ist. Die Interessen, um die es hier geht, sind nicht Bestandteile irgendeines, wie auch immer konzipierten Guten Lebens, sondern Möglichkeitsbedingungen jeglicher Form Guten Lebens als solchem. Ein (allerdings zu definierendes) Minimum an Gesundheit, Wissen und Wohlstand sind Voraussetzungen für die Erwirtschaftbarkeit der Resourcen Guten Lebens und somit der Gestaltung und Verwirklichung desselben. Die zweite Formel des kategorischen Imperativs gebietet also nicht „mache die Menschen glücklich", sondern „leiste einen Beitrag dafür, daß sie sich ihr Glück schaffen können".

Übrigens ist Instrumentalisierung unabhängig davon, ob ich

auf diesem Wege den Interessen anderer nütze oder schade. Man kann jemanden zum bloßen Mittel degradieren, indem man ihm Gutes tut – wenn ich mich etwa als Menschenfreund präsentiere und den Empfänger meiner Wohltaten über meine wahren Absichten im Unklaren lasse. Täte ich dies nicht, dann könnte es ja sein, daß er meine Gaben zurückweist und ich somit mein Ziel nicht erreiche.

Ist Kants Ethik dann doch teleologisch? Ich meine, daß dies nicht der Fall ist. Gewiß gibt es auffällige Gemeinsamkeiten zwischen Kant und Aristoteles: Auch die aristotelische θεωρια ist Vollzug autonomer Vernunft (es liegt ja in ihrem Wesen, nicht als Mittel für irgendwelche Zwecke zu fungieren), und das rational-bestimmte Leben stellt gewiß auch nach Kants Auffassung das Gute Leben dar. Und sobald Kant das autonome Subjekt als Zweck an sich etabliert hat, kann er von dort aus Moral begründen – Beschädigungen der Integrität dieses Subjekts verbieten, Förderung vernünftiger Manifestation desselben vorschreiben. Natürlich gibt es auch gravierende Differenzen zwischen beiden (etwa Kants Begriffe der Pflicht und des guten Willens sowie seine Orientierung moralischer Normen am neuzeitlichen Gesetzesbegriff), aber der fundamentale Unterschied zwischen Aristoteles und Kant scheint mir in der Art der Begründung zu liegen – nicht dieser oder jener moralischen Regel, sondern des Phänomens „Moral" selbst.

Für Aristoteles ergibt sich auf der Grundlage metaphysisch-empirischer Feststellungen die (absolute) Werthaftigkeit rationaler Betätigung und Lebensführung, und von diesem Standpunkt aus werden die normativen Richtlinien eben dieser Lebensführung entwickelt – das Ensemble dieser Richtlinien können wir als „Moral" bezeichnen. Die axiologische Fixierung geht der Moral systematisch-fundierungstheoretisch voraus. Für Kant gilt: Der axiologischen Charakterisierung des Menschen als Zweck an sich liegt die Tatsache zugrunde, daß der Mensch als Träger autonomer Rationalität ein *moralisches Wesen* ist, d.h. über das

Vermögen verfügt, Moral zu begründen und sein Handeln von der Einsicht in die Fundiertheit moralischer Regeln leiten zu lassen. Just dieses Vermögen qualifiziert den Menschen zum Zweck an sich. Die axiologische Qualität des Menschen impliziert nicht Moral, sondern ist ein Implikat derselben. Somit kann Aristoteles sagen: „Weil es einen Endzweck gibt, muß es Moral geben; Moral wird vom Endzweck her etabliert und begründet", während Kants Stellungnahme lautet: „Weil es Moral gibt, muß es einen Endzweck geben; der Endzweck wird von der Moral her etabliert und (axiologisch) begründet". Kants Ethik ist in ihrer Tiefenstruktur nicht teleologisch.

Gleichwohl treffen wir oberhalb dieser Tiefenstruktur die teleologische Zweck an sich-Argumentation an. Wir können dies durch den Umstand erklären, daß der Mensch sowohl als Subjekt wie auch als Objekt des Handelns auftritt, wobei der Handelnde selbst Objekt seines Handelns sein kann – etwa wenn man sich weiterbildet oder mittels Drogen zugrunderichtet. Daß sich Moral sozusagen von zwei Seiten her begründen läßt, zeigt an, daß diese Subjekt/Objekt-Differenz aus ethischer Sicht ohne jede Bedeutung ist. Genau dasjenige, was das handelnde Subjekt zum autonomen Wesen konstituiert, konstituiert den anderen Menschen qua Objekt der Handlung ebenfalls zum autonomen Wesen, dessen Status jegliche Instrumentalisierung verbietet. Ich und der andere sind, qua autonome Wesen, identisch, und daß wir auf dem empirischen Feld des Handelns jeweils verschiedene und wechselnde Positionen einnehmen, resultiert aus kontingenten Umständen, die unser Wesen nicht tangieren.

Die Struktur der kantischen Sichtweise auf Normativität stellt sich als ein Drei-Stufen-Modell dar. Zunächst (1) haben wir ethische Reflexion als Begründung moralischer Normen. Das Verfahren besteht in der Anwendung des kategorischen Imperativs auf Maximen, die hypothetisch als allgemeine Verhaltensmuster vorgestellt werden. Die Frage ist, ob, wenn jedermann nach einer Maxime handeln würde, niemand nach ihr handeln könnte. Nun behauptet der Wenn-dann-Satz einen *empirischen* Zusammenhang zwischen Protasis und Apodosis (bzw. zwischen den zugehörigen Sachverhalten), der als solcher nicht immer und überall (zumal nicht in jeder möglichen Welt) derselbe zu sein braucht. Da dieser Zusammenhang in die Normbegründung eingeht, ergibt sich die Möglichkeit von Moraldiversität; Kants ethischer Absolutismus ist folglich prinzipiell mit moralischem Pluralismus vereinbar[206]. Es ergibt sich somit (2) das Terrain der Moral selbst, und hier gilt, daß Handlungsweisen, die weder geboten noch verboten sind, persönlicher Entscheidung und Lebensplanung überantwortet sind. Die Moral konstituiert Spielraum für (3) individuelle bzw. weltanschaulich-religiös inspirierte Handlungsnormierung (Neukantianer sprechen vom „Stilgebiet"); es handelt sich hier sozusagen um Moral zweiter Klasse, also um (bestenfalls) vernunftfremde Regeln, die teleologisch aus individueller Letztzielorientierung oder auch aus göttlichen Offenbarungen und heiligen Schriften ihre Begründung und Plausibilität schöpfen. Das immerzu aktuelle Fundamentalismus-Problem hat hier seine Wurzel: Regeln, die nicht einmal den Anspruch erheben können, als Moral qualifiziert zu sein (man denke etwa an den islamitischen Schleierzwang), sollen universelle Geltung besitzen und sind, wenn ihre Prämissen nicht jedermann überzeugen, mit Gewalt durchzusetzen.

Man kann „Freiheit" auch umschreiben als „autonom über seine Entscheidungen und Handlungen disponieren können". Dies setzt selbstredend das Vorhandensein eines „Raumes" voraus, hat aber zugleich zum Inhalt, daß das entscheidende und handelnde Subjekt sich selbst gegenüber eine bestimmte Haltung einnimmt. „Autonomie" bedeutet – kurz und knapp –, daß man Herr der Regeln („Gesetze") ist, durch welche man seine Entscheidungen und Handlungen leiten läßt. Hierbei sind m.E. zwei Aspekte zu unterscheiden. Erstens ist man sich der Regeln bewußt, die man in sein Lebensmuster integriert hat, und man kann seine Entscheidungen und Handlungen auf diese Regeln zurückführen bzw. mittels Berufung auf diese Regeln legitimieren. Zweitens, und wichtiger, ist man in der Lage, seine Regeln (d.h. seine Bindung) selbst unter Kritik zu stellen, namentlich ethische Kriterien auf sie anzuwenden („Kants Aufforderung zur reflexiven Überprüfung unserer Maximenroutine"[207]). Dies ist die ursprüngliche Bedeutung, die Kant mit dem Begriff der Autonomie verbindet: „Maximen", d.h. subjektive Lebensregeln, in denen sich persönliche Konzeptionen von Lebensglück – Bindung – manifestieren[208], werden mittels des „kategorischen Imperativs" ethischen Universalisierbarkeitsbetrachtungen unterworfen, wodurch die Handlungen, die aus ihnen resultieren, als „moralisch geboten, verboten oder erlaubt" qualifiziert werden. Kant drückt sich wie folgt aus: „Das Prinzip der Autonomie ist also: nicht anders zu wählen, als so, daß die Maximen seiner Wahl in demselben Wollen zugleich als allgemeines Gesetz mit begriffen [d.h. verstanden, aufgefaßt] seien"[209]. Das autonome Subjekt erläßt nicht de facto Gesetze, aber es verhält sich so, als sei es Gesetzgeber, d.h. es richtet sich bei der Beurteilung seiner Maximen nach dem Maßstab gesetzgeberischer Tätigkeit. Augustinus' Gott ist, was die Richtlinien Guten Lebens betrifft, ein wirklicher, Kants ethisch-deliberierendes Subjekt ein fiktiver – gleichwohl den Regeln des Fachs folgender – Gesetzgeber.

Wenn Freiheit bedeutet: autonom über seine Entscheidungen und Handlungen disponieren zu können, dann involviert dies gemäß Kant, daß der menschliche Wille in der Lage ist, unabhängig von vernunftexternen (affektiven) Faktoren („Heteronomie") Entscheidungen treffen zu können. Dies bedeutet nicht – ein weitverbreitetes Mißverständnis –, daß moralisches Handeln voraussetzt, man müsse, indem man so handelt, seinen natürlichen Triebfedern Gewalt antun. Moralität hat zum Inhalt, daß in moralisch-relevanten Situationen die Einsicht in die sittliche Notwendigkeit einer Handlung („Pflicht") als Motiv dieser Handlung fungiert, daß also, kurzum, Grund und Motiv koinzidieren („Gesinnungsethik"[210]). Ein solches Handeln *kann* jedoch mit unseren natürlichen Triebfedern übereinstimmen, neigungskonform sein; es wird nur verlangt, daß eine solche Triebfeder (z.B. die Erwartung von Genuß) nicht als Motiv der Handlung auftritt. Entsprechend ist es nicht so, daß bei der Wahl von Maximen persönliche Neigungen und Interessen ausgeblendet werden müssen. Es soll nur, bevor man sich (aus der Neigung heraus) für eine Maxime entscheidet, sichergestellt sein, daß diese der Bedingung der Universalisierbarkeit genügt, und daß man, sollte dies nicht der Fall sein, der Vernunft und nicht der Neigung die Entscheidung überläßt. Andererseits gelten Sentimente wie Menschenliebe, Mitleid und dergleichen als außermoralische Triebfedern und tragen nichts zur Moralität unseres Handelns bei.

Innerhalb seines „Raumes", zwischen „geboten" und „verboten", kann jedermann sein Lebensglück suchen, d.h. die jeweils spezifische Konzeption des Guten Lebens konstituieren und verwirklichen, indem er sich Maximen zu eigen macht und in sein Lebensmuster integriert. Der „Raum", die äußere Freiheit, wird von Kant zunächst bestimmt als „Unabhängigkeit von eines anderen nötigender Willkür" (dies hat ja „negative Freiheit" zu bedeuten: die Abwesenheit nicht-legitimierten Zwanges („Willkür") innerhalb des jeweiligen „Raumes"), und sodann wird als für Freiheit wesentlich bestimmt, daß „sie mit jedes anderen Freiheit nach einem allgemeinen Gesetz zusammen bestehen kann"[211]. Recht handelt somit von der Distribution von „Freiheitsräumen" mit Blick auf die Einschränkung derselben im Lichte bestimmter Bedingungen.

Freiheitsdistribution soll „nach einem allgemeinen Gesetz" stattfinden – gemeint ist natürlich nicht ein bestimmtes, inhaltlich festgelegtes Gesetz, sondern Gesetzlichkeit als solche. Die Elemente einer Rechtsordnung müssen Gesetzescharakter besitzen, d.h. als allgemeine Gesetze formulierbar sein. Bezeichnen wir dies als die „Bedingung nomischer Adäquatheit". Ein Gesetz stellt eine All-Quantifikation über einen Gegenstandsbereich dar, der vom Subjektbegriff der Gesetzesaussage definiert wird, und zwar dergestalt, daß jedem Element dieses Bereichs eine Eigenschaft zuerkannt wird, welche der Prädikatbegriff dieser Aussage bezeichnet. Der Gegenstandsbereich rechtlicher Gesetze ist die Menschheit; zuerkannt werden „Freiheitsräume". Nun ist entscheidend, daß Differenzierungen im Bereich der Menschheit, wenn es um diese Zuerkennung geht, prinzipiell willkürlich und rational nicht legitimierbar sind; die Einschränkung der Gültigkeit eines Gesetzes auf einen Teil dieses Bereichs (etwa auf eine bestimmte gesellschaftliche Klasse) wäre, wegen des Mangels an begründenden Argumenten, nomisch-inadäquat. Ich verweise hier kurz auf Darlegungen von Marcus George Singer: Er unterscheidet zwischen dem *Prinzip der Verallgemeinerung* („was für eine Person richtig ist, muß für jede andere Person mit ähnlichen individuellen Voraussetzungen und unter ähnlichen Umständen richtig sein") und dem *Argument der Verallgemeinerung* (wenn nicht jeder X tun sollte, dann sollte niemand X tun)[212]. Das Prinzip der Verallgemeinerung ermöglicht logisch den Übergang von „nicht jeder" zu „niemand" beim Verallgemeinerungsargument; es gilt, daß Ausnahmebestimmungen jedenfalls dann nicht gültig sind, wenn sie mit einem Grund legitimiert werden, der iterierbar ist.

Die Freiheit des einen soll mit der Freiheit des anderen „zusammen bestehen" können. Es ist dies ein rein formales Kriterium und besagt, daß die Freiheit von A, x zu tun, nicht die Freiheit von B, x zu tun, aufhebt, und vice versa. Nennen wir dies die „Bedingung gegenseitiger Nicht-Aufhebung". Eine Rechtsordnung genügt dieser Bedingung nicht, wenn sie A eine Freiheit zuerkennt, deren Gebrauch voraussetzt, daß B diese Freiheit nicht hat. Wir müssen hier zwei Fälle unterscheiden: Der erste bestände in einer Rechtsordnung, die Freiheiten ungleich verteilt, obwohl (vielleicht nicht aus empirischen Gründen aber) unter dem Gesichtspunkt des Gesetzes als solchem eine Gleichverteilung möglich wäre. Wir können dies als „schwache Ungleichverteilung" bezeichnen: Eine solche Rechtsordnung wäre schlichtweg reformbedürftig;

man könnte nach Justierung der empirischen Randbedingungen und ohne Kollision mit dem Gesetzesbegriff den Allquantor des Gesetzes auf den gesamten Gegenstandsbereich „Menschheit" ausdehnen. Ein Beispiel könnte sein, daß es nur Männern erlaubt wäre, in der Öffentlichkeit zu rauchen – vielleicht ein (übersehenes) Relikt aus patriarchalischen Zeiten, das schleunigst zu beseitigen wäre. Im zweiten (hier einschlägigen) Falle hätte man mit einer Rechtsordnung zu tun, die Freiheiten ungleich verteilt, wobei jedoch eine Gleichverteilung nicht möglich ist – und zwar nicht aus empirischen, sondern aus rein formalen Gründen. Dies ist „starke Ungleichverteilung": Die Zuerkennung einer Freiheit an ein Individuum (oder eine Gruppe) setzt als notwendige Bedingung voraus, daß nicht jedes Individuum (nicht jede Gruppe) über diese Freiheit verfügt. Ein Gesetz, das eine solche Ungleichverteilung zum Inhalt hat, hätte als implizite Voraussetzung, daß es nicht allgemein gilt – und somit gar kein Gesetz ist. Ein solches Gesetz wäre auch nicht reformierbar.

Bislang wurde die Universalisierbarkeitsbetrachtung sozusagen aus der Perspektive der Person vorgenommen, die sich eine Maxime eigen machen will. Die Frage lautet: Könnte diese Maxime ein allgemeines Gesetz sein bzw. als ein solches gewollt werden? Wir können einen Perspektivenwechsel vollziehen. Die Frage würde dann lauten: Unter welchen Bedingungen wären die anderen bereit zuzustimmen, daß jemand sich eine bestimmte Maxime eigen macht? Also: Ich will mich für die Maxime M entscheiden. Zur Beratschlagung über die Zustimmungsfähigkeit von M berufe ich (fiktiv) eine Volksversammlung ein. Die Beratschlagung, bei der keine anderen Mittel als Vernunftargumente zugelassen sind, steht unter drei (negativen) Prämissen: (1) Meine mit M verbundene Zwecksetzung geht die anderen (inhaltlich) nichts an. (2) Es ist irrelevant, ob einige oder alle anderen gar nicht erst auf die Idee kämen, sich für M zu entscheiden (dies zur Ausschaltung der Konzession: „solange du der einzige bist…"). (3) Es ist auch ohne Bedeutung, daß, wenn ich mir M eigen mache,

Zweckkollisionen mit anderen möglich oder wahrscheinlich sind (in solchen Fällen wird man einen Interessenausgleich suchen müssen, der außerhalb der Ethik liegt[213]). Der springende Punkt ist: Die anderen werden meine Entscheidung für M nur dann billigen, wenn ich dadurch, daß ich mir M eigen mache, meinen Freiheitsraum nicht auf Kosten ihrer Freiheitsräume ausdehne. Daß eine Maxime gesetzesförmig sein muß, ist mit dem Postulat äquivalent, daß Freiheitsräume egalitär zu distribuieren sind (dies ist die fundamentale Prämisse von Kants Ethik und Rechtsphilosophie). Anders ausgedrückt: „Das ‚Grundgesetz der reinen praktischen Vernunft' sagt (…) nichts anderes aus, als daß von jeder Maxime, die als praktisches Gesetz auffaßbar sein soll oder sich zu einer allgemeinen Gesetzgebung schicken können soll, zu fordern ist, daß sie nicht nur die Maxime *dessen* ist, der sie wirklich adoptiert hat, sondern zugleich die Maxime *aller* vernünftigen Agenten sein kann"[214]. Es ist egal, aus welcher Perspektive heraus eine Universalisierungsbetrachtung stattfindet, und dies liegt schlicht daran, daß auf dem Standpunkt der Vernunft zwischen allen Personen Reflexionsidentität besteht: Es gibt eigentlich nur *ein* Subjekt, das sich (kontingterweise) in indefinit viele Personen ausdifferenziert, deren individuelle Interessen, Neigungen und Vorlieben jedoch bei Ermittlung und Begründung dessen, was als norminvolviert bzw. als normadäquat zu gelten hat, keine Rolle spielen: „Vernunftförmig ist ein Grundsatz, wenn er allgemein anerkennungsfähig ist, wenn er als Resultat einer Entscheidung von sich gegenseitig respektierenden Freien und Gleichen unter fairen, niemanden bevorzugenden und niemanden benachteiligenden Bedingungen gedacht werden kann"[215]. Es gibt nur *ein* Subjekt, dessen Inkorporationen alle Wesen sind, die Vernunft besitzen. Gäbe es nur *ein* solches Wesen, dann würden alle aus der Vernunft fließenden Pflichten gegenüber anderen Wesen trivialerweise hinfällig; übrig blieben jedoch die Pflichten dieses Wesens gegenüber sich selbst. Aber die Möglichkeit der Singularität eines solchen Wesens ist nicht von Bedeutung; entscheidend ist, daß dieses Wesen, kraft seiner Vernunft, prinzipiell auf rationale Kommunikation und konsensusorientierte Regelfindung mit anderen, gleichgearteten Wesen angelegt ist. Der Übergang vom einsamen Selbstgespräch zu intersubjektiver Kommunikation wäre völlig unproblematisch. Kants Redeweise von vernünftigen Lebewesen, die keine Menschen sind[216], bringt dies unter Worte: Träfe ich ein Wesen vom Alpha Centauri, für das 1 + 1 auch 2 ist, dann könnte ich mich mit ihm darüber verständigen, wie wir ethisch verantwortbar miteinander umzugehen hätten. Hingegen suggerieren die meisten Science Fiction-Filme, daß „aliens" zwar keineswegs dumm, aber doch recht unvernünftig sind.

Kants Rechtsphilosophie repräsentiert das klassische liberale Modell egalitärer Zuerkennung „negativer Freiheit". Nirgendwo ist hier die Rede von einem positiven Bezug auf den Anderen, von Hilfsbereitschft oder Solidarität. Jedermann entscheidet sich innerhalb seines „Raumes" für seine jeweilige Privat-Axiologie und läßt, diese im Hinterkopf, sein Handeln von instrumenteller Rationalität leiten; jedweder positive Bezug auf andere ist, in der Perspektive des Rechts, rein kontingent. Kants *Ethik* erhebt sich jedoch über dieses Modell: Die sog. zweite Formel des kategorischen Imperativs („man muß *wollen können*, daß eine Maxime als allgemeines Naturgesetz gilt") involviert, daß manche Maximen, die gemäß der ersten Formel („eine Maxime muß als allgemeines Naturgesetz *gelten können*"[217]) den Universalisierbarkeitstest bestehen, gleichwohl für einen rationalen Willen nicht akzeptabel sind. Es geht hier um Maximen, die gegenseitige Hilfestellung ausschließen. Der rationale Wille wird sich dessen bewußt sein, (1) daß sein Wesen darin besteht, Zwecke zu erstreben und zu realisieren, und (2) daß seine Möglichkeit, dies zu tun, von kontingenten Umständen abhängt – z.B. davon, daß er in Situationen geraten kann, in denen sein Handlungsvermögen auf Null reduziert oder extrem eingeschränkt ist. Ein rationaler Wille wird eine Welt als nicht hinnehmbar betrachten, in der er zugrunde gehen oder sich – als Wille – nicht mehr adäquat manifestieren

kann, obgleich mittels Hilfestellung anderer diesem Übel vorge-
beugt werden könnte. Somit wäre seine Erwägung, daß er nicht
beides zugleich wollen kann: eventuelle Hilfeleistung anderer und
ein allgemeines Gesetz, welches zum Inhalt hat, daß Hilfestellung
für andere nicht stattfindet – das eine schließt das andere aus.
Andere im Stich zu lassen wird, als allgemeines Verhaltensmuster,
von der zweiten Formel ausgeschlossen. Hilfestellung ist rechtlich
nicht einzufordern, aber sehr wohl moralisch geboten.

Die Rechtsordnung garantiert die „äußere" Freiheit des Handelns, den „Raum", und für diese Freiheit ist es irrelevant, ob der
jeweils Handelnde „innerlich" frei, d.h. autonom ist oder hete-
ronom von Neigungen und Triebfedern bestimmt wird. Dagegen
hat es die Ethik mit der „inneren" Freiheit zu tun – mit der Unabhängigkeit von empirischen Triebfedern.

Wenn wir Kants Ethik mit teleologischen Entwürfen vergleichen, dann stoßen wir auf drei Konzeptionen von „Vernunft". Zunächst haben wir *instrumentelle* Vernunft bzw. Zweckrationalität,
d.h. das intellektuelle Vermögen der Mittelbemächtigung mit Bezug auf Ziele – genauer: auf das Endziel. Diese Vernunft ist auch
im Sinne von Selbstbezüglichkeit instrumentell: Sie gibt Mittel an
die Hand, und indem sie dies tut, wird sie selbst zum Mittel. Eine
ganz andere Frage lautet, ob das Endziel selbst nicht nur rational
ergründet und analysiert, sondern qua Ziel in seinem absoluten
Wert vernünftig begründet werden kann. Hier hätten wir es mit
einer *axiologischen* Vernunft zu tun. Nach Kants Auffassung gibt
es dergleichen nicht. Wenn wir einem Gegenstand Wert zuerkennen – wenn wir ihn begehren oder erstreben –, dann beruht
dies letztendlich auf „empirischen Triebfedern" – auf Triebfedern
also, die in unserer Gefühlswelt situiert sind. Nun ist unsere Gefühlswelt als Grundlage der Moral nicht deswegen ungeeignet,
weil sie moralisch verwerflich wäre[218], sondern sie ist es deswegen,
weil sie uneinheitlich, variabel und unübersichtlich ist. Ihr Anspruch, Moral zu begründen, scheitert nicht an einem „ethischen
Induktionsproblem"; die Ausgangslage, von der aus man diesem

Anspruch genüge tun müßte, ist so uneinheitlich und verworren, daß von Induktion von vorneherein keine Rede sein kann. „Denn das Gefühl hat keine Regel, ist auch wandelbar und wetterwendisch"[219]. Wenn wir unsere persönlichen Lebensziele auf unserer Gefühlswelt errichten, dann können wir uns der Invarianz dieser Grundlage niemals sicher sein, geschweige denn, daß wir sie bei allen Menschen als gegeben voraussetzen dürfen; noch viel weniger kann man auf solchem Grund eine Moral errichten, deren Wesen Apodiktizität ihrer Regeln sein soll: „Moralische Gesetze müssen nicht empirisch, sondern apodictisch gelten"[220] – sie gelten zwar *für* die Empirie, also für unser Handeln, aber sie können nicht *aus* der Empirie begründet werden (genau dies trifft auch auf die synthetischen Urteile a priori der theoretischen Philosophie zu).

Hier tritt Kants Konzept *autonomer* Vernunft auf den Plan, welches wie folgt umschrieben werden kann: Diese Vernunft ist in der Lage, unabhängig von unserer Gefühlswelt gut und böse zu definieren, und sie vermag uns obendrein, wieder unabhängig von unserer Gefühlswelt, zu moralischem Handeln zu motivieren. Kant geht sogar soweit, autonome Vernunft als von all dem unabhängig zu machen, was für die menschliche Natur spezifisch ist; autonome Vernunft ist die Vernunft rationaler Wesen schlechthin. Gegen teleologische Konzepte kann Kant somit anführen, daß es, erstens, unmöglich ist, ein Letztziel als jedermann verpflichtenden moralischen Maßstab zu installieren, und daß es, zweitens, unmöglich ist, Handlungen, die dem formalen Kriterium des kategorischen Imperativs nicht genügen, auf der Grundlage von Letztzielen (also inhaltlich) moralisch zu legitimieren. Teleologisch begründete Moralen sind fundierungstheoretisch auf weltanschauliche Prämissen angewiesen und, was die Motivation betrifft, von individuellen oder kollektiven, jedenfalls kontingenten Zwecksetzungen abhängig.

Die kantische Ethik führt zu glasklaren ja-nein-Entscheidungen – dies ist jedenfalls ihre Intention. Damit ist, von der

Ethik her, Moral inhaltlich festgelegt. Der Formalismus der Ethik impliziert eine inhaltlich eindeutig-bestimmte Moral. Die Diskursethik hat diesen logischen Zusammenhang aufgebrochen. An die Stelle des kategorischen Imperativs treten Voraussetzungen und Regeln rationalen, Konsens in Sachen Normativität intendierenden Diskurses, die als notwendige Bedingungen rationalen Diskurses schlechthin aufweisbar sind. Hier liegt einerseits der transzendentale Ansatzpunkt („Bedingungen der Möglichkeit"); andererseits findet sich Universalisierbarkeit: Die Voraussetzungen und Regeln sind allgemein anerkennungsfähig, weil sie eben jedes rationale Wesen binden, das sich auf einen Diskurs einläßt. Der Übergang von Ethik zu Moral ist im Gegensatz zu Kants strikter Logik „liberalisiert": Der Diskurs gestattet Argumente und Standpunkte, die aus der Sicht des kategorischen Imperativs irrelevant sind, und er traut den Teilnehmern die intellektuelle Kompetenz zu, mit diesen Argumenten und Standpunkten vernünftig und sachgerecht umzugehen. Somit räumt die Diskursethik moralischem Pluralismus weiten Raum ein.

V Anthropologischer Essentialismus

Überall hat der Mensch ein „Wesen". Bei Aristoteles sowieso, und Augustinus (mit ihm die christliche Tradition) kann sagen: Der Mensch findet sein Wesen, kommt zu sich selbst und zum Mitmenschen, wenn er in die Beziehung des ‚amor Dei' eintritt; dagegen ist er im Horizont des ‚amor sui' seinem Wesen und seinen Mitmenschen entfremdet, indem er, was nach der Schöpfungsordnung nur als Mittel zu seiner Vervollkommnung und Gottgerichtetheit dienen soll, zum Letztzweck verabsolutiert. Alles Weltliche (mit Ausnahme des Mitmenschen) ist, qua Zweck, der Natur des Menschen unangemessen. Sehr einprägsam formuliert ein katholischer Autor des 19. Jahrhunderts wie folgt: „Faßt man die menschliche Natur nach ihrer Wesenheit ins Auge, so ist sie etwas Unwandelbares, allen Menschen immer und überall Gemeinsames, das sich ebensowenig ändert als das Wesen eines Kreises. Deshalb lassen sich aus der menschlichen Natur, wenn man von allem Unwesentlichen und Zufälligen absieht, ganz allgemeine und unwandelbare Regeln des Verhaltens herleiten, die für alle Zeiten und Orte in gleicher Weise gelten und doch nach der Verschiedenheit der concreten, individuellen Umstände sehr mannigfaltige Anwendungen zulassen"[221]. Auch Liberale haben ein Wesen, das darin besteht, daß sie sich autonom und selbstverantwortlich Ziele setzen und diese zweckrational zu verwirklichen suchen; der Liberale ist diesem Wesen entfremdet, wenn gesellschaftlich-ökonomische Verhältnisse ihm genau diese Möglichkeit verbauen. Das christliche Wesen ist auf Transzendenz angelegt und von dort her konstituiert, während sich die Liberalen, einmal von Ständeordnung und kirchlicher Bevormundung befreit, im Irdischen tummeln.

Auch der Mensch, wie Karl Marx ihn sieht, hat ein Wesen. Er ist der nicht zu zügelnde Arbeiter und Schöpfer, ausgestattet mit nie versiegender Energie und schöpferischer Gestaltungskraft, der die Erde in ein Paradies umgestalten wird, sobald die proletarische Revolution den Kapitalismus hinweggefegt haben wird – „nachdem die Arbeit nicht nur Mittel zum Leben, sondern selbst das erste Lebensbedürfnis geworden"[222]. Kontradiktorisch zur marxistischen Anthropologie wäre etwa die Vorstellung, daß sich die Menschen nach dieser Revolution, befreit von der Angst ums Dasein und erlöst vom Zwang der Lohnarbeit, zu apathischen Faulenzern entwickeln werden. Wenn es heißt, es sei ein kategorischer Imperativ, „alle Verhältnisse umzuwerfen, in denen der Mensch ein erniedrigtes, ein geknechtetes, ein verlassenes, ein verächtliches Wesen ist"[223], so will dies doch sagen, daß der Mensch in solchen Verhältnissen nicht leben *sollte*, sondern daß Freiheit, Autonomie, Würde und Sozialität eben das eigentlich menschliche, das Gute Leben ausmachen. Auch der Liberalismus propagiert diese Werte, aber just der Kapitalismus, dessen ideologischer Überbau er ist, macht es allen (auch den Kapitalisten selbst) unmöglich, diese Werte in Lebenswirklichkeit umzusetzen.

Das Proletariat repräsentiert die Menschheit, aber die Proletarier selbst sind keine uneigennützigen, selbstaufopferungswilligen Kämpfer für „das große Ideal" – so weltfremd war Marx nicht. Die List der Dialektik hat es so gefügt, daß die empirischen Bedürfnisse der Proletarier ineinsfallen mit den Interessen der Menschheit, d.h. daß die Verwirklichung dieser Interessen genau der Weg ist, die Bedürfnisse der Proletarier zu befriedigen: Die Verwirklichung der Interessen aller ist die Bedingung der Bedürfnisbefriedigung jedes einzelnen – so jedenfalls verstehe ich die „Assoziation, worin die freie Entwicklung eines jeden die Bedingung für die freie Entwicklung aller ist"[224]. Indem die Proletarier die kapitalistische Klassengesellschaft abschaffen, schaffen sie alle Klassengesellschaft ab, und indem sie sich selbst befreien, befreien sie die Menschheit (Wolf Biermann sang es so schön:

„Auch Liberale werden wir befrei'n"). Wenn es eine „proletarische Moral" gibt, die den Klassenkampf der Arbeiter legitimiert, dann ist sie die allgemein-menschliche Moral. Beim Thema „Entfremdung" (in den „Pariser Manuskripten"[225]) wird ausgeführt, daß der Mensch unter den Bedingungen des Kapitalismus, von sich selbst entzweit, sozusagen neben sich selbst herlebt. Die Revolution wird die Verhältnisse so umgestalten, daß sie dem Wesen des Menschen adäquat werden, indem sie den Widerspruch zwischen dem Ensemble menschlicher Möglichkeiten und den Lebens- und Arbeitsbedingungen, welche genau diese Möglichkeiten blockieren, eliminiert: „Der Kommunismus als positive Aufhebung des Privateigentums als menschlicher Selbstentfremdung und darum als wirkliche Aneignung des menschlichen Wesens durch und für den Menschen (…)"[226]. Man könnte versucht sein, polemisch zu sagen: Die klassenlose Gesellschaft ist die liberale Gesellschaft ohne Kapitalismus und Liberalismus.

Jenseits der Notwendigkeit liegt die Freiheit. Ein Vergleich mit den Stoikern ist vielleicht erhellend. Dort lautet der Grundsatz: „Alles, was geschieht, geschieht notwendig, und es ist vernünftig, daß das, was geschieht, geschieht, wie es geschieht". Wenn wir die beiden Dichotomien „Freiheit / Notwendigkeit" und „Freiheit / Zwang" betrachten, dann wird uns deutlich, daß die eigentliche Negation der Freiheit nicht die Notwendigkeit, sondern der Zwang ist, also dasjenige, was jemandem seinem Willen zuwider auferlegt ist oder wird. Wenn einem klar ist, daß alles notwendig geschieht, dann wird der vernünftige Wille nichts als Zwang erfahren, was ihm aus dieser Notwendigkeit heraus widerfährt. Marcus Aurelius sagt: „Auch wenn ich im Kerker angekettet bin – ich bin frei". Der Mensch, obwohl Teil des Geschehens und der Notwendigkeit unterworfen, ist als Betrachter frei: Intellekt und Wille entziehen sich dem Lauf der Dinge. Mit dieser Position teilt Marx die Auffassung, daß Einsicht in Notwendigkeit eine (wenn nicht die) Voraussetzung von Freiheit ist: Erstens im Sinne der wissenschaftlichen Durchdringung der Naturkausalitäten, und zweitens, wichtiger, als das Bewußtsein, daß der Mensch sich seiner Lage, Teil des Geschehens und der Notwendigkeit unterworfen zu sein, jedenfalls weitgehend entziehen kann – nicht indem er parasitiert, sondern dadurch, daß er die gesellschaftlich-ökonomischen Verhältnisse so umgestaltet, daß notwendige Arbeit, „Arbeit für den gemeinschaftlichen Fonds"[227], minimalisiert wird und der Mensch sich damit Raum für selbstbestimmte Lebensführung schafft.

Das Gute Leben ist die wesensadäquate Lebensweise. Dieses Wesen kann nicht historisch überholt, sondern höchstens eingeholt werden. Zum Ersten: Geschichtliche Entwicklung kann veranlassen, daß Vorstellungen, die man sich vom Wesen des Menschen macht, fallengelassen und durch neue ersetzt werden, aber kein anthropologischer Essentialist wird behaupten, daß historische Prozesse das menschliche Wesen selbst verändern. Menschliche Individuen mögen Spielball natürlicher, gesellschaftlicher, ökonomischer oder kultureller Kräfte sein – das Wesen des Menschen selbst ist dergleichen nicht unterworfen. Nennen wir dies das Erbe von Sokrates und Platon: Die menschliche Seele, die den unveränderlichen Ideen „ähnlicher" (ομοιοτερον[228]) als den körperlichen Dingen und somit den Bedingungen von Naturprozessualität nicht ausgesetzt sei – dies ist doch Quelle und Anstoß für alle philosophischen und theologischen Konstruktionen, die *den* Menschen heilsperspektivisch nicht dem Weltgetümmel einverleiben. Und zum Zweiten: Das Wesen kann historisch eingeholt werden. Hier ist die eudaimonistische Tradition zumal dem aristotelischen Potenz/Akt-Schema verpflichtet. Entwicklung und Fortschritt sind der Übergang vom „noch nicht" (Ernst Bloch) realisierten, gleichwohl angelegten Möglichen zum Wirklichen – aus individuellem Vermögen, aus gemeinsamer Kraftanstrengung oder mit Gottes Hilfe. Das „noch nicht", das im Rahmen menschlicher Wesenheit Mögliche, ist das zu verwirklichende Notwendige für den Menschen. Wesensverwirklichung beinhaltet (logisch gesprochen), daß alle definitorischen

Merkmale dieses Wesens nebst zugehöriger „propria" verlebendigt werden – daß der Mensch sein Wesen „auslebt". Schmalspuranthropologie mag dieses Wesen hedonistisch definieren. Sehr viel anspruchsvoller ist die intellektualistische Wesensbestimmung seitens der christlichen Tradition, aber am weitesten geht wohl Marx: Ich denke, daß er die gesamte Bandbreite aller menschlichen Vermögen ins Wesen einbezieht: von der abstrakten philosophischen Spekulation bis hin zum Schmusestündchen in der Gartenlaube. Wir können uns, so würde Marx wohl sagen, unter den Bedingungen der Klassengesellschaft gar nicht vorstellen, was das Wesen des Menschen an Kapazitäten zu bieten hat. Man kann vielleicht sagen: Ein geschlossener Essentialismus beschränkt wesensadäquates „Menschsein" auf genau spezifizierte Rollen (Ort und Aufgaben innerhalb einer gottgewollten gesellschaftlichen Hierarchie, Arbeit unter den Bedingungen des liberal-kapitalistischen Marktes), während ein offener Essentialismus indefinitviele Rollen als Möglichkeiten von Menschsein nicht nur zuläßt, sondern auch erheischt.

Aristoteles' Ethik ist für Leute entworfen, die es sich leisten können, ihre Vernünftigkeit als Selbstzweck zu behandeln – und die dies auch wollen: den Multimillionär, der seine Zeit und sein Geld verplempert, würde Aristoteles als tugendlos verachten. Man kann, vermute ich, sagen: Im Hintergrund der aristotelischen Ethik steht ein fertiger Tugendkatalog, der die Vorzüglichkeit einer bürgerlichen Intellektuellenaristokratie definiert – wer dazugehört, hat angesichts der Handlungsweisen von Gammlern und Multimillionären nur ein „das ist unter meiner Würde" übrig. Man mag über soviel Elitismus die Nase rümpfen, und nicht ganz zu Unrecht, aber man kann nicht leugnen, daß Aristoteles' Theorie der ευδαιμονια anspruchsvoller ist als manche moderne Moralphilosophie. Man muß sich die Tragweite seiner Konzeption vor Augen führen. Es läßt sich vorstellen, daß Vernunft sich zutraut, Letztzwecke allgemeinverbindlich zu begründen, die als solche nicht-vernünftig sind, daß sie also axiologische Kompetenz beansprucht. Vielleicht kann man den Utilitarismus sowie „Entwicklungslehren" des späten 19. Jahrhunderts in diesem Sinne deuten (gewiß nicht Kant). Moralität liegt dann in der Ausrichtung des Handelns auf diese Zwecke. Nach Aristoteles ist jedoch für Moralität die Selbstzweckhaftigkeit *der Vernunft selbst* konstitutiv – Moralität ist Vernunfttätigkeit als Selbstzweck, und dies heißt nicht nur, daß die Kriterien der Moralität in der Vernunft liegen, sondern auch, daß Vernunft als *Handlungsingredienz* Moralität konstituiert. Ein Vergleich mit Kant ist vielleicht am Platze: Bei diesem gleicht praktische Vernunft einem theistischen Gott, der dem Weltgeschehen, also dem Handeln, selbst äußerlich bleibt, indem er nur die Gründe und die Anstöße dafür liefert; dagegen entspricht Aristoteles' praktischer Vernunft eher eine panentheistische Gottheit. Den Geboten der Vernunft *gemäß* handeln ist etwas anderes als Vernünftigkeit im Handeln zu vollziehen. Ein Handeln *aus* Pflicht kommt der aristotelischen Sichtweise näher, aber der Unterschied bleibt bestehen, daß für Kant ein solches Handeln gerade nicht ins Gute Leben („Glückseligkeit") integriert ist und ihm höchstens akzidentiell eingefügt werden kann. Nach aristotelischer Sicht sind Handlungsweisen als un- oder amoralisch qualifiziert, deren Vollzug in keiner Weise als Manifestation selbstzweckhafter Vernunfttätigkeit gedeutet werden kann. Dies heißt nicht, daß dergleichen Handlungen ohne Vernunft sind; es heißt jedoch, daß ihr Zweck außervernünftig ist und Vernunft selbst auf bloße Zweckrationalität zusammenschrumpft.

Freilich ist Aristoteles' Konzept des Guten Lebens, wie er es präsentiert, nicht universalisierbar. Da die materiellen Ressourcen des Guten Lebens erwirtschaftet werden müssen und nicht vom Himmel fallen, erweisen sich die ευδαιμονες als Leute, die nichts zum Bruttosozialprodukt beitragen, aber einen Teil desselben beanspruchen, obwohl sie sehr wohl beitragen könnten. Einkommen aus eigener Arbeit ist verallgemeinerbar, Leben auf der Grundlage der Arbeit anderer nicht. Die Lösung wäre eine individuenbezogene Mischung von Poiesis und Praxis: Die Ressourcen des Guten Lebens werden gemeinschaftlich erarbeitet, und dann hat jedermann Freiraum, sich diesem Leben zu widmen. Marx' „Utopie" erscheint am Horizont: Mit wachsendem technischem Fortschritt wird für die Individuen der Poiesis-Anteil stets geringer, und es gedeiht der Freiraum. Aristoteles würde wohl einwenden, daß die große Masse weder das Interesse noch die Fähigkeit hat, ein Leben unter der Ägide selbstzweckhafter Vernunft zu führen, ganz zu schweigen von den Sklaven, denen die Natur sogar die Möglichkeit selbstbestimmter Poiesis verwehrt hat. Marx würde entgegenhalten, daß der Mensch, wie er sich in Klassengesellschaften darstellt, eben das Produkt dieser Gesellschaften ist, zumal in der kapitalistischen, deren einziges und allumfassendes Prinzip Poiesis ist.

Gleichwohl meine ich, daß Marx der aristotelischen Vision entschieden näher steht als dem Liberalismus – weil ich mir Marx' kommunistische Gesellschaft gar nicht anders vorstellen kann als eine „civil society", die von den Klammern der Klassenherrschaft erlöst ist, und weil Aristoteles ein (wenngleich elitärer) Kommunitarist ist. Zu beiden ist der Liberalismus der Gegenpol. Die Gesellschaft ist der Austragungsort des Guten Lebens, und der liberale Freizeitgestalter ist der Privatmensch, der sich dadurch von allen anderen Privatmenschen abgrenzt, daß er immerzu denselben Bettel zusammenkauft wie sie und dies für Individualismus hält. Im Grunde ist für den Liberalismus die Gesellschaft ein Teilbereich des Marktes: Die Individuen befriedigen ihre Bedürfnisse dadurch, daß sie kaufen, und sie haben auch keine Bedürfnisse, die nicht durch Einkäufe befriedigt werden können. Die Gesellschaft als Marktsektor nivelliert die Unterschiede und standarisiert die Individuen (es gibt im Niederländischen den schönen Ausdruck „een grijze massa gehaktballen" – „eine graue Masse von Fleischklöpsen"); andererseits leben die Leute neben- und gegeneinander her, weil sie ja alle einzigartige und unverwechselbare Individualitäten zu sein beanspruchen. „Individualismus" ist die Losung, „Einebnung auf niedrigstem Niveau" ist die Realität des liberalen Fleischklops-Atomismus. Entscheidend ist, daß es – eben durch die Vermarktung der Gesellschaft – außerhalb des Marktes nicht zu Vergesellschaftungsprozessen kommt, zu Prozessen, deren Gesamtheit man mit dem (allerdings belasteten) Ausdruck „Gemeinschaft" bezeichnen kann: Gemeinschaft entsteht gerade nicht dadurch, daß jeder Fleischklops im Wohnzimmer seinen Anteil am Bruttosozialprodukt auffuttert. Die Vorstellungen von Aristoteles und Marx (wie verschieden untereinander auch immer) sind hierzu der Gegenentwurf: Vergesellschaftung im Sinne von „Gemeinschaft" entspreche dem menschlichen Wesen und sei Ingredienz Guten Lebens. Aristoteles sagt es klipp und klar: „Es ist offensichtlich, daß das Gemeinwesen [die πολις] nicht nur ein Zusammenleben an einem bestimmten Ort ist, und auch nicht den Zweck hat, die Bürger daran zu hindern, einander Unrecht zu tun, und ihnen den Austausch von Gütern zu ermöglichen: Dies sind notwendige Existenzbedingungen des Gemeinwesens. Wenn jedoch von einem Gemeinwesen die Rede sein soll, dann reicht es nicht aus, daß diese Bedingungen gegeben sind, sondern ein Gemeinwesen besteht in der Gemeinsamkeit des Guten Lebens [η του ευ ζην κοινωνια] im privaten und öffentlichen Bereich, und sein Zweck ist vollkommene und selbstgenügende Lebensführung [der Bürger]"[229]. Vollkommenheit und Selbstgenügendheit (τελειοτης und αυταρκεια) sind die Kennzeichen praktischer Lebensführung, die sich allerdings innerhalb der Gemeinschaft vollzieht (αυταρκεια hat gerade nicht die Konnotation des gemeinschaftsabgewandten Individualismus). Das Gute Leben spielt sich außerhalb der Poiesis, und dies will hier sagen: außerhalb des Marktes, ab, und zwar, wie Aristoteles es nennt, in „Freundschaftsbeziehungen" zwischen den Bürgern. Man könnte dem Liberalismus höchstens einräumen, daß es ihm gelungen ist, „Kaufen und Genießen" in den Köpfen der Leute zur Praxis, zum Selbstzweck verfremdet zu haben, und genau dies ist, im Lichte aristotelischer und marxscher Anthropologie, *Ent*fremdung des Individuums vom Wesen des Menschen.

Worum es geht, ist die Übereinstimmung des Menschen mit sich selbst, um das empirische Individuum als Instantiierung des überindividuellen (eigentlich überempirischen) menschlichen Wesens. Von hier aus läßt sich verstehen, was in diesem Zusammenhang Freiheit bedeuten könnte. Frei ist ein Mensch nicht dann, wenn er sich von allem, was irgendwie begehrenswert erscheint, zum Handeln bestimmen läßt; frei ist er, wenn er sein Handeln selbst bestimmt, wenn also die Maßstäbe, nach denen er seine Entscheidungen trifft, in ihm selbst liegen (ich erinnere an Augustinus' Dreieck). Das Gute Leben ist, wenn dies zutrifft, ein Leben in Freiheit.

Wer oder was vermittelt zwischen dem empirischen Individuum und dem menschlichen Wesen? Dies soll heißen: Wer oder was verschafft dem Individuum Einsicht in die Tatsache, daß es neben seinem Wesen steht, und wer oder was motiviert es, sich sozusagen zum Wesen hinzubewegen? In der christlichen Tradition ist dies natürlich Gott. Aus der Offenbarung erhellt, wer bzw. was der Mensch ist – gottebenbildliche „creatura" –, daß er, im Horizont seiner Sündhaftigkeit, dem Standard der Gottebenbildlichkeit nicht genügt, und daß er berufen ist, seinen wesensgemäßen Status zu restaurieren. Gottebenbildlichkeit ist das Wesen des Menschen, von dem er sich durch die Sünde entfremdet hat. Sünden gibt es viele, und ihr Kern liegt darin, daß der Mensch, indem er Gottes Gebot übertritt, selbstgewollt und somit selbstverschuldet sein eigenes Wesen negiert. Offenbarung und Gnade, kognitive Erhellung der Sachlage und Motivationsanstoß, sind die Elemente von Gottes Vermittlertätigkeit. Für den Marxismus ist Gott (oder jedenfalls der Glaube an ihn) ein Obstakel auf dem Weg zur Befreiung. Lassen wir vulgärmarxistische Meinungen außen vor, nach denen sich die Revolution sozusagen automatisch aus der (mechanistisch-fehlinterpretierten) historischen Dialektik ergibt. Gott und historisches Naturgesetz kommen für den geläuterten Marxismus nicht in Betracht: Das Subjekt selbst, „der Proletarier", ergreift die Initiative. Tut es das nicht, werden andere dafür sorgen, daß dem Zusammenbruch des Kapitalismus der Faschismus als Riegel vorgeschoben wird. Wir können, statt von „Subjekt", besser von „Selbstbewußtsein" sprechen: Das Bewußtsein seiner selbst nimmt Empirie und Ideal reflektierend in Augenschein und bemerkt die Diskrepanz zwischen beiden, d.h. die tiefe Kluft zwischen dem, was ist, und dem, was sein soll und sein kann. Die Revolution ist der Entschluß, den Übergang zu machen – ein Entschluß, der letztlich ethisch (zwar nicht motiviert, aber) begründet ist. Marx spricht ja nicht für nichts vom „kategorischen Imperativ", einem Gebot also, dessen Verbindlichkeit von subjektiven Interessen und Befindlichkeiten unabhängig ist. Weder die rational-kalkulierenden Egoisten des Lockeschen Gesellschaftsvertrages (die „Ethik" dieses Vertrages besteht in interessenorientierter Fundierung) noch Proletarier, die sich in die Misere hineingewöhnen und leidlich zufrieden sind, solange sie nur ihren Schweinespeck haben, sind Repräsentanten einer solchen kategorisch verfaßten Ethik. Es ist, wie gesagt, eine List der Dialektik, daß die eigenen materiellen Interessen den Proletarier zur Revolution motivieren mögen, während er in Wirklichkeit ein Gebot erfüllt, für welches *diese* Interessen kein Gültigkeitsgrund sind.

VI Querverbindungen

Der Liberalismus, die christliche Tradition und das Aufklärungsdenken mit Kant als Protagonist – alle drei liefern wesentliche
Beiträge für ein Verständnis von Freiheit und deren Beziehung
zur Problematik der Normen und Werte.

Der Liberalismus betont die egalitäre Distribution von „Räumen" auf der Grundlage des Gleichheitsprinzips, das zum Inhalt
hat, daß kein wie auch immer gearteter kontingent-persönlicher
Unterschied zwischen Individuen eine ungleiche Verteilung von
Rechten und Freiheiten legitimiert. Der schwache Punkt des
(frühen) Liberalismus ist seine Vernachlässigung der positiven
Freiheit für jedermann. Somit konnte er zur Ideologie eines men-
schenverachtenden Kapitalismus degenerieren und wurde zurecht
zur Zielscheibe von (u.a.) Karl Marx' vernichtender Kritik. Es
gab und gibt jedoch auch „aufgeklärte" liberale Denker wie John
Stuart Mill im neunzehnten und John Rawls im zwanzigsten
Jahrhundert, die das liberale Denken auf einem intellektuell und
moralisch weitaus höherem Niveau angesiedelt haben.

Die liberalen Normen und Werte beziehen sich auf die politisch-rechtliche Basisstruktur der Gesellschaft – auf die gleiche
Verteilung von Rechten und Freiheiten; Normativität mit Bezug
auf die Beförderung fremden Wohlergehens liegt außerhalb dieses
Rahmens. Der Liberalismus sieht sich jedoch mit der Frage konfrontiert, ob für eine Gesellschaft Stabilität gewährleistet sein
kann, welche nur über die Reglementierung der Freiheitsdistribution als „normativen Gehalt" verfügt, und ob eine *Gemein*schaft
aus Individuen bestehen kann, für die diese Reglementierung ein
außerhalb des Gesichtsfeldes liegendes Hintergrundphänomen

ihres rein auf Eigeninteresse gerichteten Lebenswandels ist. Ein reflektierter Liberalismus, möglicherweise von Mill inspiriert, wird dafür sorgen wollen, daß die Individuen die liberalen Normen und Werte verinnerlichen und zu Verhaltensdispositionen (zu aristotelischen „Tugenden") ausbilden, d.h. daß sie sich immer und überall, wann und wo dies erforderlich ist, für Recht und Freiheit – auch im Interesse anderer – engagieren. Eine Verinnerlichung von Normativität kann auch möglicher Diskrepanz zwischen persönlicher Kalkulation und allgemeinem Belang gegensteuern. Nach liberaler Auffassung liegt das *allgemeine* Interesse in der Stabilität der Rechtsordnung; es handelt sich um ein Interesse, das jedermann hat, das jedoch auch dann verwirklicht wird oder werden kann, wenn sich nicht jedermann an dieser Verwirklichung beteiligt. Gerade die Tatsache, daß jedermann dieses Interesse hat, stellt für den rational-kalkulierenden Egoisten ein Motiv dar, zweierlei einheimsen zu wollen, nämlich die Stabilität der Rechtsordnung *und* den persönlichen Nutzen, der sich aus der Verletzung genau dieser Rechtsordnung ergibt („Trittbrettfahrer"[230]). Die politisch-juridische Ordnung hat, als Produkt rein instrumenteller Rationalität, kein eigenes moralisches Gewicht, und die Idee eines fiktiven Vertrages ist als *moralisches* Motiv für regelkonformes Handeln viel zu schwach. Die Umsetzung liberaler Normen in „Tugenden" würde diese Normen gegenüber dem Kalkül individueller Nutzenmaximierung verselbständigen. Was andererseits das Terrain angeht, das vom Liberalismus nicht normativ in Angriff genommen wird – der Einsatz für das Wohlergehen anderer im Sinne „positiver Freiheit" oder auch für Gemeinschaftsbelange –, so ist der Gedanke nicht abwegig, daß *freiwilliges* Engagement mehr zustandebringt und verläßlicher ist als etwa durch Gruppenzwang auferlegte Pflichten[231].

Augustinus hebt die „subjektive Seite" der Freiheit hervor. Bindung fungiert qua integraler Bestandteil unseres Handelns als Bedingung der Möglichkeit, Entscheidungen treffen zu können. Dies könnte ein Liberaler akzeptieren; er würde dann sein Credo

„Frei bin ich, wenn ich tun kann, wozu ich Lust habe" auf ein „höheres" Niveau transferieren und feststellen: „Frei bin ich, wenn ich mich binden kann, an wen oder an was ich will" – aber dies ist, wie mir scheint, eine Illusion. Augustinus' (und Aristoteles') Auffassung, daß Bindungen individuell-beliebiger Entscheidungsmacht entzogen sind, findet ihren modernen Widerpart in der Einsicht, daß sie gesellschaftlich vermittelt sind und mehr oder weniger deliberationsfrei angeeignet werden. Man denkt wohl häufig über Entscheidungen nach, die man vor dem Hintergrund seiner Bindungen zu treffen hat – wer aber denkt über Bindungen selbst nach?

Wichtiger als dies ist Augustinus' Lehrsatz, daß Bindung – in seinem Falle: in zwei Richtungen (Gott und Mensch) – für das Gute Leben konstitutiv ist. Die individuelle Bindung an Gott involviert für jedermann die Beziehung zum Mitmenschen, in welcher dieser als Zweck manifest wird. Der Wert (Kant würde sagen: die „Würde") des Mitmenschen stiftet eine Gemeinschaft, deren Mitglieder einander als Zwecke ansehen, d.h. gemäß universeller moralischer (wenn man so will: von Gott gesatzter) Regeln miteinander umgehen. Die Idee einer christlich-organisierten Gesellschaft wird hier sichtbar: Universell-obligatorische Normen und Werte sind nicht, wie der Liberalismus meint, Randbedingungen des jeweils individuellen Guten Lebens, sondern integraler Bestandteil dieses Lebens selbst (bzw. Ziel dieses Lebens). Somit sind christliche Normen und Werte inhaltlich festgelegt: Sie definieren ein *bestimmtes* Ensemble von Verhaltensmustern als das Gute Leben und entziehen dem Individuum die Berechtigung, in dieser Hinsicht autonom über seinen „Raum" disponieren zu können.

Für Kant besteht das Gute Leben in der Kombination von Glück und Zufriedenheit, und zufrieden sein heißt, seine moralische Pflicht getan zu haben bzw. zu tun, und dies wiederum impliziert, daß man die Förderung autonomiebasierter Fremdinteressen in sein Handeln integriert hat. Das Gute Leben enthält wesentlich Elemente, die vom Streben nach eigenem Glück unabhängig sind und diesem zuwiderlaufen können. Einerseits konvergieren Augustinus' und Kants Sichtweisen darin, daß das Individuum nur dann gut lebt, wenn andere auch gut leben bzw. wenn es seinen Beitrag zum Guten Leben anderer leistet. Andererseits unterscheiden sich die Sichtweisen darin, daß bei Augustinus der positive Bezug auf das Wohlergehen anderer eudaimonistisch (mit Blick auf den Handelnden selbst) gedeutet wird: Das Gute Leben ist das glückliche Leben, und nur das glückliche Leben. Wenn Nächstenliebe Opfer verlangt, so wird dies durch Glück höherer Ordnung kompensiert – mehr noch: Es wird behauptet, daß eben nur dieses Gück höherer Ordnung wahres Glück ist. Kants Position ist (motivational) anspruchsvoller: Die Pflicht, eigene Wünsche und Neigungen hintanzustellen, wird nicht eudaimonistisch verbrämt bzw. auf diese Weise attraktiv gemacht.

Das Problem eines Kommunitarismus, der strikte (Allgemein-) Geltung beansprucht, liegt darin, die argumentativen Mittel herbeizuschaffen, mit deren Hilfe die Menschen von der Richtigkeit des jeweiligen Modells des Guten Lebens zu überzeugen sind (wir schließen den Knüppel als Argumentationshilfe aus). Weder Gottes Wille noch eine invariante menschliche Natur, auch nicht ein – irgendwo zwischen Himmel und Erde schwebendes – „ius naturale" können heutzutage als Quellen allgemein-akzeptabler Einsicht fungieren[232]. Auch Rationalität – wenn sie denn allgemein als Autorität akzeptiert ist – versagt, denn Wertsetzungen liegen als arationale Entscheidungen außerhalb ihrer Kompetenz. Es ist die Stärke des Liberalismus, daß er sich, was die Prämissen seines Modells angeht, nur auf Instanzen beruft, von denen angenommen werden kann, daß sie für jedermann kognitiv zugänglich und annehmbar sind; entsprechend (logisch) schwach ist das liberale Modell selbst. Bei einem solchen Kommunitarismus ist es umgekehrt: Die (logische) Stärke seines Modells ist auf Prämissen gegründet, die *zu viel* behaupten, um jedermann überzeugen zu können – hierin liegt seine Schwäche. Kommunitaristisch organisierte Gemeinschaften dieser Art werden wohl nicht ganz auf

(„sanften") Zwang verzichten können; vielleicht vertrauen sie auf die Gefühlswelt, auf Traditionsbewußtsein, Respekt gegenüber den Vorfahren, Angst vor ewiger Verdammnis; vielleicht auch schotten sie sich gegenüber der Außenwelt ab, um Alternativen dem Blick zu entziehen.

Kants Theorie stellt in gewissem Sinne eine Kombination liberaler und christlicher Denkmotive dar. Er ist mit dem Liberalismus einverstanden, wenn dieser den Wert maximaler und egalitärer Verteilung der „Freiheitsräume" und der in diesen vorliegenden Möglichkeiten hervorhebt, selbstgewählte Lebenspläne in Lebenswirklichkeit zu transformieren[233]. Was jedoch Kants Freiheitsbegriff angeht, so steht die „Innerlichkeit" im Vordergrund. Kant betont das Vermögen des Menschen, kritische Distanz gegenüber der jeweils eigenen Konzeption des Guten Lebens und des darin eingebetteten Normen und Werte-Ensembles einzunehmen und dieselbe ethischen Legitimationskriterien zu unterwerfen. Darin liegt für Kant Freiheit: nicht in erster Linie in der (freien) Entscheidung für eine bestimmte Handlung, sondern vornehmlich in der Beurteilung der jeweils eigenen Maßstäbe, auf Grund derer man sich für Handlungen entscheidet[234]. Wir lernen von Kant: Kritik ist immerzu vor allem Selbst-Kritik, und die Fähigkeit zur Selbst-Kritik gehört zum Wesen unserer Freiheit.

Wenn wir mit großen – allzu großen! – Schritten durch die Geschichte der Ethik eilen, dann können wir feststellen, daß nach antik-mittelalterlichen Vorstellungen das Gute Leben in der Bindung an ein wertvolles Gut liegt, und diese Bindung macht den Menschen frei (unabhängig) von allem, was weniger gut oder schlecht ist. D.h. daß die vernünftige Überlegung (Ethik) auf der Grundlage metaphysisch fundierter Anthropologie bzw. offenbarter Glaubenswahrheit (die nach mittelalterlichem Verständnis jeder natürlich-rationalen Wirklichkeitsbemächtigung erkenntnisleitend und handlungsbestimmend vorausliegt) der Moral inhaltliche Kriterien auferlegt, welche aus dem Wesen „des Guten schlechthin", dem „finis ultimus" hergeleitet werden. Für Kant gilt, daß Freiheit einerseits in der Bindung an eine Instanz (die praktische Vernunft) liegt, die nach formalen Kriterien über Moral entscheidet; diese Bindung manifestiert sich im (rationalen, „guten") Willen[235] – in der Bereitschaft, sich bei der Wahl seiner Maximen durch Vernunftgründe (mit-) bestimmen zu lassen[236]. Praktische Vernunft ist eine Vernunft, welche die normativen Hintergründe unseres Handelns erhellt und uns zudem dazu bewegt, diese Hintergründe motivational in unser Handeln einzubeziehen. Freiheit liegt andererseits im Entscheidungs- und Handlungsspielraum, der indirekt durch jene Instanz, über das Kriterium der Gesetzmäßigkeit, als moralisch-verfügbar definiert wird. Die Vernunft ist der Entscheidung für Maximen systematisch vorgeordnet, da jene die Kriterien bereitstellt, im Lichte derer eine solche Entscheidung im Horizont der Ethik legitimiert werden kann; a fortiori ist die Vernunft der Entscheidung für Handlungen systematisch vorgeordnet, da diese aus Maximen (in Konjunktion mit den situativen Gegebenheiten) fließen. Die Vernunft legt sich nicht *inhaltlich* auf bestimmte Moralen fest; was hier zulässig oder unzulässig ist, wird nach *formalen* Kriterien ausgezeichnet bzw. aussortiert. Von der Materie des Wollens, von der Zwecksetzung her, lassen sich nach Kant moralische Regeln nicht allgemeingültig begründen: „Alle praktische Prinzipien, die ein Objekt (Materie) des Begehrungsvermögens, als Bestimmungsgrund des Willens, voraussetzen, sind insgesamt empirisch und können keine praktische Gesetze abgeben"[237]. Das Problem, welches Kant in diesem Zusammenhang umtrieb, ist die Tatsache, daß Ethik keinen (etwa kausalen) Bezug zu Glück aufweist, also eben nicht eudaimonistisch ist: „(…) die Natur der Dinge (…) enthält keine nothwendige Verbindung zwischen wohlverhalten und wohlbefinden (…)"[238] – moralisches Handeln ist nicht auf Glück aus, und somit ergibt sich dieses höchstens zufällig. Der Verweis auf ein ewiges Leben bietet eine Lösung, die allerdings bei Kant nicht so trivial ist wie bei durchschnittsgläubigen Glückssuchern. Das definitive Gute Leben besteht, in einem fernen Jenseits, in der Verwirklichung des „Summum Bonum", d.h. der Kombination von „Glückseligkeit" im Sinne gelungener, die Neigungen befriedigender Lebensgestaltung und zugehöriger „Würdigkeit", wobei letztere die Bedingung ersterer ist: „Sittlichkeit ist doch nicht allein das ganze hochste Gut, sondern die hochste Bedingung"[239].

Die Stellung Gottes entspricht einerseits traditionellen Vorstellungen: Gott ist Garant für die Positionierung des Menschen in einem transzendenten Sinnzusammenhang, in welchem Moralität als Bedingung ewigen Glücks fungiert. Andererseits ist für Kant typisch, daß Moralität gerade nicht dadurch zustandekommt, daß man sein Handeln von der Hoffnung auf ewigen Himmel bzw. von der Angst vor Höllenstrafen motivieren läßt. Theistisch fundierte Moral versetzt den Menschen in eine auf Nutzenkalkül gegründete Beziehung zur Gottheit und macht ihn zum Kriecher oder zum selbstgerechten Heuchler (je nachdem auch zum terroristischen Schwerverbrecher): „Unter allen Abweichungen von der natürlichen Beurtheilung und bewegenden Kraft der sitten ist die schädlichste, da man die lehre der sitten in eine lehre der religion verwandelt oder auf religion gründet. Denn da verläßt der Mensch die wahre moralische Gesinnungen, sucht die Göttliche Gunst zu gewinnen, abzudienen oder zu erschleichen und läßt allen Keim des Guten unter den maximen der furcht ersterben"[240]. Gott belohnt den Menschen genau dann, wenn just die Hoffnung auf Belohnung oder die Angst vor Strafe nicht das Motiv dafür war, daß der Mensch die Moral zur Richtschnur seiner Lebensführung gemacht hat[241]. Moralität ist in dreifacher Hinsicht frei von theistisch-religiösen Grundlagen: Erstens ist die Gültigkeit moralischer Regeln davon unabhängig, daß bzw. ob die Gottheit sie gebietet; hierfür ist die autonome Vernunft zuständig. Zweitens ist die ethische Evaluation von Handlungen nicht auf den Spruch der Gottheit angewiesen: „(…) das urtheil über den werth der Handlungen, so fern sie beyfalls und der Glückseeligkeit würdig sind, muß doch von aller Erkentnis von Gott unabhängig seyn"[242]. Und drittens läßt sich der moralisch Handelnde nicht von gottheitlichem Sanktionsdruck motivieren. Freilich scheint mir, daß Kant die „Strenge" seiner Ethik zu schwarz bewertet. Die meisten unserer alltäglichen Handlungen sind moralisch unproblematisch, und es ist auch unter dem Diktat des kategorischen Imperativs ohne weiteres möglich, ein Leben zu führen, das zwar nicht absolut, aber immerhin relativ „gut" sein kann, wenn der Umstand, daß man sich auf dieser Erde wohlfühlt, mit dem Bewußtsein verbunden ist, daß man dieses Wohlgefühl auch moralisch verdient, wenn man also zufrieden sein kann.

Die Hoffnung auf jenseitige Adäquanz von Moralität und Glückseligkeit kann moralisches Handeln begleiten, ohne jedoch motivierenden Einfluß darauf auszuüben; sie ist sozusagen der Grundton moralischer Lebensführung. Somit heißt moralisch handeln auch: handeln, als ob Gott nicht existiert. Nun wird aber gesagt: „Ohne das Bewußtsein der Existenz Gottes gibt es keine Koordinaten für Gut und Böse", so der vorige Papst; Dostojewski schrieb: „Wenn es keinen Gott gibt, dann ist alles erlaubt". Doch, es gibt diese Koordinaten, und es ist nicht alles erlaubt: Sie liegen in der menschlichen Vernunft und stimmen im Kern mit Gottes Koordinaten überein. Der menschliche Geist ist ja ein „Bild" des göttlichen Geistes – was wäre das für ein Bild, das, um sich seiner selbst sicher sein zu können, immer wieder auf das Original zurückschauen müßte? Gott ist, als *Informant* in Sachen Gut und Böse, redundant. Gleichwohl: Was bei Kant völlig fehlt, ist die teleologische Endzielausrichtung des Wollens im Rahmen der Ethik, d.h. der „finis ultimus". Nach christlichem Verständnis ist nun nicht die (objektive) Ausrichtung der Handlung auf diesen „finis" bereits ausschlaggebend für Moralität; entscheidend ist, ob die Handlung aus dem Begehren oder Willen („intentio"), sich Gott zu nähern, hervorgeht. Der bei Kant fehlende „finis ultimus" ist also nicht eigentlich der springende Punkt; die Diskrepanz ist gesinnungsethischer Art. Für den Christen dürfte klar sein, daß sich der Mensch in einer (göttlich initiierten) Grundsatzentscheidung zu Gott hinwendet, und daß all sein Handeln (actuale oder habituale) von seiner Beziehung zu Gott mit-motiviert wird; diese Mit-Motivation ist das Kriterium der Moralität (oder wenn man so will: der Gottgefälligkeit). Die bei Kant nicht vorhandenen Koordinaten sind Komponenten der Motivation oder Gesinnung, nicht der inhaltlichen Einsicht in Gut und Böse. Das Koordinaten-Zitat beinhaltet die Negation der Grundthese kantischer Ethik, daß der Mensch *kraft seiner Vernunft* nicht nur Gut und Böse definieren, sondern sich obendrein aus eben dieser Quelle heraus selbst zum Guten motivieren kann und daraufhin Moralität beanspruchen darf. Moralität ist die Würdigkeit, glückselig zu sein; dies will sagen, daß der Mensch nach Kant *selbst* in der Lage ist, das zu tun, was nach christlichem Verständnis nur im Horizont des „amor Dei" zu tun möglich ist: die Voraussetzungen ewigen Heils zu schaffen.

Gemeinsam ist der antik-mittelalterlichen und der kantischen Konzeption (auch derjenigen der Naturrechtstradition) die Tatsache, daß der Komplex „Freiheit" und „Gutes Leben" von einem je vorgegebenen Standard (das Wesen des Menschen, Gottes Wille, die Vernunft) angegangen wird, daß es also einen „ideellen", der menschlichen Lebenspraxis vorgelagerten Bereich gibt, dem die Maßstäbe für just diese Lebenspraxis zu entnehmen sind. Das Gute Leben ist dann ganz und gar oder wenigstens zu essentiellen Teilen als Standard-Konformität zu bestimmen – eine Konformität, die sich argumentativ erhellen und fundieren läßt[243].

Am Begriff der Würde läßt sich ein fundamentaler Unterschied zwischen den hier behandelten Entwürfen festmachen. Ich will nicht versuchen, „Würde" umfassend und jedermann überzeugend zu definieren, aber ich meine, daß folgender Grundsatz jedenfalls Bestandteil einer solchen Definition sein wird: „Jeder Mensch hat einen Status inne, der ihn gegen reine Instrumentalisierung immunisiert" – mehr habe ich, was „Würde" betrifft, hier nicht im Auge. Nun hat der liberalen Tradition zufolge rational-kalkulierender Egoismus rechtlich-gesellschaftliche Verhältnisse geschaffen, in denen man die Würde des anderen unangetastet läßt. Das heißt, daß reine Instrumentalisierung anderer als legitime Option nicht zur Disposition steht. Die zwischenmenschlichen Beziehungen in der liberalen Gesellschaft (nicht notwendig auch im Privatbereich) sind nun dergestalt: Der andere ist entweder mein Kooperateur, d.h. wir setzen einander (bewußt und freiwillig) als Mittel für jeweils eigene Zwecke ein, oder er ist mein Konkurrent; andernfalls ist er für mich uninteressant. Daß ich seine Würde, wenn er mein Konkurrent ist, nicht antaste, ist nur eine restringierende Bedingung meiner Interessenverwirklichung. Der Grundsatz bleibt jedem Entscheiden und Handeln äußerlich, solange das zugehörige Gebot „respektiere die Würde des anderen" bloß die Grenze zieht, die von der Willkür strikt individualistisch ausgerichteter Lebensführung nicht überschritten werden darf. Ein ganz anderer Fall liegt jedoch vor, wenn die Würde des anderen zum Bestandteil jeweils eigener Lebensprogrammatik wird, wenn also Respekt vor der Würde des anderen nicht als Restriktion für das eigene Entscheiden und Handeln fungiert, sondern konstitutiv ist für dessen Finalität. Daß dem Liberalismus zufolge der Mensch Würde besitzt, ist reiner Zufall, d.h. Implikat einer „Verkettung von Umständen", wie sie als Ausgangslage des Gesellschaftsvertrages eben vorlagen bzw. konstruiert wurden. Wären diese Umstände anders gewesen bzw. konzipiert worden, hätte etwa ein Teil der Bevölkerung eine Ungleichverteilung von Rechten zu seinen Ungunsten apathisch hingenommen, dann würde es um die Würde dieser Menschen schlecht bestellt sein. Kein Kontraktant engagiert sich für andere, die durch eine Ungleichverteilung benachteiligt werden oder würden. Es liegt stillschweigend in der Logik des Gesellschaftsvertrages, daß Zuerkennung von Würde die Initiative der Betroffenen voraussetzt: daß sie ihre Interessen geltend machen und durchsetzen, d.h. Interessen, die eben für erfolgsorientierte Macher charakteristisch sind. Nur Macher haben Würde, und Macher sind Leute, die Besitz zu erwerben wissen: „Die Menschheit aber als Gattung wird durch das Eigentum konstituiert. Das Individuum hat Teil am Kollektiv Menschheit dadurch, daß es Eigentümer ist. Locke konstituiert keine Menschenwürde, sondern die Würde des Eigentums und die des Menschen nur insoweit, als er Eigentümer ist"[244]. Für Kant und die christliche Tradition ist dagegen Würde ein Ingredienz der Menschennatur selbst[245], also nicht etwas, das man unter günstigen Umständen erhält und andernfalls nicht erhält. Hier soll die Würde des anderen respektiert werden, weil er *Mensch* – Träger autonomer Vernunft, Gottes Ebenbild[246] – ist; sie wäre auch dann zu respektieren, wenn dies keinerlei Bezug zu individuellen oder allgemeinen Interessen hätte. Die Bestimmung des Grundgesetzes (Art. 79 Abs. 3), daß Art. 1 *unter keinerlei Umständen* aufgehoben werden darf, spiegelt eher kantischen als lockeschen Geist. Einerseits ist für den Liberalismus die Beschädigung der Menschenwürde unzulässig, weil dies den Regeln des Gesellschaftsvertrages zuwiderläuft und, als allgemeines Verhaltensmuster, den ganzen Vertrag aushebeln würde. Andererseits ist Respekt vor der Menschenwürde genau die Richtlinie für die Instandhaltung des Vertrages (und seiner wohltätigen Folgen). Negativ oder positiv: Der Umgang mit Menschenwürde ist instrumentell fundiert und gesteuert. Kants Bestimmung des Menschen als „Zweck an sich" greift jedenfalls weit über dasjenige hinaus, was in den Prämissen des Liberalismus angelegt ist. Er ist, an diesem entscheidenden Punkt, der christlichen Tradition nahe und vom Liberalismus weit entfernt.

Eine nicht-instrumentell (also axiologisch) fundierte Etablierung von Würde (die bei Kant noch stattfindet) fällt aus dem Rahmen einer Sichtweise auf Vernunft, die in der Nachfolge Humes jegliche Axiologie für rational unbegründbar und, sofern sie mit diesem Anspruch auftritt, für Ideologie hält. Die Negation falscher Ideologie schlägt um in die Negation jeglicher Axiologie. Instrumentelle Rationalität ist mit axiologischer Rationalität kompatibel – ja, letztere ist das Komplement ersterer. Instrumentelle Rationalität degeneriert jedoch zum Positivismus, wenn die zugehörige Position axiologische Standpunkte grundsätzlich für nicht diskutierbar und somit prinzipiell vom Terrain rationalen Deliberierens und Diskurses ausgeschlossen erachtet. Das gegen metaphysisch-theologische Bestände der Tradition gerichtete ideologiekritische Potential der Aufklärung vollzog die Exkommunikation jeglicher, nicht rein instrumentell-rational erfaßbarer Wertorientierungen und -setzungen. „So führt denn auf dieser Stufe Ideologiekritik unfreiwillig den Beweis, daß das Fortschreiten einer auf technische Verfügung erfahrungswissenschaftlich beschränkten Rationalisierung erkauft wird mit dem proportionalen Anwachsen einer Masse von Irrationalität im Bereich der Praxis selber. Denn Orientierung verlangt Handeln nach wie vor. Aber nun wird sie zerteilt in eine rationale Vermittlung von Techniken und Strategien und in eine irrationale Wahl sogenannter Wertsysteme. Der Preis für die Ökonomie der Mittelwahl ist ein freigesetzter Dezisionismus in der Wahl der obersten Ziele"[247].

Was schließlich Rationalitätskriterien Guten Lebens angeht, so könnte man sich wohl auf folgende Punkte verständigen: (1) Kohärenz: Die Ingredienzien dieses Lebens sind nicht nur kompatibel, sondern fördern und stützen einander. Entsprechend kann man den eigenen Lebensplan mit den Lebensplänen anderer (einem nahestehender) Menschen koordinieren; wir können dann zwischen interner und externer Kohärenz unterscheiden. (2) Der Lebensplan ist realisierbar. (3) Der Wert dieser Lebensweise übersteigt die Mühen und Kosten, die man aufwenden muß, um so leben zu können. (4) Man hält es durch, d.h. man ist resistent gegen die Verführung durch Augenblicksgelüste (Willenskraft). (5) Der Lebensplan harmoniert mit den jeweils eigenen philosophischen, wissenschaftlichen, religiösen und weltanschaulichen Überzeugungen sowie mit der Gefühlswelt. (6) Last not least: Der Lebensplan genügt den normativen Randbedingungen, d.h. der Moral.

Gut zu leben ist offensichtlich voraussetzungsvoller, als eine triviale Sichtweise auf Freiheit und ein unreflektiertes Zurückweisen von Normen und Werten suggerieren – hier sind Zusammenhänge im Spiel, derer man sich reflektierend vergewissern sollte, bevor man sich sinnvoll mit der Frage befaßt, was das Gute Leben denn nun *inhaltlich* sein soll. Aber Struktur ist jedenfalls, alles Vorhergehende zusammenfassend, vorhanden: daß man, mit dem kategorischen Imperativ im Rücken, seinen Freiheitsraum nutzt, um einen, sei es immanenten, sei es transzendenten, Lebenszweck zu verwirklichen. Normativität, Freiheit und Sinn sind Konstituenten des Guten Lebens.

Freilich: All dies ist von Voraussetzungen abhängig. Wenn die finanziellen Grundlagen zusammenbrechen, wenn wichtige Bezugspersonen wegsterben, wenn der Körper zum Bestandteil einer medizinischen Lebensverlängerungsapparatur degradiert werden soll, wenn das Gehirn verschlissen ist, wenn Ekel, Angst und Verzweiflung übermächtig werden – dann stellt sich die Frage, ob nicht zu leben besser ist als nicht gut zu leben. Es ist zu erwägen, ob es zum Guten Leben gehört, Vorkehrungen für die Beendigung eines Lebens getroffen zu haben, das nicht mehr gut ist und nie wieder gut sein wird.

Nachwort

Ich gestatte mir noch eine eher persönliche Betrachtung. In den achtziger Jahren des vorigen Jahrhunderts war mir das Schicksal wohlgesinnt und hat mich mit Roel Kaptein zusammengeführt, einem Mann von immenser Bildung, Menschenkenntnis und Güte (obwohl letzteres nicht direkt auffiel). Er hat mir bei persönlichen Problemen, denen ich nicht gewachsen war, dadurch beigestanden, daß er mir klargemacht hat, *worin* diese Probleme bestanden und *was* ihnen zugrundelag – dies war mehr als Rat und Tat, die ich auch von ihm erhielt. Darauf will ich hier natürlich nicht eingehen. Folgendes möchte ich jedoch berichten. Roel war ein profunder Kenner der mimetischen Theorie René Girards – einer Theorie, die menschliche Beziehungen mit einem Schlag transparent, verstehbar und beeinflußbar macht. Er hat mich mit dieser Theorie eingehend vertraut gemacht. Das grundlegende Schema, mit dem Girard operiert, ist das Dreieck: Menschliche Beziehungen sind trianguliert, d.h. es gibt im Verhältnis von zwei Parteien immer einen dritten Faktor, der diesem Verhältnis Form verleiht oder es auch zerrüttet. Kurz und knapp lautet dann die Handlungsanweisung: „Suche, wenn es ein Problem gibt, den dritten Faktor, und das Problem wird nicht nur verstehbar, sondern auch – so oder so – lösbar". Roel hat dies praktiziert; z.B. war er bei einer Friedensinitiative in Nord-Irland engagiert („Corrymeela"). In ganz kleinem Rahmen versuche ich dergleichen auch; meine Frau, die Lehrerin ist, verbucht mit der Anwendung von Girards „Modell" immer wieder Erfolge, wenn es darum geht, Konflikte und Probleme von Schülern pädagogisch zu bewältigen. Für mich ist wichtig, daß ich mir das Dreieck als *Denkstruktur* angeeignet habe – es ist sozusagen mein heuristischer Leitfaden, wenn ich mich mit philosophischen Theorien herumschlagen muß. Ich erinnere mich, daß ich während der Vorbereitung einer Universitätsvorlesung recht mutlos vor Descartes' „Meditationen" saß – ich habe dann die Dreiecksstruktur „daraufgelegt", und sofort war klar, was dieser Text über Ich, Gott und Welt (drei Faktoren!) zu sagen hat. Ich kann jedermann – Denker oder Praktiker, falls dies ein signifikanter Unterschied ist – eindringlich empfehlen, sich Triangularität zum Leitfaden von Reflexion und Handeln zu machen.

Ein Weiteres ist dies. Arthur Schopenhauer, meine philosophische Jugendliebe, ist immerzu, womit ich mich auch beschäftigt habe, die graue Eminenz im Hintergrund geblieben, die, auch wenn mir das selten klar war, meinem Herumstreunen dann doch irgendwie Richtung verliehen hat. Als ich Girards Theorie kennenlernte, war meine erste Reaktion: „Das ist Schopenhauer!". Roel, der Schopenhauer nicht kannte, war freudig überrascht. Nun ist die Gleichsetzung dieser beiden Denker allzu oberflächlich, aber was meine Reaktion hervorrief, war die Tatsache, daß auch für Girard das Begehren (bei Schopenhauer ist es der Wille) unser Wesen, sozusagen die fundamentale anthropologische Konstante ist. Hier wird auch gleich die erste Differenz sichtbar: Bei Schopenhauer kommt es darauf an, das Begehren, Quelle allen Elends, zu überwinden, während Girard seine Richtung verändern will: von der Horizontalen in die Vertikale. Bringen wir es auf die Formel: „Schopenhauer ist Buddhist, Girard ist Christ". Aber ungeachtet dieser und anderer Differenzen ist meine Frage: Wie weit kann man sich, auf der Grundlage von Schopenhauers Philosophie, zu Girard hinbewegen, wie viel hat Schopenhauer „vorweggenommen"? Roel und ich wollten gemeinsam ein Buch über Schopenhauer und Girard schreiben, aber sein Tod (1996) hat diesem Projekt ein Ende bereitet, bevor es begonnen wurde. Seitdem liegt es bei mir im Kühlschrank, und vielleicht hole ich es eines Tages wieder heraus. Für den Fall, daß ich das nicht mehr hinkriege, möchte ich wenigstens kurz zu Papier bringen, wie ich mir den Zugang zu diesem Vergleich (von Girard aus gesehen) vorstelle.

Girards Theorie beruht auf drei grundlegenden Bausteinen, die so angeordnet sind, daß der zweite den ersten und der dritte den ersten und den zweiten voraussetzt. Wir haben (1) das *Begehren*: Wir sind begehrende Wesen, durch und durch, und wir suchen unser Sein auf dem Wege der Stillung unstillbarer Begierde. Wir haben (2) die *Mimese*, die Art und Weise, wie wir mit unserem Begehren umgehen. Mimese will sagen, daß wir für unser Verhältnis zur Welt (dem Terrain des Begehrenswerten) eines Vermittlers bedürfen, der uns zu erkennen gibt, was da begehrenswert ist (der dritte Faktor!). Indem wir unser Begehren auf dasjenige richten, was er begehrt, ahmen wir ihn nach (merke: Begehren ist niemals authentische „Leistung" des Individuums). Und wir haben (3) den *Sündenbockmechanismus*, die Art und Weise, wie wir mit den Folgen umgehen, die sich aus der Art und Weise ergeben, wie wir mit unserem Begehren umgehen (also aus der Mimese). Mimese führt zu unbeherrschbaren Konflikten, und die Lösung derselben besteht in der „Austreibung" eines Individuums, d.h. dessen, „der an allem schuld ist" (hier reicht die Palette vom „harmlosen" Spott bis hin zu Mord und Totschlag). Hat die Austreibung stattgefunden, tritt Friede ein – sakrifizieller Friede, und das will heißen, daß der Friede, den wir im Rahmen von Begierde und Mimese hinbekommen, auf Gewalt beruht und nicht von langer Dauer ist. Auf diesen drei Bausteinen beruht alles, was Girard uns zu sagen hat, und das ist nicht wenig. Langer Rede kurzer Sinn: Ich würde gerne versuchen, den Denkweg (1)-(3) auf der Grundlage von Schopenhauers Philosophie nachzuvollziehen, in der Hoffnung, daß die Lektüre *im Lichte dieses Denkweges* interessante, Schopenhauers Position neu erhellende Resultate ergibt.

Zum Schluß möchte ich noch auf Literatur zum Thema Girard hinweisen, die wohl nicht in jeder deutschen Bibliothek zu finden ist. Von unübertrefflicher Klarheit ist Roels Buch „On the Way of Freedom", Blackrock (The Columba Press) 1993, Pflichtlektüre für jeden Girard-Interessierten. Vor einigen Jahren hörte ich, daß dieses Buch ins Deutsche übersetzt werden sollte, aber ich weiß nicht, was daraus geworden ist. Roels monumentales Werk „Op zoek naar Zijn. Een antropologie", posthum von Atze Keulen und mir herausgegeben, ist erschienen bei „The Corrymeela Press", Belfast o.J. Schließlich empfehle ich „De ander als model en obstakel. Een inleiding in het werk van René Girard", verfaßt von Roel Kaptein und Pieter Tijmes, Kampen (Kok Agora) [2]1987 (für Leute, die die Sprache abschreckt: Niederländisch lesen ist einfacher als niederländisch sprechen, und sehr viel einfacher, als gegen die Holländer Fußball spielen).

Anmerkungen

[1] Vgl. zum Begriff des Glücks den sehr lesenswerten Aufsatz von Hennig Kössler, Über das Glück, in: H. Kössler (Hrsg.), Über das Glück, S. 13-28.

[2] So etwa Thomas von Aquin: „(...) delectatio est quaedam perfectio concomitans visionem [Dei] (...)" (STh, II.1, qu. IV, art. 3; vgl. ScG, III.26).

[3] „ο δε ανεξεταστος βιος ου βιωτος ανθρωπω" (Apol., 38a).

[4] J. Lauster, Gott und das Glück, S. 188.

[5] Vgl. Aristoteles, Eth. Nik., 1100^b1-6.

[6] F. Paulsen, System der Ethik, S. 35; vgl. M. Forschner, Glück als Lebensform. Zum aristotelischen Konzept der Eudaimonia, in: H. Kössler (Hrsg.), Über das Glück, S. 33: „Klar ist also, daß dieser Begriff von Eudaimonia sich von unserem heutigen landläufigen Begriff des Glücklich-Seins darin unterscheidet, daß er primär eine objektive Gestalt und Qualität und nicht eine subjektive Stimmungslage des Lebens zum Inhalt hat". Die griechische Ethik ist durchgängig eudaimonistisch verfaßt: Das (wie auch immer definierte) Wohl des Menschen ist der Fixpunkt ethischer Reflexion. Eine Variante des Eudaimonismus ist der (vielgescholtene) Hedonismus, der Lustmaximierung als Pointe menschlichen Wohls betrachtet.

[7] Vgl. hierzu v. Verf., Platon und davor, S. 33 ff. Die ethischen Ansätze der Sophistik sind zudem individualistisch: Handlungsleitend sei das jeweils eigene Interesse an z.B. Macht und Reichtum, wie es sich aus dem Begehren ergibt. Auch bei Platon steht das Individuum im Mittelpunkt, aber hier handelt es sich um reflektiertes Eigeninteresse, das aus Einsicht in Beschaffenheit und Primat der Seele sowie ihrer Perspektiven hervorgeht; auch Handlungen, die aus Gründen von Recht und Gerechtigkeit andermans Interessen fördern (und eigenen, der körperlichen Natur genehmen Belangen Abbruch tun), liegen im Eigeninteresse der Seele des jeweils Handelnden. Dies hat Konsequenzen für die Sichtweise auf Politik: Für das Gesellschaftsmodell der Sophisten ist durchgängige Rivalität zwischen den Individuen um „weltliche Güter" charakteristisch; der entscheidende Aspekt sophistischer Lehrtätigkeit liegt im „Fit-Machen" der Schüler für die Auseinandersetzung mit Konkurrenten. Platons politisches Modell minimalisiert (trotz seines Individualismus) zwischenmenschliche Rivalität: Die gesellschaftliche Trichotomie „Lehrstand, Wehrstand, Nährstand"

schließt gruppentranszendierende Konkurrenz aus („jeder tut das Seinige", d.h. Lebensweisen und Lebensziele sind gruppenspezifisch-heterogen), und gruppenintern reduziert Mäßigkeit das Konfliktpotential.

[8] Phaidon, 64a.

[9] Dies involviert bei Platon – nicht bei Sokrates! –, daß diese Metaphysik nur einer kleinen Schar von Superintellektuellen kognitiv zugänglich ist: Sie wissen nicht nur, *was* zu tun ist, sondern auch, *warum* es zu tun ist. Die große Masse weiß höchstens ersteres – wenn sie sich von den Weisen instruieren läßt.

[10] Vgl. ScG, III.16: „Finis (...) uniuscuiusque rei est eius perfectio. Perfectio autem cuiuslibet est bonum ipsius".

[11] „Human beings, like the members of all other species, have a specific nature; and that nature is such that they have certain aims and goals, such that they move by nature towards a specific *telos*. The good is defined in terms of their specific characteristicS. Hence Aristotle's ethics, expounded as he expounds it, presupposes his metaphysical biology" (A. MacIntyre, After Virtue, S. 148).

[12] Vgl. A. MacIntyre, After Virtue, S. 52: „Within that teleological scheme there is a fundamental contrast between man-as-he-happens-to-be and man-as-he-could-be-if-he-realized-his-essential-nature. Ethics is the science which is to enable men to understand how they make the transition from the former state to the latter. Ethics therefore as this view presupposes some account of potentiality and act, some account of the essence of man as a rational animal and above all some account of the human *telos*. The precepts which enjoin the various virtues and prohibit the vices which are their counterparts instruct us how to move from potentiality to act, how to realize our true nature and to reach our true end". Vgl. F. Furger, Einführung in die Moraltheologie, S. 66: „Tugend hat ihre Bedeutung (...) nicht auf der Ebene der Machbarkeit und der funktionalen Optimierung technischer Abläufe, sondern bezieht sich auf die Zielsetzungen des menschlichen Verhaltens, indem sie den gesamten Lebensvollzug von einer inneren Haltung her auf die konkrete Verwirklichung des sittlich Guten ausrichtet".

[13] Vgl. PhyS. $199^b16/17$.

[14] Vgl. Eth. Nik. $1099^a15\text{-}16$: Ein Leben dieser Art „bedarf somit in keiner Weise der Freude wie eines Schmuckstücks zum Umhängen, sondern es hat die Befriedigung in sich selbst" (εχει την ηδονην εν εαυτου). Siehe auch $1177^a2\text{-}3$: δοκει δ' ευδαιμων βιος ο κατ' αρετην ειναι. ουτος δε μετα σπουδης, αλλ' ουκ εν παιδια. Vgl. A. MacIntyre, After Virtue, S. 197: "As Aristotle says, the enjoyment of the activity and the enjoyment of achievement are not the end, at which the agent aims, but the enjoyment supervenes upon the sucessful activity in such a way that the activity achieved and the activity enjoyed are one and the same state".

[15] Eth. Nik., 1177[b]20.

[16] Eth. Nik., 1100[a]15. Vgl. Pol., 1332[a]8-10 "φαμεν δε [την ευδαιμονιαν] ενεργειαν ειναι και χρησιν αρετης φανερον".

[17] Pol., 1325[b]17-21.

[18] Vgl. ScG, III, 3: „(...) non enim tenderet in ipsum nisi propter aliquam convenientiam ad ipsum. Quod autem est conveniens alicui, est ei bonum".

[19] (...) ανθρωπος (...) ελευθερος ο αυτου ενεκα και μη αλλου ων (Met., 982[b]26).

[20] η τελεια δη ευδαιμονια αυτη [η του νου ενεργεια] αν ειη ανθρωπου (Eth. Nik., 1177[b]25). Es wäre freilich verfehlt, die „vita contemplativa" im Sinne (passiver) „Beschaulichkeit" zu verstehen. Das Gute Leben vollzieht sich als Praxis (vgl. Eth. Nik., 1098[b]18). Während im Sinne „herstellenden Tuns" (ποιησις) Handlungen als Mittel der Zweckrealiserung fungieren, sind Handlungen im Kontext des Guten Lebens selbst Zwecke.

[21] J. Derbolav, Abriß europäischer Ethik, S. 34/35.

[22] Thomas umschreibt dies wie folgt: „Habitus enim sunt quaedam determinationes potentiarum ad aliquas speciales actus" (STh, II.1, qu. VIII, art. 2).

[23] Vgl. Eth. Nik., 1097[a]28-[b]7. Es ist αρχη: ταυτης γαρ χαριν τα λοιπα παντα παντες πραττομεν (ebenda, 1102[a]2-3).

[24] Eth. Nik., 1105[a]34.

[25] Vgl. Eth. Nik., 1098[a]. Aristoteles, Gedankengang (Eth. Nik., 1097[a]15-1098[a]20) verläuft wie folgt: (1) Es muß ein höchstes Gut geben, also ein solches, das nur um seiner selbst willen erstrebt wird und das hinreichend (αυταρκες) ist, den Menschen zufrieden zu stellen. (2) Dieses höchste Gut wird als ευδαιμονια bestimmt. (3) Ευδαιμονια wird konkret als Tätigkeit des rationalen Seelenteils identifiziert. Die äußeren Bedingungen der Verwirklichung dieses Gutes fallen in den Einzugsbereich der politischen Philosophie.

[26] Rationalität ist die differentia specifica (nach klassischer Definitionslehre immer eine *essentielle*, wesenkonstituierende Eigenschaft des definiendum), welche die Art Mensch von allen anderen Arten lebender Wesen konzeptuell abgrenzt. Allerdings: Der Übergang zum Göttlichen ist fließend. Die Gottheit ist höchste Vernunft, die sich selbst (also das Höchste, was es gibt) betrachtet. Wenn ein Wesen das höchste Vermögen, das in ihm liegt, approximativ zur Vollendung bringt und es pari passu auf den höchsten Gegenstand richtet, der von diesem Vermögen bewältigt werden kann – dann hat dies etwas Göttliches (vgl. Eth. Nik. 1177[a]15/16), wie ja auch Platon lehrte, daß die Seele den Ideen ähnlicher sei als dem Körper. Der aristotelische ευδαιμοων steht Gott näher als den Tieren.

[27] Vgl. G. Scarre, Utilitarianism, S. 37-39.

[28] J. Gredt, Die aristotelisch-thomistische Philosophie, S. 266. Zum Ausdruck „menschliche Handlung" vgl. STh, II.1, qu. I, art. 1: „Illae ergo actiones proprie humanae dicuntur quae ex voluntate deliberata procedunt. Si quae autem aliae actiones homini conveniant, possunt dici quidem *hominis actiones*, sed non proprie *humanae*, cum non sint hominis, inquantum est homo". Die „voluntas deliberata" ist somit charakteristisch für spezifisch-menschliches Handeln.

[29] Met. 980ᵃ1.

[30] Die Dichotomien „deontologische / teleologische Ethik" und „Gesinnungsethik / Resultatsethik" sind eingebürgert, aber es ist nicht immer und überall klar, was sie zum Inhalt haben. Ich schlage folgendes vor. Die erste Dichotomie bezieht sich auf die Art der ethischen *Begründung* moralischer *Regeln*, die zweite auf die Art der moralischen *Beurteilung* von *Handlungen*. Teleologische Ethik fundiert, was die Moral von uns fordert, auf der Grundlage (bestehender oder zu verwirklichender) Sachverhalte, die als wertvoll qualifiziert werden. Wir können sagen: Teleologische Normenbegründung beruht auf axiologischen Prämissen. Genau dies trifft für deontologische Ethik nicht zu: Hier fungieren andere Instanzen als Werte als Begründungsgrundlagen für moralische Gebote (Gottes Wille, Kants autonome Vernunft). Gesinnungsethik beurteilt den moralischen Gehalt von Handlungen auf Basis der jeweiligen Motivation (z.B. Kants „guter Wille"), aus der das Handeln hervorgeht, während Resultatsethik die Handlungsfolgen zum Maßstab dieser Beurteilung erhebt (ex opere operato). Somit ergibt sich, daß es im Rahmen teleologischer Ethik durchaus gesinnungsethische Handlungsevaluation geben kann – wenn nämlich der Versuch, den als wertvoll deklarierten Zweck zu verwirklichen, das Motiv war, das die zugehörige Handlung herbeiführte (unabhängig davon, ob der Zweck de facto verwirklicht werden konnte). Nicht-intendierte gute Handlungsfolgen sind für diese Evaluation irrelevant; dagegen können nicht-intendierte schlechte Handlungsfolgen (unter der Voraussetzung ihrer Vorhersehbarkeit) dadurch gesinnungsethisch verdiskontiert werden, daß der Handelnde die Vermeidung dieser Folgen bei seiner Zwecksetzung hätte berücksichtigen (und eventuell die Handlung unterlassen) sollen. Im Rahmen deontologischer Ethik dürften resultatsethische Handlungsbeurteilungen irrelevant sein.

[31] F. Paulsen, Immanuel Kant, S. 322. Zum Begriff der Tugend vgl. auch H. Selsam, Sozialismus und Ethik, S. 48: „Der Inhalt des Begriffs der Tugend wird stets bestimmt in Beziehung auf einen Idealtyp der menschlichen Persönlichkeit: Handlung und Haltung werden tugendhaft genannt, wenn sie dem Idealtyp entsprechen oder zu ihm hinführen, und als lasterhaft bezeichnet, wenn sie zu ihm im Widerspruch stehen".

[32] Vgl. Eth.Nik. 1106ᵃ30 ff.; 1106ᵇ36: εστιν αρα η αρετη εξις προαιρετικη, εν μεσοτητι ουσα τη προς ημας. Vgl. zum aristotelischen Tugendbegriff

auch die knappe und erhellende Darstellung bei B. Schleißheimer, Ethik heute, S. 202.

[33] Vgl. Eth. Nik. 1199[b]24. Der phronetische Erkenntnisakt ist zwar erfahrungsabhängig (vgl. Eth. Nik. 1143[b]11-14), aber nicht im Sinne logischer Derivation aus empirischem Wissen herleitbar; der Akt ist eine authentische Leistung des IndividuumS. Φρονησις ist das praktische Gegenstück des νους: Auch noetische Erkenntnis setzt (theoretisches) Wissen voraus, ohne jedoch aus ihm stringent hervorzugehen; es handelt sich in beiden Fällen um folgerungsfreie Einsicht (der moderne Ausdruck hierfür lautet „Intuition"). Während der νους auf das strikt Allgemein-Notwendige gerichtet ist, befaßt sich φρονησις mit dem strikt Einzeln-Kontingenten (των καθ ' εκαστα εστιν η φρονησις, α γινεται γνωριμα εξ εμπειριας (Eth. Nik., 1142[a]14)). Zur „prudentia" vgl. ScG, III.35.

[34] „Der politische Aristotelismus stützt sich auf eine metaphysische Naturauffassung. Die Natur, von der im *zoon-politikon*-Axiom die Rede ist, ist nicht die Natur der neuzeitlichen Naturwissenschaften, ist nicht die empirische Natur des Tatsachenblicks, ist nicht die zum Verfügungsobjekt, zur Ware verdinglichte Natur. Es ist eine teleologisch verfaßte, den Lebewesen Zwecke einschreibende Natur. Jedes Lebewesen besitzt von Natur aus eine Art normativer Verfaßtheit, die das ihm Zuträgliche, seine Bestimmung, sein Recht, festlegt, die die Zielprojektion gelungener Lebensentwicklung enthält. Ein angemessenes Leben ist ein solches, das diese in die Wesensverfassung eingeschriebene Zielprojektion realisiert" (W. Kersting, Die politische Philosophie des Gesellschaftsvertrags, S. 7/8).

[35] Δυναμις, "potentia" wird oft als "Möglichkeit" übersetzt, aber das ist ungenau. Z.B gehört es zu meinen Möglichkeiten, ab morgen statt Steinhäger nur noch Buttermilch zu trinken, aber das ist eine Option, die in keiner Beziehung zu mir qua „animal rationale" steht. Es wäre treffender (wenngleich umständlich), δυναμις als "das Ensemble *wesensinhärenter* Möglichkeiten, deren Aktualisierung eben Wesensverwirklichung ist" wiederzugeben. Für das „animal rationale" ist dies das weite Feld theoretischer und praktischer Vernunfttätigkeit.

[36] „Political science must be (...) the ethics of a whole society, which coheres in virtue of a common moral purpose: it must determine the ‚good' of such a society, the structure by which its ‚good' will best be realized, the action by which it will best be secured" (E. Barker, Greek Political Theory, S. 7).

[37] Eth. Nik., 1097[b]12. Der Mensch bedarf der Gemeinschaft um der Mittel für das biologische Leben willen; er bedarf ihrer jedoch auch und gerade um des Guten Lebens willen, da die Ingredienzien desselben, die Tugenden, sozial vermittelt werden und nur im menschlichen Miteinander praktiziert werden können.

[38] W. Kersting, Die politische Philosophie des Gesellschaftsvertrags, S. 2.

[39] So definiert Thomas von Aquin: „Regimen tyrannicum non iustum, quia non ordinatur ad bonum commune, sed ad bonum privatum regentis" (STh, II.2, qu. XLII, art. 2), und nach Calvin ist der legitime Herrscher charakterisiert „door de erkenning dat hij in het bewind zijns rijks Gods dienaar is. Hij die niet regeert om Gods eer te dienen, voert geen bewind, maar pleegt roverij" (zitiert nach: J.J. Grolle, Weg met de koning, Den Haag 1981, S. 74).

[40] Die Dichotomie „Theorie / Praxis" bezieht sich auf das Terrain unseres Handelns (abstrakte Gegenstände bzw. tägliche Lebensführung), während diese Dichotomie anzeigt, in welcher Weise unserem Handeln Zweckgerichtetheit inhäriert.

[41] „(...) die successive Befriedigung alles unsers Wollens aber ist, was man durch den Begriff des Glückes denkt" (SchopW, Bd. III, S. 729).

[42] F.P v.d. Velden, Principia Theologiae Moralis, S. 66. Um „destructio" handelt es sich bei der Todsünde; die läßliche Sünde bewirkt nur „perturbatio" (ebenda, S. 67).

[43] Rationaler Diskurs ist auf der wahr/unwahr-Dichotomie begründet. Nur „relations of ideas" und „matter of fact" sind wahrheitswertdefinit. Moralische (allgemein: evaluative) Aussagen sind keines von beiden und somit diesem Diskurs entzogen. Humes Standpunkt ist also nicht-kognitivistisch.

[44] Zum Begriff des Postmodernismus vgl. B. Schleißheimer, Ethik heute, S. 38-42.

[45] Vgl. hierzu I.R.A. al Faruqi, Christian Ethics, S. 74 ff.

[46] Schrankenlose Freiheit führt zu Vernichtung der Freiheit. Dies ist das „Paradox der Freiheit": „Uneingeschränkte Freiheit hat das Gegenteil der Freiheit zur Folge; denn ohne Schutz und ohne Einschränkungen durch das Gesetz muß die Freiheit zu einer Tyrannei der Starken über die Schwachen führen" (K.R. Popper, Die offene Gesellschaft und ihre Feinde, S. 58). Vgl. auch Cicero, De re publica, XLIII.67.

[47] C. Brinton, Art. „Enlightenment", in: P. Edwards (Hrsg.), The Encyclopedia of Philosophy, Bd. II, New York/London 1972, S. 523.

[48] „Die Berufung auf eine Enzyklika, ein Schriftwort der Bibel oder des Korans, auf Beschlüsse von Synoden oder des Zentralrates, auf ein bestimmtes Gottesbild oder eine Weltanschauung kann keine allgemeine Verbindlichkeit herleiten" (A.J. Bucher, Ethik – eine Hinführung, S. 18).

[49] G.H. Sabine & Th.L. Thorson, A History of Political Theory, S. 592.

[50] D.F. Scheltens, Die philosophischen Grundlagen der Menschenrechte, S. 19. Scheltens fährt fort: „Der Mensch wird hier betrachtet als ein total isoliertes Wesen, ohne gesellschaftliche Bindung, ohne Vergangenheit, nur auf sich selbst gekehrt und auf die Erhaltung seiner eigenen individualistischen Autonomie gerichtet. Es ist ein entwurzelter Mensch, der zum künstlichen

Entwerfer einer radikal neuen Zukunft gemacht wird, die auf die Vergangenheit keine Rücksicht nimmt".

[51] Wichtig ist, daß die Individuen Ansprüche erheben, d.h. ihre Anliegen moralisch-rechtlich begründen. „Wer einen Anspruch auf etwas erhebt, will damit den anderen, an den der Anspruch gerichtet ist, von einem bestimmten Verhalten abhalten oder ihm ein bestimmtes Verhalten auferlegen. Der erhobene Anspruch soll dem anderen ausdrücken, daß man seine Freiheit binden will, und daß er diese Bindung hinzunehmen hat. Nun ist es meistens so, daß der andere nicht unmittelbar akzeptiert, daß seine Freiheit gebunden wird, die Bindung also nicht einfach so hinnimmt. Er wird vielmehr den Anspruch erheben, seine Freiheit nicht durch den an ihn gerichteten Anspruch zu binden. Einem Anspruch wird somit ein anderer Anspruch entgegengestellt. Im Naturzustand wird ein Konflikt erst dann zu einem menschlichen Konflikt, wenn er gegenseitige Ansprüche involviert. Solange einfach drauf losgeschlagen wird, befinden wir uns noch auf der Ebene der Tierwelt. (...) Irgendwann haben sich rein animalische Konflikte in menschliche Konflikte verwandelt. Irgendwann wurde nicht mehr einfach auf den anderen losgeschlagen, sondern es wurde ihm gesagt, er dürfe das nicht tun, was er zu tun beabsichtige". Ansprüche sind doppelstufig. Wenn ich sage: (Du sollst p tun), dann impliziert dies den Anspruch zweiter Stufe: (Du sollst anerkennen, daß ich das Recht habe, dir zu gebieten, p zu tun) (N. Campagna, Auf der Suche nach einem rechtsphilosophischen Humanismus, S. 62/63; zu Kant vgl. W. Kersting, Recht, Gerechtigkeit und demokratische Tugend, S. 67/68). Der Gesellschaftsvertrag fixiert die Gültigkeitsbedingungen von Ansprüchen zweiter Stufe; damit werden Ansprüche erster Stufe, die unter gültige Ansprüche zweiter Stufe fallen, in Rechte transformiert.

[52] Diese Fiktion ist nicht nur für die Ausgangslage, sondern für den Liberalismus schlechthin fundamental: „Zwischen den Wirtschaftssubjekten gibt es Marktbeziehungen. Die ideale Marktstruktur ist die, in der die Marktteilnehmer, sei es als Nachfragende, sei es als Anbietende, jeder für sich nicht über genügend Macht verfügen, die Tauschbedingungen (Preise) für die anderen Marktteilnehmer zu bestimmen. Auf solchen *idealen* Märkten sind alle Marktteilnehmer gleichberechtigt, weil sie über gleiche Macht verfügen. Freiheit bedeutet dann, bestimmte Marktbeziehungen eingehen oder auch nicht. Der Liberalismus geht von der realen Existenz *idealer* Märkte aus" (T. Veerkamp, Der Gott der Liberalen, S. 261).

[53] Es gibt noch eine dritte Möglichkeit. Niemand hat die Macht, sich selbst bei der Verteilung von Rechten und Freiheiten zu privilegieren, aber jeder hat die Macht, durch sein Veto die Etablierung von Normen zu blockieren, welche größtmöglich-gleiche Distribution beinhalten (der Vertrag soll ja auf einem consensus omnium, nicht auf Mehrheit beruhen). So jemand wäre der Meinung, es sei besser, wenn die Menschen weniger Rechte und

Freiheiten haben, als sie unter dem Gesichtspunkt der Universalisierung haben könnten. Zur Zeit Lockes hätte ein Prophet verkünden können, daß das Recht auf Privateigentum an Produktionsmitteln zum Kapitalismus führt, und daß der Kapitalismus die (positive) Freiheit unzähliger Menschen vernichten wird. Man hätte dem Propheten erklärt, daß selbst dann negative Freiheit, Gegenstand des Vertrages, für jedermann gewährleistet bliebe. Aber, würde der Prophet erwidern, was nützt jemandem diese Freiheit, wenn andere das Recht (und die Macht) haben, ihn verelenden zu lassen?

54 „Die politische Philosophie der Neuzeit ist in ihren historischen und systematischen Anfängen eine Philosophie der Herrschaftslegitimation. Sie ist darum radikaler als der politische Aristotelismus, der nur die Qualitätsdifferenzen zwischen Herrschaftsarten zu begründen versuchte, nicht jedoch nach der Legitimität politischer Herrschaft überhaupt fragte. Im Rahmen neuzeitlicher politischer Philosophie ist politische Herrschaft prinzipiell legitimierungsbedürftig und nur insofern und insoweit legitimierbar, wie sie sich zurückführen läßt auf die Zustimmung der Individuen, wie sich Staat und Verfassung kontraktualistisch, als Ergebnis eines vertraglichen Zusammenschlusses von Individuen begreifen lassen" (W. Kersting, Die politische Philosophie des Gesellschaftsvertrags, S. 11).

55 Leviathan, I.13 (hrsg. v. C.D. MacPherson, Harmondsworth 1982, S. 188). Hobbes' „bellum" ist nicht eine allgemeine, frisch fröhliche Rauferei, motiviert von Raub- und Mordlust – es ist der Inbegriff zahlloser kleiner „Kriege", die nur aus der Angst heraus geführt werden, als erster totgeschlagen zu werden, wenn man nicht als erster totschlägt. Um ihre grauenvolle Angst voreinander zu überwinden, überhändigen die Naturzustandsbewohner ihre Machtmittel *einer* Instanz. Damit brauchen sie keine Angst mehr voreinander zu haben, weil sie alle Angst vor dem Leviathan haben. Im Naturzustand war Angst das Motiv, den anderen totzuschlagen; nun ist Angst das Motiv, den anderen nicht totzuschlagen.

56 R. Kühnl, Formen bürgerlicher Herrschaft, S. 23.

57 Die Locke'sche Version dieses Zustandes kann wie folgt charakterisiert werden: (1) Die Natur ist für alle da (niemand hat privilegierten Zugang zu ihr), (2) man eignet sich Natur mittels Arbeit an, (3) aus Arbeit (der Synthese von Körper und Natur) ergeben sich Eigentumsrechte, (4) von Natur aus herrscht eine gewisse Sympathie unter den Menschen, wodurch sie die Neigung haben, die Rechte anderer zu respektieren.

58 „(...) we must consider what estate all men are naturally in, and that is, a state of perfect freedom to order their actions, and dispose of their possessions and persons as they think fit, within the bounds of the law of Nature, without asking leave or depending upon the will of any other man" (J. Locke, Two Treatises of Government, II, 2.4).

59 Hierher gehören „klassische" liberalistische Credos wie etwa von Wilhelm von Humboldt: „Der Staat enthalte sich aller Sorgfalt für den positiven

Wohlstand der Bürger und gehe keinen Schritt weiter, als zu ihrer Sicherstellung gegeneinander und gegen auswärtige Feinde notwendig ist" und von Herbert Spencer: „Wird einem Staatsbürger Geld abgenommen nicht zu dem Zweck, die Kosten des Schutzes seiner Person, seines Eigentums und seiner Freiheit gegen Unrecht zu bestreiten, sondern andere Tätigkeiten, zu denen er seine Zustimmung nicht gegeben hat, zu bezahlen, so heißt das ihm Unrecht tun, statt es abzuwenden" (zitiert nach F. Paulsen, System der Ethik, S. 568, 634). Die staatliche Macht soll *Rechtssicherheit* schaffen, auf deren Grundlage die Individuen Glück und Wohlstand erwerben können; nicht jedoch soll die staatliche Macht selbst für Glück und Wohlstand sorgen.

[60] Der Vertrag beruht auf einem consensus omnium, nicht auf Mehrheitsentscheidung – jedermann hat ein Vetorecht. Daß ich nicht mehr erhalte als die anderen – dafür sorgen die anderen; daß ich nicht weniger erhalte als die anderen – dafür sorge ich.

[61] Vgl. hierzu die Darstellung von Wolfgang Kersting, Wohlgeordnete Freiheit, S. 47.

[62] Der Staat hat neutral bzw. „tolerant" zu sein. Auch dieses Postulat ist individualistisch-egoistisch begründbar: Mein Interesse liegt nicht nur darin, daß ich das Leben führen kann, welches mir das beste zu sein scheint; ich will auch die Freiheit haben, mein Leben zu ändern, wenn äußere Umstände oder bessere Einsicht dies nahelegen.

[63] Zum Unterschied zwischen Gesellschaft und Staat vgl. E. Barker, Greek Political Theory, S. 12: „(...) the complex of economic classes, which by their different contributions form the social whole, but are themselves immersed in individual interests, and the neutral, impartial, and mediating authority of the sovereign, who corrects the individualism of society in the light of the common interest of which he is the incarnate representative".

[64] Vgl. Aristoteles, Eth. Nik., 1099^b30-34.

[65] R. Kühnl, Formen bürgerlicher Herrschaft, S. 27.

[66] H. Bielefeldt, Philosophie der Menschenrechte, S. 70.

[67] „Citizens are said to be regarded by liberals primarily as agents capable of choice, their freedom consisting in their capacity to choose a conception of the good, and, with that, a way of life. The procedural republic is said to serve free citizens by developing and implementing institutions and procedures which enable them to make those choices and fulfill them in practice. Political institutions and practices facilitate cooperation among free and independent citizens; they have no proper constitutive or formative role in determining goods to be sought, directions to be taken" (H.E. Mason, Liberalism without Foundations, S. 77).

[68] Adam Smith, Eine Untersuchung über Natur und Wesen des Volkswohlstandes, Bd. II, Jena 1920, S. 556. Der politische Liberalismus

Lockes (für den der „homo oeconomicus" nur die Leitidee ist) wird von Smith mit dem ökonomischen Liberalismus unterbaut: Der Staat schützt die Bürger nach innen und nach außen und kümmert sich um öffentliche Dienstleistungen, deren Finanzierung die Möglichkeiten der Privatwirtschaft übersteigt. Eigenliebe ist die Triebfeder individuellen ökonomischen Handelns, und die unsichtbare Hand sorgt dafür, daß die Resultate dieses Handelns sich zum Gemeinwohl aufstapeln. Das Gemeinwohl kommt zustande, wenn die Individuen zweckrational ihre Eigeninteressen verwirklichen und der Staat jegliche Einmischung unterläßt, die über bloßen Rechtsschutz hinausgeht. Dabei ist wesentlich, daß die individuellen Zwecke (und somit das Gemeinwohl als die Summe derselben) ökonomisch sind oder wenigstens auf ökonomische Kategorien zurückgeführt werden können – indem man Lebensqualität als Funktion von Konsum definiert -, denn nur für Zwecke dieser Art ist *Zweckrationalität* aufweisbar. Die Doktrin steht und fällt mit der Prämisse, daß sich die Individuen Zwecke dieser Art setzen, und daß sie diese nach den Regeln des Marktes (Inbegriff der Zweckrationalität) anpeilen. Das so verstandene Eigeninteresse mobilisiert Intelligenz und Willenskraft der Individuen in einem Ausmaß, daß die ökonomisch beste aller möglichen Welten zustandekommt – jede Intervention der Staatsmacht, die ja nicht aus *diesem* Motiv hervorgeht, bewirkt Verschlechterung dieser Welt.

[69] Freilich hat es einmal einen „sozialen Liberalismus" gegeben – wenigstens als Theorie: „Während im ursprünglichen Liberalismus die Unterschiede von Armut und Reichtum als natürliche Folgen unterschiedlich eingesetzter Fähigkeiten und Arbeitsintensitäten bei vorausgesetzter Chancengleichheit gelten, wird nun – im ‚sozialen Liberalismus' – diese Rechtfertigung aufgegeben, weil sie sich als ideologisch und zynisch erweist, wenn die vorausgesetzte Chancengleichheit realiter und strukturell nicht besteht. Der Staat ist gefordert, zugunsten der sozial Schwachen, die ohne eigenes Verschulden grundsätzlich benachteiligt sind, kompensierend einzugreifen: das ist der liberale Eintritt in den Wohlfahrtsstaat" (G. Göhler & A. Klein, Politische Theorien des 19. Jahrhunderts, in: H.J. Lieber (Hrsg.), Politische Theorien von der Antike bis zur Gegenwart, S. 364). Dem „sozial verweichlichten" Liberalismus tritt als Fackelträger der reinen Lehre der Libertarianismus entgegen, dem natürliche sowie aus gesellschaftlichen Umständen hervorgehende Ungleichheiten an Kapazitäten und Talenten wurscht sind: Die Libertarianer „definieren jede aus einer effizienten Marktwirtschaft resultierende Güterverteilung als gerecht und lehnen alle Umverteilungen mit der Begründung ab, daß die Menschen ein Recht auf die von ihnen erworbenen Güter haben, solange sie beim Erwerb nicht betrügen, stehlen oder das Recht eines anderen sonstwie verletzen" (M. Sandel, Die verfahrensrechtliche Republik und das ungebundene Selbst, in: A. Honneth (Hrsg.), Kommunitarismus, S. 27). Sandel referiert über Rawls, Gegner des Libertarianismus: „Die wertvollen Güter des Lebens

aufgrund solcher Unterschiede zu verteilen, bedeutet nicht, Gerechtigkeit zu schaffen, sondern lediglich, die Zufälligkeit sozialer und natürlicher Kontingenz in menschliche Einrichtungen hineinzutragen. Als Individuen verdienen wir weder die Talente, die uns unser gütiges Schicksal beschert haben mag, noch die sich daraus ergebenden Vorteile. Wir sollten diese Talente deshalb als Allgemeinbesitz betrachten und uns gegenseitig als Nutznießer ihrer Produkte verstehen" (ebenda).

70 Ein „systematisches Vorausliegen" stellt eine Begründungsrelation dar, die von der zeitlichen Abfolge der Phänomene unabhängig ist.

71 Materieller Besitz ist (gemäß Locke) eine Komponente des „property" (Leben, Freiheit, Eigentum), und dieser fungiert als Grundlage selbstbestimmter Lebensführung. Nach Locke verfügt jeder Mensch „von Natur aus" über eine Anzahl von Basisrechten, eben den „property", die für jedes jeweils andere Individuum die Grenzen markieren, welche nicht überschritten werden dürfen; hier findet persönliche Freiheit ihre Grenze. Aber jegliches Handeln, das diese Grenze nicht überschreitet, ist erlaubt. Für die Zuteilung der Freiheiten bzw. der Rechte zu handeln gilt die Formel: „Jedem den größtmöglichen Anteil unter der Bedingung egalitärer Distribution". Egalitäre Distribution bedeutet, daß die zugeteilten Handlungsräume (die nur von den Basisrechten eingeschränkt werden) für alle Individuen gleich groß sind, und „jedem den größtmöglichen Anteil" will besagen, daß den (für jedermann gleich großen) Räumen keine Beschränkungen auferlegt werden, die nicht aus den Basisrechten hervorgehen (daß also nicht allen etwas verboten ist, was allen erlaubt sein könnte). Man kann hier an göttliche (oder kirchliche) Dekrete denken, etwa an das sonntägliche Arbeitsverbot. Wir verteilen die Torte: Jeder erhält ein gleich großes Stück, aber wir verteilen die *ganze* Torte – somit bekommt jeder das Maximum, das unter der Bedingung egalitärer Distribution möglich ist. Der Grundgedanke des Gesellschaftsvertrages liegt darin, daß eine politisch-gesellschaftliche Ordnung nur dann Legitimität beanspruchen kanne, wenn sie für jedermann zustimmungsfähig ist.

72 Das Postulat gerechter Verteilung resultiert letztlich daraus, daß die Vertragspartner risikoscheu sind, d.h. sich von der „maximin-Regel" leiten lassen. Ich meine, daß diese Regel systematisch dem Lockeschen „Erfahrungsschatz" entspricht: Lockes Kontraktanten sind sich retrospektiv der Gefahren bewußt, während Rawls' Teilnehmer die Gefährdung prospektiv erfassen. Vgl. D. Birnbacher, Analytische Einführung in die Ethik, S. 88: „Rawls postuliert für die an der Beschlußfassung im ‚Urzustand' Beteiligten eine ausgeprägte Präferenz für staatsbürgerliche Freiheiten und eine ausgeprägte Risikoscheu hinsichtlich der Einkommensverteilung und leitet daraus u.a. den Vorrang liberaler Freiheitsrechte sowie ein ‚Maximin'-Prinzip ab, nach dem die Einkommen so verteilt werden sollen, daß die relativ am schlechtesten Gestellten auf das vergleichsweise höchstmögliche

Niveau kommen". Birnbacher benennt mit dem Ausdruck „Apriori-Psychologie" die Tatsache, daß Kontrakttheorien (als „hypothetische Verfahrensmodelle") „den an dem Verfahren beteiligten hypothetischen Personen bestimmte Motive und Intentionen zuschreiben, ohne im Einzelnen zu überprüfen, ob sich diese auch empirisch bestätigen lassen" (ebenda, S. 87).

[73] Freilich nimmt Kant in dieser Entwicklung eine Sonderstellung ein. Bei Locke sind die Kontraktanten fiktiv-empirische Wesen, bei Rawls sind sie fiktiv-empirische Wesen in spe. Deren Empirizität ist vom „veil of ignorance" verhüllt, aber sie sind, wie bei Locke, Wesen, die von ihren Interessen zum Vertragsschluß motiviert werden. Bei Kant dagegen ist der Gesellschaftsvertrag ein Gebot der Vernunft selbst, d.h. keine Zweckrealisierung im instrumentellen Sinne. Was heißt, daß in Kants Begründung empirische oder fiktiv-empirische Annahmen keine Rolle spielen.

[74] W. Kymlicka, Politische Philosophie heute, S. 176 ff. Dieses Ich ist „that characteristic (...) that some modern moral philosophers take to be an essentiel characteristic of human selfhood: the capacity to detach oneself from any particular standpoint or point of view, to step backwards, as it were, and view and judge that standpoint or point of view from the outside" (A. MacIntyre, After Virtue, S. 126).

[75] Vgl. Kants berühmte Feststellung: „Niemand kann mich zwingen, auf seine Art (wie er sich das Wohlsein anderer Menschen denkt) glücklich zu sein, sondern ein jeder darf seine Glückseligkeit auf dem Wege suchen, welcher ihm selbst gut dünkt, wenn er nur der Freiheit anderer, einem ähnlichen Zwecke nachzustreben, die mit der Freiheit von jedermann nach einem möglichen allgemeinen Gesetze zusammen bestehen kann (d.i. diesem Rechte des andern) nicht Abbruch tut" (Akad.-Ausg., Bd. VIII, S. 290); siehe Akad.-Ausg., Bd. XIX, S. 535: „Ein jeder Mensch sucht zwar seine Glückseligkeit und tritt auch in den bürgerlichen Bund in der Absicht, seine Glückseligkeit zu befördern. Das ist aber gar nicht seine Absicht, daß ihm der Staat bestimme, worin er seine Glückseligkeit setzen soll, sondern er will sie selbst besorgen. Der Staat soll ihn nur wieder Menschen sichern, die ihn in dieser eigenen Sorge für seine Glückseligkeit hindern könnten". Vgl. A. MacIntyre, After Virtue, S. 195: „For liberal individualism a community is simply an arena in which individuals each pursue their own self-chosen conception of the good life, and political institutions exist to provide that degree of order which makes such self-determined activity possible. Government and law are, or ought to be, neutral between rival conceptions of the good life for man, and hence, although it is the task of government to promote law-abidingness, it is on the liberal view no part of the legitimate function of government to inculcate any one moral outlook".

[76] W. Kersting, Wohlgeordnete Freiheit, S. 62. Zum Begriff des Sozialstaates als einer „Kompensationsveranstaltung, einer Form subtiler Kapitulation vor einem sich aller ethischen Einbindung entledigenden Marktliberalismus" vgl. ders., Recht, Gerechtigkeit und demokratische Tugend, S. 151. Was man unter diesem Gesichtspunkt zum Thema „Neoliberalismus" noch wissen sollte, kann man dem Buch von E. Scheunemann, Der Jahrhundertfluch. Neoliberalismus, Marktradikalismus und Massenarbeitslosigkeit, Münster 2003, sowie Ton Veerkamps Streitschrift „Der Gott der Liberalen", entnehmen.

[77] Positive Freiheit ist das Vermögen, Alternativen, die der „Raum" anbietet, zu ergreifen und zu verwirklichen. Diese Freiheit beruht auf (z.B. körperlichen, geistigen oder materiellen) Kapazitäten des Individuums; es geht hier um *Handlungs*freiheit. Die positive Freiheit des *Willens* liegt in seinem Vermögen, unabhängig von subjektinternen oder -externen Determinanten (worin seine negative Freiheit besteht) sich selbst zu einem Akt zu bestimmen.

[78] Aus Chancengleichheit resultieren mit hoher empirischer Wahrscheinlichkeit Ungleichheiten (an Einkommen, Status, Macht usw.), die jedoch nun nicht mehr als *ungerecht* gelten, da alle Ungleichheiten, die nicht in die eigene Verantwortung der jeweils Betroffenen fallen, beseitigt sind. Das Postulat der Dogmatiker handelt dagegen vom Gleichsein der Personen und impliziert die Irrelevanz just all dessen, wofür Menschen selbst verantwortlich sind (Ausdauer, Fleiß, vernünftiger Lebenswandel usw.).

[79] G. Göhler & A. Klein, Politische Theorien des 19. Jahrhunderts, S. 362.

[80] W. Kersting, Recht, Gerechtigkeit und demokratische Tugend, S. 155.

[81] G. Göhler & A. Klein, Politische Theorien des 19. Jahrhunderts, S. 261. Zum Modell der vorbürgerlichen Gesellschaft vgl. L. Döhn, Liberalismus, in: F. Neumann, Handbuch politischer Theorien und Ideologien, S. 21.

[82] Berlin (DDR) 1973, S. 237. Siehe auch Cathreins etwas verwirrende Begriffsbestimmung: „Der Zweck des Rechtes ist ja, dem Menschen die Möglichkeit zu verschaffen, ungehindert seine Pflichten zu erfüllen" (Moralphilosophie, Bd. II, S. 95).

[83] B. Meier, Kommunitarismus, S. 14. Vgl. das folgende, ebenda angeführte Zitat: „Ein gutes Leben zu führen, heißt, politisch aktiv zu sein, mit seinen Mitbürgern zusammenzuarbeiten, kollektiv unser gemeinsames Schicksal zu bestimmen – nicht um dieser oder jener konkreten Entscheidung, sondern um der Tätigkeit des politischen Handelns selbst willen, in der unsere höchsten Fähigkeiten als vernünftige und moralische Wesen ihren Ausdruck finden" (M. Walzer, Zivile Gesellschaft und amerikanische Demokratie, Frankfurt/M. 1996, S. 67). Allerdings glaube ich, daß hier statt „politisch" eher „gesellschaftlich" stehen müßte.

[84] Ich habe irgendwo gelesen, daß Hochhäuser in der DDR so konstruiert waren, daß Nachbarn möglichst wenig miteinander in Kontakt kamen.

[85] Vgl. auch O. Höffes Teilkriterien, in: O. Höffe (Hrsg.), Einführung in die utilitaristische Ethik, S. 9/10.

[86] Zitiert nach: G. Scarre, Utilitarianism, S. 23.

[87] William Godwin; zitiert nach: G. Scarre, Utilitarianism, S. 67. In diesem Sinne ist die Intention des Regel-Utilitarismus aufzufassen: Akzeptiere Normen, deren allgemeine Befolgung für die jeweils Betroffenen mehr positive als negative Folgen hat (Regelübertretung richtet nach zwei Seiten hin Schaden an: zunächst den konkreten Schaden für das jeweilige Opfer, und sodann allgemeinen Schaden, indem Verhaltensmuster unterminiert werden, die für das Gemeinwohl von großer Bedeutung sind). Ich soll erwägen, wie es *jedermann* (der betroffen ist) ergehen wird, wenn die Norm allgemein befolgt wird; ich selbst bin nur einer dieser Jedermanns. Habermas formuliert wie folgt: „So muß jede gültige Norm der Bedingung genügen, daß die Folgen und Nebenwirkungen, die sich jeweils aus ihrer *allgemeinen* Befolgung für die Befriedigung der Interessen eines *jeden* Einzelnen (voraussichtlich) ergeben, von *allen* Betroffenen akzeptiert (und den Auswirkungen der bekannten alternativen Regelungsmöglichkeiten vorgezogen) werden können" (J. Habermas, Moralbewußtsein und kommunikatives Handeln, S. 75/76). Die Formulierung „Interessen eines jeden Einzelnen" ist kollektiv und nicht distributiv aufzufassen, was heißen soll, daß nicht jeder Einzelne seine Eigeninteressen zum Maßstab der Normbeurteilung machen, sondern eben die Interessen *aller* Einzelnen verdiskontieren soll. Die „Goldene Regel" läßt (wenn man sie wörtlich nimmt) diesen Aspekt außer Betracht: Mache dir Normen zueigen, deren (allgemeine?) Befolgung dem entspricht, was du selbst willst. Im Gegensatz zum Regel-Utilitarismus faßt der Handlungs-Utilitarismus übrigens die gegebene Situation nicht als Instanz einer *moralischen Regel* auf, aber sehr wohl als Instanz des *ethischen Prinzips*, d.h. daß „maximize happiness" nicht als für Moralbegründung einschlägig herangezogen wird, sondern für die Einzelfallbeurteilung. Bei diesem Utilitarismus fehlt die „moralische Mittelstufe", aber nicht das ethische Prinzip – dies unterscheidet ihn von der sog. „Situationsethik" und erst recht vom Dezisionismus (vgl. hierzu D. Birnbacher, Analytische Einführung in die Ethik, S. 110).

[88] G. Weigel, Zeuge der Hoffnung, S. 348.

[89] Der Antipode schlechthin des Utilitarismus, Arthur Schopenhauer, erhebt Einspruch: Bedürfnisbefriedigung als Augenblicksereignis verschafft ein momentanes, ephemeres Glücksgefühl, das gleich wieder verschwindet, um neuen Bedürfnissen oder der Langeweile Raum zu geben. Man kann im Lichte dieses Einspruchs die Frage stellen: Was ist im Sinne des Utilitarismus ein idealer Lebenslauf? Besteht er (siehe Schopenhauer) in der permanenten Sukzession der Trias „Bedürfnis, Befriedigung, Glück", oder soll es so sein,

daß jede Bedürfnisbefriedigung bleibendes Glück hinterläßt und somit im Laufe eines Lebens eine Glücksquantität „aufgebaut" wird? Die Werbung jedenfalls suggeriert dieses und bewerkstelligt jenes.

90 Man würde sagen, daß sie ein *Recht* auf Nahrung bzw. Ausbildung haben. Von einem Recht kann man Gebrauch machen oder nicht; „Interesse" meint jedoch, daß die jeweilige Person unter günstigen Umständen und bei hinreichendem Informationsstand dasjenige erstreben würde, worauf ihr Interesse gerichtet ist (das „volitum interpretativum" der Scholastik).

91 Der kumulative Utilitarismus steht mit dem Egalitarismus auf Kriegsfuß: Ihm geht es nicht um die Dringlichkeit von Interessen mit Blick auf das jeweils betroffene Individuum, sondern mit Blick auf das Allgemeinwohl (vgl. W. Kersting, Recht, Gerechtigkeit und demokratische Tugend, S. 187 f.). Ich denke, daß ein distributiv aufgefaßter Utilitarismus dem egalitären Ideal entschieden näherkommt.

92 W. Kersting, Recht, Gerechtigkeit und demokratische Tugend, S. 185.

93 „Seinem Ursprung nach bedeutet Liberalismus den Kampf des aufsteigenden Bürgertums gegen Einschränkungen seiner Lebensführung in geistigen, religiösen und ökonomischen Angelegenheiten durch übergeordnete Gewalten. (...) Der Liberalismus ist philosophisch fest mit der Aufklärung verbunden. Er geht von der radikalen Autonomie des Denkens aus, die das Individuum von allen Bevormundungen freisetzt: geistig von der Bevormundung durch kirchliche, staatliche oder gesellschaftliche Autoritäten; im praktischen Handeln von der Einschränkung der privaten Lebensführung und Daseinsbewältigung durch sachfremde, unkontrollierte, von ihm selbst nicht eingesetzte Instanzen" (G. Göhler & A. Klein, Politische Theorien des 19. Jahrhunderts, S. 363, 364/365).

94 „Epikur, der mit dieser reinen Lusttheorie [dem Hedonismus, J.A.] irrtümlicherweise in Verbindung gebracht wird (...), kam zu dem Schluß, daß nicht so sehr Lust als vielmehr die Freiheit von Schmerz das von den Menschen angestrebte Gut und das Leitprinzip ihres Handelns sei. Er glaubt, daß ein Dasein in ruhigem Glück einem Leben vorzuziehen wäre, das heftiger Lust mit darauffolgendem Schmerz hingegeben sei. Es lohnt sich, im Interesse dieser Seelenruhe vieler Lust zu entsagen, und entsprechend seiner Theorie lebte Epikur ein zurückgezogenes, stilles, relativ bescheidenes Leben und bebaute seinen Garten" (H. Selsam, Sozialismus und Ethik, S. 109). Der Epikureer hält sich die Begierden vom Leibe, während der Stoiker sie kommen läßt und souverän mit ihnen umzugehen gedenkt.

95 „Was aber die Liebespflichten gegen uns selbst betrifft, so findet hier die Moral ihre Arbeit bereits gethan und kommt zu spät" (SchopW, Bd. IV, S. 126).

[96] Vgl. W.K. Frankena, Analytische Ethik, S. 32. Siehe auch J. Unold, Aufgaben und Ziele des Menschenlebens, S. 128: „Der Utilitarismus (...) wurzelt in einem kräftigen Selbstgefühl, in einem klugen, geschickten Anpassungsvermögen, in einem unermüdlichen Vorwärtsstreben, so daß er seine Anhänger aus allen Lebenslagen den größtmöglichen Gewinn ziehen läßt".

[97] Übrigens: Der Calvinismus sieht das ganz ähnlich, wenn auch aus anderen Gründen. Auch für ihn ist jede rechts- und marktkonforme Wohlstandsdistribution in Ordnung, denn sie ist ein Indikator für himmlisches Wohlwollen – wenn nur der Reiche sein Geld nicht verkonsumiert, sondern investiert (man kann dies bei Max Weber und Ernst Troeltsch nachlesen), aber letzteres wird heutzutage nicht mehr so ernst genommen. Hierin stimmen Calvinismus und Liberalismus überein: Einkommen, die nicht aus eigener (!) Arbeitsleistung hervorgehen, sind des Teufels. Gemeint sind damit nicht Spekulationsgewinne, gigantische Managergehälter und dergleichen, sondern die Versorgung der von Gott und Markt Exkommunizierten auf dem Wege staatlich organisierter Distribution von Sozialleistungen.

[98] Zivilgesellschaft ist die nicht staatlich dirigierte, von individuell-ökonomischen Interessen unbeeinflußte und auf freiwilligem Engagement von Bürgern basierte Organisation der Lebenswelt. „von Kirchen, kulturellen Vereinigungen und Akademien über unabhängige Medien, Sport- und Freizeitvereine, Debattierclubs, Bürgerforen und Bürgerinitiativen bis zu Berufsverbänden, politischen Parteien, Gewerkschaften und alternativen Einrichtungen" (J. Habermas, Vorwort zur Neuauflage 1990, in: J. Habermas, Strukturwandel der Öffentlichkeit, S. 46).

[99] P.K. Feyerabend, Erkenntnis für freie Menschen, S. 68; das folgende Zitat steht auf S. 18.

[100] Im Niederländischen reimt sich das: „Vijftien miljoen mensen / op dit hele kleine stukje aarde / die schrijf je niet de wetten voor / die laat je in hun waarde" (gemeint ist „waardigheid", aber das reimt sich nicht). Pim Fortuyn wollte den Niederländern neues Selbstbewußtsein verschaffen; ihn hat sein Mörder Folkert van der Graaf nachdrücklich eines (im Sinne der herrschenden Politiker-Clique) Besseren belehrt.

[101] Het Goede Leven, 4/$_{41}$, 2005. „Het Goede Leven" ist eine niederländische Wochenzeitung, christlich orientiert, interessant und von hoher Qualität.

[102] Ch. Larmore, Politischer Liberalismus, in: A. Honneth (Hrsg.), Kommunitarismus, S. 133.

[103] Recht, Gerechtigkeit und demokratische Tugend, S. 408.

[104] Kommunitaristische Werte sind Ergänzung, nicht Ersatz liberaler Werte: „Wie weit unsere moralische Auffassung bereits auf kommunitaristischen

Werten beruht, wird deutlich, wenn wir uns eine Gesellschaft vorstellen, in der jeder nicht mehr und nicht weniger tut, als die Rechte der Anderen zu achten. Die Menschen würden keine Liebes- oder Freundschaftsbeziehungen eingehen (oder nur insoweit, als dies nötig ist, um die Art von Charakter zu entwickeln, der liberale Rechte achtet). Sie würden sich keinen Nachbarschaftsvereinen, keinen Parteien, Gewerkschaften und Bürgerbewegungen anschließen, nicht Mitglieder einer Synagoge oder Kirche sein. Es könnte sich um eine vollkommen liberale, ja sogar eine gerechte Gesellschaft handeln, aber gewiß nicht um die beste Gesellschaft, die wir anstreben können. Das Potential des Kommunitarismus liegt meiner Meinung nach darin, uns zu zeigen, wie wir nicht nur die Verwirklichung von Gerechtigkeit, sondern durch die vielen gesellschaftlichen Vereinigungen Gemeinschaft anstreben könnten, wobei der liberale Staat die umfassendste gesellschaftliche Vereinigung wäre" (A. Gutman, Die kommunitaristischen Kritiker des Liberalismus, in: A. Honneth (Hrsg.), Kommunitarismus, S. 81).

[105] Es handelt sich hier um die sog. „Willensfreiheit", und diese ist von der als „Raum" bezeichneten „objektiven Freiheit" sowohl inhaltlich verschieden als auch logisch unabhängig – die beiden haben im Grunde nichts miteinander zu tun (vgl. hierzu die Ausführungen von G. Sartori, Demokratietheorie, Kap. 11). Gleichwohl begründet der Liberalismus zwar nicht sein Modell „objektiver Freiheit" selbst, wohl aber die Attraktivität desselben unter Berufung darauf, daß nur dieses Modell dem Vermögen des Menschen, ein selbstgewähltes Leben zu führen, voll gerecht werde – daß die objektiven Handlungsmöglichkeiten mit dem subjektiven Vermögen des Menschen, zwischen Alternativen zu wählen und sich entsprechend zu entscheiden, kongruent sind.

[106] J. de Finance, Grundlegung der Ethik, S. 242. Vgl. CTh, cap. 76: „Liberum autem dicimus quod sui causa est". Siehe H. Lenk, Freies Handeln als Interpretationskonstrukt. Zu Kants Theorie des normativen Handelns, in: Y. Kato & G. Schönrich (Hrsg.), Kant in der Diskussion der Moderne, S. 260: „Ein freies und ein zurechenbares Handeln setzt eine Art von Determiniertheit geradezu voraus, sonst wäre gar kein folgerichtiges – und erst recht kein für Folgen verantwortliches – Handeln möglich". Vom Determinismus ist übrigens der Fatalismus zu unterscheiden. Dieser behauptet, daß unser Handeln, frei oder unfrei, den Lauf der Dinge nicht beeinflußt („es kommt ja doch alles, wie's kommen muß"). Ein Beispiel für Fatalismus ist die Prädestinationslehre, jedenfalls in ihrer calvinistischen Ausprägung.

[107] Vgl. hierzu v. Verf., Strukturen in Schopenhauers Handlungstheorie.

[108] J. de Finance, Grundlegung der Ethik, S. 67. Man kann wenigstens drei Typen von Mittel-Zweck-Beziehungen voneinander unterscheiden. (1) Das Mittel ist Bestandteil des Zweckes: Es bringt Glück hervor und ist zugleich

Bestandteil desselben: *integrativer* Typ. (2) Das Mittel ist *nur* Mittel für den Zweck; es könnte durch jedes andere Mittel ersetzt werden, das ebenso effektiv ist (*instrumenteller* Typ). (3) Das Mittel ist weder Bestandteil des Zweckes noch *nur* Mittel; es liegt außerhalb des Zweckes, für dessen Werthaftigkeit es jedoch eine unerläßliche Bedingung darstellt (*konstitutiver* Typ). So könnte ein Gutes Leben z.b. nur dann als gut erfahren werden, wenn man sich die Voraussetzungen dieses Lebens selbst geschaffen hat. Ein Beispiel ist der Ruhestand: Man führt ein, wie auch immer geartetes, Gutes Leben, frei von Arbeit, aber für die „Gutheit" dieses Lebens ist die Tatsache konstitutiv, daß man sich die materiellen Grundlagen dieses Lebens erarbeitet hat – daß man sie also weder geschenkt bekommen noch sie sich durch Betrug oder Raub angeeignet hat (Friedrich Paulsen sagt zurecht: „Glück ist Wirkung gelingender Tätigkeit, es kann also nicht geschenkt, sondern nur erarbeitet werden" (System der Ethik, S. 396)).

[109] Vgl. STh, I.2, qu. 83, a 1 ad 3: „(...) liberum arbitrium est causa sui motus, quia homo per liberum arbitrium seipsum movet ad agendum"; zum Unterschied der beiden „libertates" siehe II.1, qu. IX, art 1: „Dupliciter autem aliqua vis animae invenitur esse in potentia ad diversa: uno modo quantum ad agere vel non agere; alio modo quantum ad agere hoc vel illud".

[110] Vgl. Jak. 4· 4· „Wer der Welt Freund sein will, der wird Gottes Feind sein"; siehe auch Matth. 19: 21. Es gibt hierzu eine biblische Illustration. Das jüdische Volk geriet nach seiner Befreiung (!) aus Ägypten in die Wüste – ins strukturlose Niemandsland – und stand vor der Entscheidung, entweder in die Ordnung der Unfreiheit zurückzukehren oder aber Gott zu folgen. Die dritte Option (Verbleib in der Wüste) hätte den Untergang aus Mangel an (Lebens-) Orientierung zu bedeuten gehabt. Vgl. Ch. Gore, The Philosophy of the Good Life, S. 239/240: „Mankind, in fact, is balanced between two worlds. If he yields himself to the flesh – the lower world – he changes his freedom into slavery, and a slavery which ends in destruction. But the only escape from such slavery is by surrender to the higher will of God. Man is bound to lose his balanced independence, in the one direction to his destruction, or in the other to his redemption and real selfrealization". Siehe Eth. Nik. 1095[b]20.

[111] „Quod amanti eripi non potest" (Augustinus, De vera religione, XLVI.86; vgl. XLVII.90: „Nemo autem illi eripit deum"). Gott *ist* Liebe; es ist nicht so wie bei Platon, wo der ερως als Triebfeder für das Streben zum Höchsten, nicht aber als Charakterisierung des Höchsten selbst fungiert (vgl. P. Simon, Aurelius Augustinus, S. 102-103). In der affektiven Bezogenheit des göttlichen Wesens auf den Menschen scheint mir ein essentieller Unterschied zwischen dem christlichen und dem antiken Denken zu liegen.

[112] „Bonum ergo quod vitiari non potest deus est" (Augustinus, De vera religione, XIX.37). Vgl. 1. Joh. 2: 17: „Und die Welt vergeht mit ihrer Lust; wer aber den Willen Gottes tut, der bleibt in Ewigkeit".

[113] Matth. 6: 19-20. „Amor Dei" und „amor sui" sind kontravalent: „Niemand kann zwei Herren dienen: entweder er wird den einen hassen und den anderen lieben, oder er wird dem einen anhangen und den anderen verachten. Ihr könnt nicht Gott dienen und dem Mammon„ (ebenda, 24).

[114] Einerseits: „perceptio veritatis (...) ipsa certa erat", andererseits: „ego suspirabam ligatus non ferro alieno, sed mea ferrea voluntate" (Augustinus, Confessiones / Bekenntnisse, hrsg. v. J. Bernhart, München 1955, S. 382/380). Wenn ich Augustinus, Bericht über seine Bekehrung einigermaßen richtig verstanden habe, dann darf ich ihm entnehmen, daß sich die Gnade Gottes am Anfang des Heilsweges befindet, nicht an dessen Ende. Die Wendung der „voluntas" zu Gott hin ist ein Gnadenakt, der noch nicht Heilsgewißheit verschafft, geschweige denn das Heil selbst bewerkstelligt; der „amor Dei" ist eine Lebensperspektive, eine Chance, sich des Heils zu bemächtigen. Der *intellektuelle* Gesinnungswandel, Streben nach Weisheit als Lebenszweck, ergab sich aus Augustinus' Lektüre von Ciceros „Hortensius".

[115] Vgl. zu diesen beiden Aspekten STh, I.1, qu. I, art. 1: „(...) quod necessarium fuit ad humanam salutem, esse doctrinam quamdam secundum revelationem divinam praeter philosophicas disciplinas, quae ratione humana investiganter. (...) Finem autem oportet esse praecognitum hominibus, qui suas intentiones et actiones debent ordinare in finem. Unde necessarium fuit homini ad salutem quod ei nota fierent quaedam per revelationem divinam, quae rationem humanam excedunt" und II.1, qu. V, art. 5: „Unde nec homo, nec aliqua creatura potest consequi beatitudinem ultimam per sua naturalia". Auch hier ist der theoretische Aspekt dem praktischen bei- oder untergeordnet: Wissen, das die Offenbarung gewährt, steht im Dienste menschlichen Handelns zum Heil hin.

[116] Vgl. Apg., 3: 21.

[117] J. de Finance, Grundlegung der Ethik, S. 280. Zudem verbürgt Wertorientierung Konstanz und Kohärenz des Lebenslaufes; ein Lebenslauf stellt sich nicht dar als eine chaotische Abfolge von Zufälligkeiten, sondern als eine in sich stimmige „Komposition" jeweiliger (neukantianisch gesprochen) „Persönlichkeit". Vgl. J. de Finance, a.a.O., S. 318.

[118] STh, II.1, qu. VI, art. 8; vgl. ebenda, qu. II, art. 7. Das Gute weist qua „finis ultimus formalis" die folgenden Merkmale auf: Es ist „summum bonum", „bonum sufficiens", „bonum perfectum", „bonum naturale" und „stabilissimum bonorum" (STh, II.1, qu. II, art. 4). Glück ist der Besitz eines Gutes, welches metaphysisch/theologische Einsicht als höchst begehrenswert auszeichnet, das unvergänglich ist, und das man nicht verlieren kann – jedenfalls nicht durch

unkontrollierbare externe Faktoren: „(...) si quis beatus esse statuit, id eum sibi comparare debere quod semper manet nec ulla saeviente fortuna eripi potest". Keine Frage, daß Gott dieses Gut ist: „Deum igitur qui habet beatus est" (Augustinus, De beata vita, 11).

[119] STh, II.1, qu. III, art. 1.

[120] J. Mausbach, Katholische Moraltheologie, S. 123; siehe 1. Kor. 10: 31: „(...) was ihr tut, so tut es alles zu Gottes Ehre". Vgl. STh, II.2, qu. C, art. 10: „(...) dicendum, quod sub praecepto charitatis continetur ut diligatur Deus ex toto corde; ad quod pertinet ut omnia referantur in Deum; et ideo praeceptum charitatis implere homo non potest, nisi etiam omnia referantur in Deum".

[121] Vgl. STh, II.1, qu. IV, art. 7: „(...) quod ad beatitudinem imperfectam, qualis in hac vita potest haberi, requiruntur exteriora bona, non quasi de essentia beatitudinis existentia, sed quasi instrumentaliter deservientia beatitudini, quae consistit in operatione virtutis (...)". Siehe 2. Kor. 3: 17: „(...) wo der Geist des Herrn ist, da ist Freiheit".

[122] „Utilis" zu sein ist charakteristisch für die unvernünftige und würdelose Kreatur; vgl. STh, II.2, qu. LXIV.

[123] Röm. 2: 11.

[124] F.P v.d. Velden, Principia Theologiae Moralis, S. 55. Vgl. Gal. 3: 28: „Hier ist nicht Jude noch Grieche, hier ist nicht Knecht noch Freier, hier ist nicht Mann noch Weib".

[125] Nächstenliebe ist auch zu unterscheiden von den „moral sentiments" der frühen (von Hume inspirierten) englischen Moralphilosophie. Nach dieser gibt es im Menschen eine natürliche Anlage, sich am Wohlergehen anderer zu erfreuen. Vgl. auch R. Preston, Christian Ethics, in: P. Singer (Hrsg.), A Companion to Ethics, S. 98: „Briefly, love of neighbour means being responsible for our fellow human beings, not because of their idiosyncratic qualities but because for their their humanity as made in the image of God. It does not depend on natural affection on the one who loves nor natural attractiveness in the one loved".

[126] D. Birnbacher, Analytische Einführung in die Ethik, S. 191/192, 193.

[127] G. Wyneken, Abschied vom Christentum, S. 151.

[128] „Du sollst lieben Gott, deinen Herrn, von ganzem Herzen, von ganzer Seele und von ganzem Gemüte'. Dies ist das vornehmste und größte Gebot. Das andere aber ist dem gleich: ‚Du sollst deinen Nächsten lieben wie dich selbst'. In diesen zwei Geboten hängt das ganze Gesetz und die Propheten" (Matth. 22: 37-40). Entsprechend ist das „odium Dei" die schwerste aller Todsünden.

[129] Vgl. J. Douma, Grondslagen Christelijke Ethiek, S. 264/265. Douma zieht noch eine dritte Form von Liebe heran, φιλια, "waaronder ik de liefde voor de structurering van het leven zou willen verstaan. Wat hier opvalt,

is niet (of in elk geval niet allereerst) het begeren of het geven, maar de bewondering die wij hebben en het respect dat we tonen voor de structuren die God aan het leven gegeven heeft" (ebenda, S. 267).

[130] Vgl. F.-J. Nocke, Eschatologie, in: Th. Schneider (Hrsg.), Handbuch der Dogmatik, S. 398. Tertullianus sagt: „Nec ulla magis res aliena quam publica" (Apologeticus, cap. 38.5). Man darf aus der sichtbaren Welt nichts Heilsrelevantes erwarten: weder Zeichen noch Manifestationen göttlicher Vorsehung (wie die sog. „Reichstheologen" im Imperium Romanum die Verkörperung göttlichen Willens sahen und in Panik gerieten, als Rom von den Barbaren erobert wurde).

[131] Hebr. 10: 24-25; vgl. 1. Kor. 12: 26: „Und wenn *ein* Glied leidet, so leiden alle Glieder mit, und wenn *ein* Glied wird herrlich gehalten, so freuen sich alle Glieder mit". Das Symbol für die christliche Gemeinschaft dürfte wohl der „Leib" sein; vgl. Röm. 13: 4 ff., 1. Kor. 12: 19 u. Eph. 4: 15, 16.

[132] „Ergo homo non consequitur felicitatem, prout est finis proprius eius in hac vita (...). Oportet ergo quod consequatur post hanc vitam" (ScG, III.4.8). Die „beatitudo" besteht im Schauen Gottes „von Angesicht zu Angesicht" („facie ad faciam") – dies ist die Bestimmung des Menschen, dafür ist er „gemacht". Anselm von Canterbury sagt es ausdrücklich: „Denique ad te videndum factus sum; et nondum feci propter quod factus sum" (Proslogion, I, 225 C).

[133] Matth. 5: 45. Vgl. Eph. 5: 1: γινεσθε ουν μιμηται του θεου. Luthers Übersetzung „Nach*folger*" ist, strikt genommen, nicht korrekt, aber es scheint so zu sein, daß nachfolgen (ακολουθειν) für dasselbe gilt wie nachahmen. Augustinus fragte: „Quid est enim sequi nisi imitari?" (vgl. J. Douma, Grondslagen Christelijke Ethiek, S. 190; dort findet sich auch eine diesbezügliche Bemerkung über Thomas von Kempen).

[134] STh, II.1, qu. XVIII, art. 5.

[135] E. Brunner, The Divine Imperative, S. 215.

[136] Augustinus, De vera religione, XLVI.86; vgl. XLVI.86: „(...) neque in se ipso ea diligit quae oculis subiacent aut ullis aliis corporis sensibus".

[137] Akad.-Ausg., Bd. IV, S. 390.

[138] P. Menzer, Eine Vorlesung Kants über Ethik, S. 50.

[139] Moralphilosophie, Bd. I, S. 410/411.

[140] Der Mörder Theo van Goghs wollte als Märtyrer sterben – er hatte es darauf angelegt, von der Polizei erschossen zu werden. Theo van Goghs Mutter machte daraufhin die treffliche Bemerkung: „Das ist ihm jedenfalls vermurkst – im Paradies 70 Jungfrauen ... zu können".

[141] Die „plenitudo entis" ist ein Vollkommenheitsideal, auf das Gottes Schöpfungsplan angelegt ist. Vollheit des Seins ist nicht bereits dann realisiert, wenn es möglichst viele Dinge gibt; sie hat vielmehr zum Inhalt,

daß jeder und jedes ist, was er oder es seiner Natur nach sein soll, und dies
impliziert, daß jedem zukommt, was ihm seiner Natur nach zukommen
muß: „(...) unaquaeque creatura est propter suum proprium actum et
perfectionem". Die Schöpfungsordnung hat zum Inhalt, daß alle Teile
der Vollkommenheit des Ganzen wegen sind („omnes partes sunt propter
perfectionem totius"), dessen finale Ursache der Mensch ist, welcher
wiederum seine Bestimmung bei Gott findet (STh, I, qu. LXV, art. 2).

[142] C.F.H. Henry, Christian Personal Ethics, S. 540.

[143] Die Schwierigkeit beim Menschen liegt darin, daß er nicht nur (wie
die Naturdinge) widrigen äußeren Umständen ausgesetzt ist, sondern
daß er sich auch mit wesensfremden Handlungsdeterminanten (wie
„niederen Begierden") sowie mit der Fehlbarkeit seines Denkvermögens
herumschlagen muß.

[144] Freilich muß man diese Aufforderung aus dem Zusammenhang ihres
Zustandekommens lösen. Wie Douma bemerkt (Grondslagen Christelijke
Ethiek, S. 368), ist dieser Zusammenhang Augustinus' Befürwortung von
Gewaltanwendung als „Bekehrungsmittel": „Wie liefheeft, kan ook de
roede gebruiken om ketters tot de orde te roepen".

[145] Enzyklika Deus Caritas Est, 2005, S. 26 (Verlautbarungen des Apostolischen
Stuhls, 171).

[146] Im Lichte der mimetischen Theorie René Girards wäre eine christliche
Gemeinschaft dadurch charakterisiert, daß ihre Mitglieder sich in
vertikaler Mimese mit Jesus Christus befinden, also ihre „mimetische
Energie" völlig „nach oben hin" richten. Dies hätte wenigstens zur
Folge, daß sie nicht *untereinander* rivalisieren. Das Gegenstück wäre
eine Gesellschaft ohne jegliche vertikale Struktur; sie würde auf Grund
interindividueller Rivalität in eine jedermann erfassende mimetische
Krise geraten und in Chaos und Gewalt untergehen. Ich denke, daß man
mit Blick auf Augustinus' „civitas terrena" sagen kann, daß sie einen
Mittelweg zwischen diesen beiden Extremen (deren erstes nicht realisierbar
und deren zweites nicht wünschenswert ist) darstellt: Die komplizierten
Strukturen der mittelalterlichen Gesellschaft stellen Grenzen dar,
deren Überschreitung unzulässig ist. Diese Grenzen besitzen demnach
Verbotscharakter (Verbote sind, neben den Ritualen, die Hauptinstrumente
der Kultur für Krisenverhinderung und -eindämmung) und blockieren
mimetisches Verhalten und daraus resultierende Rivalitäten. Somit ist
die gesellschaftliche-politische Ordnung nur ein notwendiges Übel, kein
positiver Bestandteil göttlicher Heilsordnung, wie dies bei Thomas von
Aquin der Fall ist.

[147] Was christliche Denker unter „Liebe" verstehen, beruht gewiß nicht auf dem
Prinzip „do ut des": Die liebevolle Attitüde gegenüber dem anderen hat nicht
die Erwartung von „Gegenliebe" als Bestandteil oder zur Voraussetzung;
es ist hier kein Utilitätsgesichtspunkt, basiert auf Reziprozität, im Spiel.

Gleichwohl ist Liebe nicht im strengen Sinne altruistisch: Ein „Nutzen" für den jeweils Liebenden resultiert nicht aus der Reaktion des jeweils Geliebten, aber sehr wohl aus dem Liebesakt selbst. Indem er den anderen liebt, ahmt der Christ seine vertikale Bindung an Gott in Beziehungen innerhalb der horizontalen Dimension der „societas" nach; somit kann er seine Lebenswirklichkeit nach dem Modell des „amor Dei" gestalten (das Gleichnis in Matth. 18: 21-35 bringt dies zum Ausdruck).

[148] Augustinus, De vera religione, XLVI.86. Vgl. auch den bei B. Schleißheimer, Ethik heute, S. 158, zitierten Brief eines unbekannten Mönchs aus dem 11. Jahrhundert.

[149] „Id enim diligit, ad quod diligendum et percipiendum quanto plures venerint, tanto eis uberius gratulatur" (Augustinus, De vera religione, XLVI.86; siehe 1. Kor. 12: 26: „Und wenn ein Glied leidet, so leiden alle Glieder mit, und wenn ein Glied wird herrlich gehalten, so freuen sich alle Glieder mit"). Vgl. W. Palaver, René Girards mimetische Theorie, S. 128: „Im Gegensatz zum irdischen Staat ist der himmlische Staat durch die Gottesliebe und die damit verbundene demütige Nachahmung Gottes gekennzeichnet. In diesem Staat gibt es keine mimetisch verursachte Knappheit und daher auch keine wesensnotwendige Gewalt. In der Gottesliebe begehren die Menschen ein Objekt, das nicht trennt, sondern zusammenführt. Je mehr Menschen dieses Ziel anstreben, desto mehr nimmt die gemeinsame Liebe zu". Vor dem Hintergrund der Theorie Girards kann man die Ausführungen von Hans Küng (Christ sein, S. 214-225) wohl wie folgt zusammenfassen: Jesus befindet sich außerhalb der Dichotomie „repressive / revolutionäre Gewalt"; sein politischer Standpunkt ist der der Gewaltfreiheit: „Die von ihm in Gang gesetzte Revolution war entscheidend eine *Revolution der Gewaltlosigkeit* (...)" (S. 224).

[150] A. Schlatter, Die christliche Ethik, S. 57.

[151] „Ex una eademque caritate Deum proximumque diligimus, sed Deum propter Deum, nos autem et proximum propter Deum" (De Trinitate, VIII.12).

[152] Vgl. STh, I.1, qu. XVII, art. 4, u. ScG, III.5/6.

[153] Die Nächstenliebe „ist gleichsam eine Freundschaft *ohne Rücksicht auf die Person*, eine Freundschaft *mit allen Wesen*, die Menschenantlitz tragen" (J. Derbolav, Abriß europäischer Ethik, S. 47).

[154] „Convertere se (...) ad aliquid extra Deum; (...) quod taliter peccans finem ultimum, seu finalem suam felicitatem ponat in creatura" (F.P v.d. Velden, Principia Theologiae Moralis, S. 66).

[155] CTh, cap 1 (Hervorhebung von mir).

[156] „Die scholastische Methode will durch Anwendung der Vernunft, der Philosophie auf die Offenbarungswahrheiten möglichste Einsicht in den Glaubensinhalt gewinnen, um so die übernatürliche Wahrheit

dem denkenden Menschengeiste inhaltlich näher zu bringen, eine systematische, organisch zusammenfassende Gesamtdarstellung der Heilswahrheit zu ermöglichen und die gegen den Offenbarungsinhalt vom Vernunftstandpunkte aus erhobenen Einwände lösen zu können" (M. Grabmann, Geschichte der scholastischen Methode, S. 36/37).

[157] Ich kann *wissen*, daß es hier und jetzt regnet, d.h. daß Wassertropfen vom Himmel fallen. Ich besitze, über das reine Wissen-daß hinaus, ein *Verständnis* der Sachlage, wenn mir klar ist, *was* Regen (als Naturphänomen) ist, und *warum* es hier und jetzt regnet. Die Tatsache, daß es regnet, geht dem Verständnis des Regens voraus; ähnlich ist die „fides" der „ratio" vorgeordnet: „Quod petunt, non, ut per rationem ad fidem accedant, sed, ut eorum, quae credunt, intellectu et contemplatione delectentur" (Cur Deus Homo, I.1).

[158] Vgl. Röm. 1: 18-20.

[159] „(...) quod necessarium fuit ad humanam salutatem, esse doctrinam quandam secundum revelationem divinam praeter philosophicas disciplinas, quae ratione humana investigantur" (STh, I, qu. I, art. 1).

[160] Vgl. Joh. 3: 18. Vgl. St. Ernst, Petrus Abaelardus, S. 15/16: „Denn erst dort, wo der Glaube aus dem Ursprung der eigenen Einsicht heraus Zustimmung erhält und vollzogen wird, ist er keine bloß äußerliche Gewohnheit, sondern erweist sich wahrhaft als eigener Glaube des Menschen".

[161] Vgl. 1. Joh. 3: 2 u. Joh. 17: 3 „Das ist aber das ewige Leben, daß sie dich, der du allein wahrer Gott bist, und den du gesandt hast, Jesus Christus, erkennen (γιγνωσκειν)". Vgl. STh, I.1, qu. XII, art. 1: „Cum enim ultima hominis beatitudo in altissima ejus operatione consistat, quae est operatio intellectus, si nunquam essentiam Dei videre potest intellectus creatus, vel nunquam beatitudinem obtinebit, vel in alio ejus beatitudo consistet quam in Deo; quod est alienum a fide".

[162] „Cum homo sit homo ex eo quod est rationem habens, oportet quod proprium eius bonum, quod est felicitas, sit secundum id quod est proprium rationi" (ScG, III.34; vgl. III.40: „felicitas enim est perfecta intellectus operatio"). Vgl. CTh, cap. 108: „(...) cum in sola divina cognitione desiderium hominis quietetur".

[163] Proslogion, 2. Charakteristisch ist auch, mit welcher Feststellung Thomas jeden seiner fünf „Wege" beschließt: nicht „nun wissen alle, daß Gott existiert", sondern „und dies erkennen alle als Gott" („et hoc omnes intelligent Deum", „quod omnes dicunt Deum" (STh, I, qu. II, art. 3)) Die natürliche Vernunft erschließt das Notwendige als Bedingung des Kontingenten (der Welt), und aus der „fides" wissen wir, was bzw. wer dieses Notwendige ist. Vgl. hierzu auch O.H. Pesch, Thomas von Aquin, S. 132.

[164] STh., I.1, qu. III, art. 1.

[165] Vgl. CTh, cap 2: „Fides autem praelibatio quaedam est illius cognitionis quae nos in futuro beatos facit".

[166] Ein Beispiel für einen solchen Lebenswandel scheint mir die Biographie Karol Wojtylas zu sein; vgl. G. Weigel, Zeuge der Hoffnung.

[167] SchopW, Bd. II, S. 370.

[168] SchopW, Bd. II, S. 461.

[169] SchopW, Bd. III, S. 730. Schopenhauers Pessimismus ist die Negation von Thomas' Feststellung: „Naturale autem desiderium non potest esse inane" (STh, I, qu. LXXV, art. 6; vgl. CTh, cap. 104) – und nicht *nur* die Negation: Die Begierde *ist* „inanis".

[170] SchopW, Bd. III, S. 111; vgl. Bd. V, S. 436. Intuitive Einsicht in die metaphysische Identität aller Wesen enthüllt die Irrelevanz des Unterschiedes zwischen dir und mir. Moralisches Handeln intendiert Leidverhütung und -minderung bei anderen. Aber warum ist dein Leid wichtiger als mein Leid? Die Einsicht in die metaphysische Identität aller Wesen ist nur die Hälfte der Bewußtwerdung, welche der Sittlichkeit vorausgeht und sie bedingt. Die andere Hälfte ist die Erkenntnis des Wesens des Willens selbst, also des ziel- und sinnlosen Begehrens, das durch keinerlei Befriedigung gestillt werden kann, als Quelle allen Leidens. Wer sein eigenes Wesen im anderen (wieder-)erkennt, hat auch erkannt, *was* dieses Wesen ist, und daß es soteriologisch keinen Sinn macht, eigenem Leid auf dem Wege der Befriedigung des Begehrens begegnen zu wollen. So jemand wird *das Begehren selbst* minimalisieren, gar ausschalten wollen; er wird gar nicht erst auf den Gedanken kommen, sich Leidfreiheit dadurch zu verschaffen, daß er tut oder tun läßt, was das Begehren von ihm fordert.

[171] STh, I.1, qu. IV, art 1.

[172] Vgl. Nietzsches Stellungnahme. in: Sämtliche Werke. Kritische Studienausgabe, hrsg. v. G. Colli & M. Montineri, Berlin/New York 1980, Bd. VI, S. 205.

[173] ScG, III.129.

[174] Vgl. Matth. 5: 3-10, 6: 25-34.

[175] Psychoanalyse und Ethik, S. 252.

[176] I.R.A. al Faruqi, Christian Ethics S. 113.

[177] „(...) das Organ des göttlichen Geistes, des πνευμα του Χριστου, seine Verkörperung, Versichtbarung ist nicht die Einzelpersönlichkeit, sondern die Gemeinschaft als Gemeinschaft, nicht das Ich, sondern das Wir. In der Gemeinschaft, in dem Wir objektiviert sich der Geist Christi. Die Sichtbarkeit der Kirche besteht also nicht bloß in der Sichtbarkeit ihrer einzelnen Glieder, sondern in der Sichtbarkeit ihrer geschlossenen Einheit, ihrer Gemeinschaft. Wo aber eine Gemeinschaft, eine übergreifende Einheit ist, da ist ein Für- und Miteinander der Teile" (K. Adam, Das Wesen des Katholizismus, S. 49).

[178] „Bonum prosequendum, et malum vitandum esse" (STh, II.1, qu. XCIV, art 2).

[179] „Ganz gleich ob sich der Eudaimonismus als materialistischer Utilitarismus, als empiristische ‚moral-sense'-Lehre oder als moraltheologische Spekulation auf himmlische Belohnung darstellt – in jedem Fall wird der sittliche Wille durch die Verquickung mit empirischen Neigungen auf die Funktion eines wie immer auch subtil verbrämten Eigeninteresses reduziert und damit um seinen unbedingten Geltungsanspruch gebracht. Wie Kant die praktische Vernunft von der Mediatisierung durch vorgegebene ontologische Normstrukturen emanzipiert, so legt er den sittlichen Willen gegenüber der Mediatisierung durch ‚inclinationes naturales' jedweder Art frei, indem er die Achtung vor dem Gesetz als autonome sittliche Triebfeder herausstellt" (H. Bielefeldt, Philosophie der Menschenrechte, S. 56).

[180] Akad.-Ausg., Bd. V, S. 89. Vgl. auch Kants Vorlesungen über die Metaphysik, Darmstadt 1975, S. 239/240.

[181] Vgl. hierzu die Darstellung von W. Kersting, Wohlgeordnete Freiheit, S. 24.

[182] Auch für Thomas ist der gute Wille die zentrale Instanz der Ethik („quod homo actu bene agat, contingit ex hoc, quod homo habet bonum voluntatem" (STh, II.1, qu. LVI, art. 3)), und zudem ist dies ein Wille, der vernünftiger Einsicht Folge leistet – mit dem Unterschied zu Kant, daß die von der Vernunft als gut erkannte (und vorgeschlagene) Handlung wesentlich vom „finis" her als gut bestimmt ist: „(...) ex fine autem motus voluntarius bonus vel malus reddatur" (CTh, cap. 47). Es gibt einen objektiv-guten Zweck, der über den guten Willen, der dadurch gut ist, daß er sich auf diesen Zweck richtet, die subjektiv-gute Handlung hervorruft.

[183] Vgl. hierzu H.J. Paton, Der kategorische Imperativ, S. 100 ff. Siehe bes. S. 133: „(...) daß die Selbstliebe sich nicht nur mit der Methode befaßt, wie man einen bereits vorausgesetzten Zweck erreicht, sondern auch mit der Bestimmung dessen, was den Zweck selbst ausmacht".

[184] Vgl. H.J. Paton, Der kategorische Imperativ, S. 70: „Ein Naturgesetz z.B. muß für alle Ereignisse in der Zeit ohne Ausnahme gültig sein. (...) So ist es auch mit dem, was Kant ‚das Gesetz der Freiheit' nennt, d.h. das Gesetz, nach dem ein vernünftiges Wesen handeln würde, wenn die Vernunft seine Neigungen vollständig beherrschte. Das Gesetz der Freiheit oder das moralische Gesetz kann keine Ausnahme zulassen, ohne aufzuhören, Gesetz zu sein".

[185] Akad.-Ausg., Bd. XVIII, S. 128.

[186] Es gibt zwei Lesarten von Universalisierbarkeit: (1) „Was wäre der Fall, wenn jedermann das Recht hätte, gemäß der Maxime M zu handeln?" und (2) „Was wäre der Fall, wenn jedermann de facto gemäß M handelte?". Das Verhältnis beider müßte sein: Jedermann hat das Recht, gemäß M zu handeln gdw. jedermann gemäß M handeln könnte. Demnach ist (2)

die eigentliche Frage der Betrachtung; (1) ist, als Feststellung, mögliches Resultat derselben.

[187] W. Kersting, Wohlgeordnete Freiheit, S. 33. Vgl. G. Patzig, Ethik ohne Metaphysik, S. 57/58: „Eine sittlich schlechte Handlung muß, allgemein gedacht, die Bedingungen ihrer eigenen Möglichkeit aufheben. Eine sittlich schlechte Handlung ist, etwas anders ausgedrückt, dadurch charakterisiert, daß sie nur möglich ist in einem Gemeinwesen, dessen Mitglieder im großen und ganzen eine Disziplin wahren, von der sich der schlecht Handelnde selbst ausnimmt. Der Mensch ist als Vernunftwesen frei, d.h. er muß sich die Gesetze seines Handelns selbst geben. Sich selbst aber ein Gesetz geben, das nicht als allgemeines Gesetz dienen kann, heißt, sich ein Gesetz geben, das kein Gesetz ist, und das ist ein Widerspruch, unwürdig eines vernünftigen Wesens. So leitet Kant aus der Tatsache, daß der Mensch ein Vernunftwesen ist, seine Verpflichtung ab, den kategorischen Imperativ zu befolgen".

[188] Akad.-Ausg., Bd. IV, S. 405.

[189] H.J. Paton, Der kategorische Imperativ, S. 91.

[190] Akad.-Ausg., Bd. IV, S. 399. Dies hat auch eine positive Seite, nämlich „daß nur ein in sich stabiles, kraftvolles Ich einer starken Liebe zum Nächsten und eines wirkungsvollen Handelns für die Gemeinschaft fähig ist" (E. Oldemeyer, Dialektik der Wertorientierungen S. 171).

[191] Moralphilosophie, 1888, S. 36.

[192] Dies ist ein Aspekt in dem sich moralische von Konventionsregeln unterscheiden. Die Gültigkeit letzterer ist identisch mit ihrer de facto-Geltung; eine Konvention, an die sich niemand mehr hält, ist keine Konvention mehr, a fortiori keine solche, die Gültigkeit beanspruchen kann. Es gibt keine Autorität über der gesellschaftlichen Empirie, welche die Gültigkeit einer Konventionsregel unabhängig von ihrer de facto-Geltung begründen könnte. Ein anderer Fall ist jedoch dieser: Wenngleich Konventionen selbst ethisch nicht begründet werden können, so kann es doch moralisch geboten sein, sein Verhalten gegebenen Konventionen anzupassen – wenn man etwa mit Leuten zu tun hat, die so innig mit einem Lebensstil verwachsen sind, daß es sie beleidigen und desorientieren kann, wenn ein Außenstehender im Umgang mit ihnen ihre Verhaltensweisen mißachtet. Man denke etwa daran, wie perfekt Old Shatterhand sich indianische Gebräuche angeeignet hat – er hat damit, dies scheint mir Karl Mays Intention zu sein, dem Lebensstil der Indianer, ihren Normen und Werten, seinen Respekt erwiesen.

[193] Hätte Kant eine teleologische Moralbegründung im Auge, dann wäre er vermutlich gleichwohl Gesinnungsethiker. Denn er sagt nicht: „Es liegt also der moralische Wert der Handlung nicht in der Wirkung, die daraus *hervorgeht*", sondern „(...) die daraus *erwartet wird*", und fährt fort:

„also auch nicht in irgend einem Prinzip der Handlung, welches seinen Bewegungsgrund von dieser erwarteten Wirkung zu entlehnen bedarf" (Akad.-Ausg., Bd. IV, S. 401).

[194] Vgl. Akad.-Ausg., Bd. XXII, S. 114: „Zu den wirkenden Ursachen im Weltganzen gehört auch die moralisch//practische Vernunft nach dem categorischen Imperativ (...)".

[195] Akad.-Ausg., Bd. XIX, S. 297. Vgl. S. 244: „Es kommt bey der Ethik nicht auf die Handlungen, die ich thun soll, sondern das principium an, woraus ich sie thun soll".

[196] Dies trifft auch auf rein konsequentialistische Ethiken zu, auf Ethiken also, die schlichtweg die Folgen von Handlungen verdiskontieren, ohne sich auf die beabsichtigten Folgen zu beschränken. Auch hier werden die Folgen im Lichte einer vorgegebenen Axiologie beurteilt.

[197] Deutlich ist dies in Habermas' Diskursethik: Die Diskursregeln selbst sind frei von inhaltlichen (etwa weltanschaulichen) Präsumptionen, aber „jeder darf jede Behauptung in den Diskurs einführen" (J. Habermas, Moralbewußtsein und kommunikatives Handeln, S. 99).

[198] Gilt Moral nicht „universalistisch", zeit- und kulturunabhängig bei allen Völkern und in allen Ländern? Ethik fundiert Moral unter Inanspruchnahme kontingenter Randbedingungen: „Wenn alle das täten, dann wäre die Folge...". Dieser Wenn-dann-Zusammenhang ist kontrafaktisch, aber gleichwohl empirisch. Nun sind die Unterschiede zwischen Völkern und Ländern nicht so groß, daß zu befürchten wäre, aus ein und derselben Ethik könnten total verschiedene Moralen hervorgehen. Es gibt erdumspannend gewiß einen „harten Kern" von Moral – eventuell mit weichen Rändern. Man muß in diesem Zusammenhang auch berücksichtigen, daß empirische Randbedingungen nicht nur in die *Begründung* moralischer Regeln eingehen, sondern auch deren *Anwendung* bestimmen. So kann es geschehen, daß ein und dieselbe moralische Regel unter jeweils verschiedenen Umständen zu verschiedenen Handlungsanweisungen führt.

[199] Eine Ethik ist nicht-universalistisch (sondern partikularistisch), wenn sie bei der Beurteilung und Begründung von Moral Faktoren heranzieht, die nicht notwendigerweise von jedem vernünftigen Wesen als Autoritäten akzeptiert werden. Eine (augenscheinlich) universalistische Ethik kann de facto partikularistisch sein. Angenommen: Jeder Mensch auf Erden glaubt an den einen Gott JHWE; somit hätte JHWEs Wille für jedermann den Status ultimativer ethischer Autorität. Gleichwohl wäre eine solche Ethik partikularistisch, denn die Tatsache, daß jedermann an JHWE glaubt, ist kontingent. Jedes vernünftige Wesen unterstellt notwendigerweise den kategorischen Imperativ (dies zu leugnen wäre vernunftwidrig), aber niemand unterstellt notwendigerweise vernunft-externe Faktoren wie Gottheiten oder Werte-Hierarchien.

[200] Akad.-Ausg., Bd. VIII, S. 278/279. Vgl. Bd. V, S. 25: „Glücklich zu sein, ist notwendig das Verlangen jedes vernünftigen aber endlichen Wesens, und also ein unvermeidlicher Bestimmungsgrund seines Begehrungsvermögens". Zum Begriff des Glücks siehe Bd. XVII, S. 561: „Das Verlangen nach Glückseeligkeit drückt die Summe aller Neigungen aus, worin sie auch bestehen mögen (...)". Kant ist damit entschieden weniger „weltfremd" als die Stoiker, die den Glückseligkeitsaspekt unseres Lebens auf das Zufriedensein mit eigener Tugendhaftigkeit reduzieren „und so wirklich das zweite Element des höchsten Guts, eigne Glückseligkeit wegließen, indem sie es bloß im Handeln und der Zufriedenheit mit seinem persönlichen Werte setzten, und also im Bewußtsein der sittlichen Denkungsart mit einschlossen, worin sie aber durch die Stimme ihrer eignen Natur hinreichend hätten widerlegt werden können" (Bd. V, S. 127).

[201] Akad.-Ausg., Bd. XIX, S. 312; vgl. S. 253: „Wenn ich meine Schuldigkeit thue, gehn mich gute und böse folgen nichts an".

[202] Vgl. hierzu H.J. Paton, Der kategorische Imperativ, S. 208.

[203] Diese Umschreibung enthält vier Aspekte von Rationalität: (1) Autonome Vernunft (Moral), (2) Zweckrationalität (Zweckverwirklichung), (3) axiologische Vernunft (Zwecksetzung) und (4) theoretisches Wissen (Kenntnis der Umstände). Punkt (3) ist freilich mit der Einschränkung zu versehen, daß es dieser Vernunft nicht möglich ist, Zwecksetzungen allgemeinverbindlich zu begründen. Dagegen ist es durchaus vernünftig, z.B. zu sagen: „Ich fühle ein so starkes Bedürfnis, leidenden Menschen zu helfen, daß ich als Arzt tätig werden will". Es ist, ceteris paribus, unvernünftig, im Bereich des moralisch Zulässigen Bedürfnisse und Zwecksetzungen nicht in Einklang zu bringen.

[204] ScG, III.7. Vgl. III.13: „Malum autem est privatio eius quod quis natus est et debet habere".

[205] „Der Menschheitszweck impliziert das Verbot der Verdinglichung anderer; er ist nicht mit dem Menschlichkeitszweck und dem mit ihm verknüpften Gebot der aktiven Beförderung der partikularen Zwecke anderer zu verwechseln; denn der Menschheitszweck zielt auf den Menschen als freies und vernünftiges, zur Zwecksetzung fähiges Wesen, der Menschlichkeitszweck hingegen zielt auf den Menschen als bedürftiges, auf Hilfe angewiesenes, in seinen Zweckrealisierungen scheiterndes Wesen" (W. Kersting, Recht, Gerechtigkeit und demokratische Tugend, S. 101).

[206] Moralischer Pluralismus ist dann unproblematisch, wenn er mit einem ethischen Absolutismus kompatibel ist. Anlaß zur Sorge gibt dagegen der moralische Relativismus, denn er impliziert, daß es gar keinen ethischen „Überbau" gibt, von dem aus man über verschiedene Moralen begründete (Wert-)Urteile fällen kann (vgl. hierzu G. Patzig, Ethik ohne Metaphysik, S. 133). Für den Relativismus ist auf dem Terrain der Moral alles möglich.

Dies war die Position der frühen Sophistik. Ich möchte mich zu der Behauptung versteigen, daß man die Geschichte der Ethik seit Sokrates als Suche nach dem „absoluten Standpunkt" beschreiben kann, was auch immer dieser Standpunkt jeweils ist: Wirklichkeit, Gott, Vernunft.

[207] W. Kersting, Wohlgeordnete Freiheit, S. 54.

[208] „Alle materiale praktische Prinzipien sind, als solche, insgesamt von einer und derselben Art, und gehören unter das allgemeine Prinzip der Selbstliebe, oder eigenen Glückseligkeit" (Akad.-Ausg., Bd. V, S. 22).

[209] Akad.-Ausg., Bd. IV, S. 440.

[210] Man muß, angesichts eines gelegentlich in der Literatur anzutreffenden Mißverständnisses, betonen, daß die Gesinnung nicht etwa die Stelle der ethischen Argumentation einnehmen, also eine Art „Intuition aus tiefstem Seelengrunde" darstellen soll. Die Gesinnung ist konstitutiv für die *Moralität der Handlung*; die *Begründung der moralischen Regel* obliegt dagegen dem kategorischen Imperativ. Eine Gesinnung ist nur gut als die Intention, einer dieser Gesinnung vorgängig begründeten Regel zu folgen. Es ist auch nicht so, daß das Gegenstück zur Gesinnungsethik, die Verantwortungsethik (oder Erfolgsethik), Handlungsfolgen vediskontiere, während jene sich um dergleichen nicht kümmere. Auch eine Universalisierbarkeitsbetrachtung gemäß dem kategorischen Imperativ hebt auf Folgen ab („wenn jeder dies täte, dann..."), nur kürt sie (im Gegensatz zur utilitaristischen Argumentation) die *Wünschbarkeit* dieser Folgen nicht zum ethischen Kriterium.

[211] I. Kant. Akad.-Ausg., Bd. VI, S. 237; vgl. 230. Siehe Bd. VIII, S. 289/290: „Recht ist die Einschränkung der Freiheit eines jeden auf die Bedingung ihrer Zusammenstimmung mit der Freiheit von jedermann, in so fern diese nach einem allgemeinen Gesetze möglich ist". Während man die ethischen Entwürfe des Altertums und des Mittelalters unter die Fragestellung „Was ist das Gute Leben, und wie kann man es verwirklichen?" subsumieren kann, fragt Kants Ethik nach den normativen Bedingungen der Möglichkeit Guten Lebens.

[212] M.G. Singer, Verallgemeinerung in der Ethik, S. 50, 86.

[213] Zum Beispiel. A: „Ich will jedes Jahr im Sommer auf Sylt Urlaub machen". B: „Das will ich auch, aber da ist es im Sommer immer so voll – also bin ich nicht damit einverstanden, daß auch A dorthin fährt„. Ein Ausgleich wäre etwa: „Ich fahre im Juli, fahre du im August". Folgendes kommt hinzu. Der kategorische Imperativ begründet Freiheitsrechte (mit denen nur die Pflicht der Nicht-Intervention durch andere korrespondiert), nicht jedoch Anspruchsrechte. „Ich habe ein Recht auf P" impliziert nicht „andere haben die Pflicht, hinreichende Bedingungen dafür zu schaffen, daß ich mir P eigen machen kann", und schon gar nicht „wenn nicht für jedermann hinreichende Bedingungen gegeben sind, sich P eigen zu machen, dann hat niemand ein Recht auf P". Es gibt Rechte für jedermann, deren *Realisierung*

durch jedermann (aus kontingenten Umständen) unmöglich oder nicht wünschenswert ist. „Ein Beispiel ist das Golfspielen, Nicht alle können Golf spielen, da dies einen übermäßigen Flächenverbrauch bedeuten würde. Sollte deshalb niemand Golf spielen?" (D. Birnbacher, Analytische Einführung in die Ethik, S. 157). Mitnichten: Entscheidend ist, daß jedermann das Recht hat, (zu versuchen) für sich selbst hinreichende Bedingungen für die Mitgliedschaft in der Golfspieler-Schickeria zu schaffen. Auch hier gäbe es außermoralische Kompromisse: „Wenn du mir deinen Platz im Golfclub überläßt, dann darfst du meine Tochter – heiraten".

214 K. Cramer, Metaphysik und Erfahrung in Kants Grundlegung der Ethik, in: Y. Kato & G. Schönrich (Hrsg.), Kant in der Diskussion der Moderne, S. 303.

215 W. Kersting, Wohlgeordnete Freiheit, S. 26; vgl. auch S. 25: „Die Kriterien, die die praktische Vernunft der moralischen und rechtlichen Erkenntnis zur Verfügung stellen kann, entstammen der praktischen Vernunft selbst, sind identisch mit den Strukturmerkmalen der Vernunft. Über die Berechtigung der von normativen Aussagen, Gesetzen und Herrschaftsformen beanspruchten Gültigkeit und Legitimität entscheidet deren *Vernunftförmigkeit*". Die ethische Deliberation ist (mit Birnbachers Ausdruck) in ihrer Tiefenstruktur „monologisch" (Analytische Einführung in die Ethik, S. 89).

216 Z.B. Akad.-Ausg., Bd. IV, S. 389.

217 Die „Naturgesetzformel" des kategorischen Imperativs; vgl. Akad.-Ausg., Bd. V, S. 69, Bd. VI, S. 226 u. Bd. XVIII, S. 679/680: „alle Handlungen aus Freyheit können nur nach dem Princip der Ubereinstimmung mit der Allgemeingültigkeit ihrer Maximen zur allgemeinen Gesetzgebung gedacht werden". Siehe auch v. Verf., Aspekte des Universalisierungspostulats in Kants Ethik, bes. S. 71 ff.

218 Es ist abwegig, die Gefühlswelt als solche zu qualifizieren bzw. gar Menschen selbst im Lichte ihrer Triebe und Neigungen in gute und schlechte einzuteilen. Die Moral kommt erst bei der Frage ins Spiel, wie wir mit unseren Trieben und Neigungen *umgehen*. Erhellend hierfür sind die Ausführungen von Günther Patzig über Joseph Butler (Ethik ohne Metaphysik, S. 42-46).

219 Akad.-Ausg., Bd. XIX, S. 201; vgl. S. 139: „Der Wille Glücklich zu seyn ist nothwendig, aber nach bestimmten Neigungen zufellig".

220 Akad.-Ausg., Bd. XIX, S. 190.

221 V. Cathrein, Moralphilosophie, Bd. I, S. 246; vgl. S. 245. Gottes Schöpfungsplan ist ein System aus unzählig vielen Wesensbestimmungen („Formen"), die einer teleologischen Struktur unterliegen. Gut ist, was erstens diesen Bestimmungen entspricht und zweitens im Mittel-Zweck-Gewebe seine Funktion erfüllt. Solches ist seiend („omne ens est bonum";

im Heilszustand gilt auch das Umgekehrte). Das Übel („malum") ist „Beraubung" („privatio", nicht: „negatio"), d.h. Abwesenheit einer Bestimmung, die nach der Schöpfungsordnung vorhanden sein soll. Das „malum" ist Sünde, wenn Abwesenheit vom Menschen intendiert und bewerkstelligt wird. Die sittlich gute Handelung richtet sich auf Gegenstände, die nicht nur an sich gut, d.h. wesensadäquat, sondern auch gut mit Bezug auf den Handelnden (d.h. „honestum" – angemessen und geziemend) sind – dies ist der teleologische Aspekt.

[222] MEW, Bd. XIX, S. 21. Ich halte dies für eine Rationalisierung (oder Säkularisierung) eines alttestamentlichen Motivs. Der Mensch ist dort geschaffen als „Bebauer und Bewahrer" des Gartens Eden (1. Mose 2: 5, 15), und Gott sorgt dafür, daß der Mensch „gut zu essen" hat (2: 9) – die Tätigkeit des Menschen ist also nicht Mittel für seinen Lebensunterhalt. Nach dem Sündenfall (marxistisch: nach der Entstehung des Privateigentums) ändert sich die Lage gründlich: Der Mensch wird nun „im Schweiße seines Angesichts sein Brot essen" (3: 19), was nur heißen kann, daß Arbeit zur Überlebensbedingung degeneriert ist. Marx steht dem Alten Testament in diesem Punkt näher als Aristoteles, denn dessen Paradiesmensch wäre (vornehmlich) Betrachter des Gartens. Freilich hat sich das Christentum dann doch zu einer positiven Bewertung der Arbeit durchgerungen: Es sah „in der Arbeit zunehmend ein Mittel der Selbstbeherrschung und der Heilsgewinnung, sowie auch eine Möglichkeit zur Mitarbeiterschaft des Menschen mit Gott bei der Hege und Beherrschung der Natur. Der Müßiggang hingegen galt mehr und mehr als aller Laster Anfang" (E. Oldemeyer, Dialektik der Wertorientierungen, S. 171). Auch der Proletarier ist, was er ist, nur dadurch, daß er Arbeiter (nicht Konsument von Arbeit) ist: Die „Heilsperspektive" der Menschheit ist auf Arbeit begründet (vgl. z.B. MEW, Bd. XX, S. 273/274).

[223] MEW, Bd. I, S. 385.

[224] MEW, Bd. IV, S. 482. Hegels „List der Vernunft" beinhaltet, daß „große Männer" ihren Privatzielen nachstreben, dabei jedoch dem großen Plan der Weltgeschichte dienen – sie sind, ohne dies zu intendieren, die Geschäftsführer des Weltgeistes.

[225] MEW, Bd. XL, z.B. S. 539.

[226] MEW, Bd. XL, S. 536.

[227] MEW, Bd. XIX, S. 20.

[228] Phaidon, 79b.

[229] Pol., 1280[b]30-35.

[230] Vgl. hierzu G. Sartori, Demokratietheorie, S. 475/476.

[231] Dagegen steht die These, eine kommunitaristische Ordnung sei deswegen stabiler als eine liberale, weil sie dem Auseinanderdriften der Individuen vorbeugt und somit gesellschaftlichen Zusammenhalt verbürgt. Vgl.

G.H. Sabine & Th.L. Thorson, A History of Political Theory, S. 563: „Communities are held together not by self-inerest cunningly calculated but by the sense of membership and duty, by the feeling that one has a place in the community even though it be but a lowly one, and that one is morally obligated to carry the burden that one's position traditionally imposes. Without such a sense a stable union of men is impossible, for the individual intelligence, unsupported by customary institutions and their duties, is a frail instrument".

[232] „Der westliche Mensch ist seit langem in dem Glauben erzogen worden, daß jeder seine eigenen Wünsche aus seinen eigenen Gründen hat. Nach dieser Weltanschauung wäre die Objektivierung der Welt der Präferenzen, des Glücks, der Ziele eine höchste Form der Versklavung, da sie den Menschen als ‚Objekt' behandelt" (G. Sartori, Demokratietheorie, S. 425; vgl. S. 432).

[233] „Ein ‚moralischer Lebenslauf' ist daher letztlich eine je individuelle Aufgabe, die von den Rahmenbedingungen der politisch-gesellschaftlichen Entwicklung nicht behindert werden, freilich auch keine Förderung erwarten darf" (J. Derbolav, Abriß europäischer Ethik, S. 83).

[234] Der „positive Begriff der Freiheit" beinhaltet „das Vermögen der reinen Vernunft, für sich selbst praktisch zu sein. Dieses ist aber nicht anders möglich, als durch die Unterwerfung der Maxime einer jeden Handlung unter die Bedingung der Tauglichkeit der erstern zum allgemeinen Gesetze" (Akad.-Ausg., Bd. VI, S. 214).

[235] Der gute Wille ist notwendige und hinreichende Bedingung für die Moralität der Handlungen, die aus ihm hervorgehen. Erstens vollzieht sich dieser Wille in Handlungen aus Pflicht, d.h. daß er keine Maximen akzeptieren wird, die der Bedingung der Universalisierbarkeit nicht genügen (ethische Maximenbeurteilung ist zweckrationaler Kalkulation prinzipiell übergeordnet). Zweitens ist der gute Wille ursächlich für das Handeln; im Rahmen der deontologischen Gesinnungsethik Kants, gemäß welcher der (nicht auf Zwecke orientierte) Motivationszusammenhang über die Moralität des jeweiligen Handelns entscheidet, überträgt sich die „Gutheit" dieses Willens auf die Handlungen, die aus ihm hervorgehen (vgl. hierzu Akad.-Ausg., Bd. IV, S. 393 ff.). Eine ähnliche Rolle wie der gute Wille scheint bei Paulus die Liebe zu spielen, vgl. 1. Kor. 13.

[236] „Freyheit ist das Vermögen, nur durch Vernunft determinirt zu werden, und nicht blos mittelbar, sondern unmittelbar, also nicht durch Materie, sondern form des Gesetzes. also moralisch" (Akad.-Ausg., Bd. XVIII, S. 181 (5436)). Mittelbare Determination durch Vernunft bedeutet, daß der primäre (unmittelbare) Bestimmungsgrund ein Zweck, also ein vom Begehrungsvermögen angezeigtes Gut ist, während der Vernunft nur die Aufgabe instrumenteller Vermittlung zukommt. Vgl. Bd. XVIII, S. 253: „In den freyen Handlungen fließt die Vernunft nicht blos als ein begreifendes,

sondern wirkendes und treibendes principium ein. Wie sie nicht blos vernünftle und urtheile, sondern die Stelle einer Naturursache vertrete, sehen wir nicht ein (...)".

[237] Akad.-Ausg., Bd. V, S. 21.

[238] Akad.-Ausg., Bd. XIX, S. 188. Vgl. Bd. XVIII, S. 87: „Moral: wie ich würdig werde, glücklich zu seyn, ohne Absicht auf die Mittel, der Glückseeligkeit theilhaftig zu werden".

[239] Akad.-Ausg., Bd. XIX, S. 292.

[240] Akad.-Ausg., Bd. XIX, S. 201.

[241] Vgl. Akad.-Ausg., Bd. XVIII, S. 455: „Das hochste Gut ist nicht der Bestimmungsgrund, sondern das object eines durchs moralische Gesetz bestimmten Willens (...)". Daß hier von einem „ich mache das, damit du mich belohnst" keine Rede ist, übersieht Kerstings Darstellung, die gleichwohl, ihrer Bissigkeit wegen, zitiert werden soll: „Diese [Kompensation] wird ihr [der Moral] durch die Religion zuteil, genauer durch einen aus der postulatorischen Moraltheologie Kants bekannten Entschädigungsmechanismus für moralitätsgenerierte Glücksverluste. Wird der Moralität im Diesseits nicht der verdiente Lohn ausgezahlt, bedarf es eines kompensatorischen postmortalen Gratifikationssystems. Damit der Gerechte nicht resigniert, wird er auf die transzendente *iustitia distributiva* Gottes vertröstet, die nach der durchaus vertragsrationalen Maxime des *do ut des* operiert und in genauer Proportionalität zu den individuellen Moralitätseinlagen Glückseligkeitsdividenden ausschüttet" (Recht, Gerechtigkeit und demokratische Tugend, S. 162; vgl. S. 234).

[242] Akad.-Ausg., Bd. XIX, S. 181.

[243] Der Existentialismus negiert genau dies: daß es einen solchen mit rationaler, theologischer oder metaphysischer Autorität ausgestatteten Bereich überhaupt gibt. Für Sartre liegt Freiheit gerade in Bindungslosigkeit, in der auch gegenüber der Vernunft voraussetzungslosen Entscheidung (siehe D. Birnbacher, Analytische Einführung in die Ethik, S. 110). Vgl. hierzu den interessanten Vergleich zwischen Sartre und R.M. Hare bei J. Hugsted, Richard Mervyn Hare: Die Sprache der Moral, in: A. Hügli & P. Lübcke (Hrsg.), Philosophie im 20. Jahrhundert, S. 334-362. Hare stimmt mit Sartre dahingehend überein, daß die Entscheidung für einen moralischen Standpunkt legitimationstheoretisch nicht von vorgegebenen Instanzen abhängig ist. Gleichwohl gilt: *Wenn* man sich für einen Standpunkt entschieden hat, dann hat man sich, will man konsequent sein, der „Logik der Moralsprache" (auf welche die Ethik reflektiert) zu fügen. Für Sartre ist Vernunft eine Barriere der Freiheit; Hare kann Freiheit und Vernunft miteinander kombinieren, da er sie auf verschiedenen Ebenen ansiedelt: die Freiheit auf der des Entscheidens, die Vernunft auf der der logischen Konsequenzen der Entscheidung.

[244] U. Duchrow & F.J. Hinkelammert, Leben ist mehr als Kapital. Alternativen zur globalen Diktatur des Eigentums, Oberursel 2002, S. 85.

[245] Menschenwürde impliziert jedoch nicht prinzipiell ein Tötungsverbot. Kant ist Befürworter der Todesstrafe, aber auf der Grundlage einer absoluten Straftheorie, d.h. daß Exekution von Verbrechern keinesfalls zweckrational begründet werden darf.

[246] Das Kompendium zum Katechismus der Katholischen Kirche (München 2005, S. 135) erklärt: „Die Würde des Menschen wurzelt in seiner Erschaffung nach Gottes Bild und Ähnlichkeit. Der Mensch ist mit einer geistigen, unsterblichen Seele, mit Verstand und freiem Willen ausgestattet, auf Gott hingeordnet und mit Leib und Seele zur ewigen Seligkeit berufen".

[247] J. Habermas, Theorie und Praxis, S. 318. In diesem Zusammenhang ist Max Horkheimers „Eclipse of Reason" fesselnde Lektüre.

Literaturverzeichnis

Ich verwende folgende Kürzel:
Thomas von Aquin: STh = Summa Theologiae, CTh = Compendium Theologiae, ScG = Summa contra Gentiles.
MEW = Karl Marx & Friedrich Engels, Werke, Berlin (DDR).
SchopW = Arthur Schopenhauer, Sämtliche Werke, hrsg. v. Arthur Hübscher, 7 Bde., Wiesbaden 1966-72.
Akad.-Ausg. = Kant's gesammelte Schriften, hrsg. von der Preußischen Akademie der Wissenschaften (Akademie-Ausgabe).

Adam, K., Das Wesen des Katholizismus, Düsseldorf 1926.
Al Faruqi, I.R.A., Christian Ethics. A Historical and Systematic Analysis of Its Dominant Ideas, Den Haag 1967.
Aul, J., Aspekte des Universalisierungspostulats in Kants Ethik, in: Neue Hefte für Philosophie, 22, Göttingen 1983, S. 62-94.
Aul, J., Platon und davor. Eine Skizze zur Geschichte der griechischen Philosophie, Cuxhaven/Dartford 1996.
Aul, J., Strukturen in Schopenhauers Handlungstheorie, in: 69. Schopenhauer-Jahrbuch, Frankfurt/M. 1988, S. 239-252.
Barker, E., Greek Political Theory, London/New York 1960.
Bielefeldt, H., Philosophie der Menschenrechte. Grundlagen eines weltweiten Freiheitsethos, Darmstadt 1998.
Birnbacher, D., Analytische Einführung in die Ethik, Berlin/New York 2003.
Brunner, E., The Divine Imperative. A Study in Christian Ethics, London/Redhill 1942.
Bucher, A.J., Ethik – eine Hinführung, Bonn 1988.

Campagna, N., Auf der Suche nach einem rechtsphilosophischen Humanismus, in: Prima Philosophia, 13/₁, 2000.

Cathrein, V., Moralphilosophie, 2 Bde., Freiburg ³1899.

Derbolav, J., Abriß europäischer Ethik, Würzburg 1983.

Douma, J., Grondslagen Christelijke Ethiek, Kampen 1999.

Duchrow, U. & Hinkelammert, F.J., Leben ist mehr als Kapital. Alternativen zur globalen Diktatur des Eigentums, Oberursel 2002.

Ernst, St., Petrus Abaelardus, Münster 2003.

Feyerabend, P.K., Erkenntnis für freie Menschen, Frankfurt/M. 1980.

Finance, J. de, Grundlegung der Ethik, Freiburg/Basel/Wien 1968.

Frankena, W.K., Analytische Ethik. Eine Einführung, München ²1975.

Fromm, E., Psychoanalyse und Ethik, Zürich ²1954.

Furger, F., Einführung in die Moraltheologie, Darmstadt ²1997.

Gore, Ch., The Philosophy of the Good Life, London/New York 1954.

Grabmann, M., Geschichte der scholastischen Methode, Bd. I, Freiburg 1909.

Gredt, J., Die aristotelisch-thomistische Philosophie. Bd. II: Metaphysik und Ethik, Freiburg 1935

Habermas, J., Moralbewußtsein und kommunikatives Handeln, Frankfurt/M. 1983.

Habermas, J., Strukturwandel der Öffentlichkeit, Frankfurt/M. 1990.

Habermas, J., Theorie und Praxis. Sozialphilosophische Studien, Frankfurt/M. ⁴1971.

Henry, C.F.H., Christian Personal Ethics, Grand Rapids ²1979.

Höffe, O. (Hrsg.), Einführung in die utilitaristische Ethik. Klassische und zeitgenössische Texte, München 1975

Honneth, A. (Hrsg.), Kommunitarismus. Eine Debatte über die moralischen Grundlagen moderner Gesellschaften, Frankfurt(M.)/New York ³1995.

Hügli, A. & Lübcke, P. (Hrsg.), Philosophie im 20. Jahrhundert, Bd. II, Reinbek 1993.

Kato, Y. & Schönrich, G., (Hrsg.), Kant in der Diskussion der Moderne, Frankfurt/M. 1996.

Kersting, W., Die politische Philosophie des Gesellschaftsvertrags, Darmstadt 1994.

Kersting, W., Recht, Gerechtigkeit und demokratische Tugend. Abhandlungen zur praktischen Philosophie der Gegenwart, Frankfurt/M. 1987.

Kersting, W., Wohlgeordnete Freiheit. Immanuel Kants Rechts- und Staatsphilosophie, Frankfurt/M. 1993.

Kössler, H. (Hrsg.), Über das Glück. Vier Vorträge, Erlangen 1992.

Kühnl, R., Formen bürgerlicher Herrschaft. Liberalismus – Faschismus, Reinbek 1971.

Küng, H., Christ sein, München ⁵1970.

Kymlicka, W., Politische Philosophie heute. Eine Einführung, Frankfurt/M. 1996.

Lauster, J., Gott und das Glück. Das Schicksal des guten Lebens im Christentum, Darmstadt 2004

Lieber, H.J. (Hrsg.), Politische Theorien von der Antike bis zur Gegenwart, München 1991.

MacIntyre, A., After Virtue. A Study in Moral Theory, London ²1992.

Mason, H.E., Liberalism without Foundations: The Tangled Relationships between Liberal Politics and Community, in: P. Koller & K. Puhl (Hrsg.), Aktuelle Fragen politischer Philosophie: Gerechtigkeit in Gesellschaft und Weltordnung. Akten des 19. Internationalen Wittgenstein-Symposiums 1996, Wien 1997, S. 75-83.

Mausbach, J., Katholische Moraltheologie, Bd. I, Münster 1927.

Meier, B., Kommunitarismus. Politische Idee, Programmatik und empirische Befunde, Köln 2001.

Menzer, P., Eine Vorlesung Kants über Ethik, Berlin 1924.

Neumann, F., Handbuch politischer Theorien und Ideologien, Reinbek 1981.

Oldemeyer, E., Dialektik der Wertorientierungen – ein Merkmal europäischer Kultur, in: Prima Philosophia, 13/₂, 2000

Palaver, W., René Girards mimetische Theorie im Kontext kulturtheoretischer und gesellschaftspolitischer Fragen, Münster/Hamburg/London 2003.

Paton, H.J., Der kategorische Imperativ. Eine Untersuchung über Kants Moralphilosophie, Berlin 1962.

Patzig, G., Ethik ohne Metaphysik, Göttingen ²1983.

Paulsen, F., Immanuel Kant. Sein Leben und seine Lehre, Stuttgart 1924.

Paulsen, F., System der Ethik, Bd. I, Stuttgart/Berlin 1921.

Pesch, O.H., Thomas von Aquin. Grenze und Größe mittelalterlicher Theologie, Mainz ²1989

Popper, K.R., Die offene Gesellschaft und ihre Feinde. Bd. II: Falsche Propheten. Hegel, Marx und die Folgen, Bern/München ³1973.

Sabine, G.H. & Thorson, Th.L., A History of Political Theory, Hinsdale ⁴1973.

Sartori, G., Demokratietheorie, Darmstadt 1997.

Scarre, G., Utilitarianism, London/New York 1996.

Scheltens, D.F., Die philosophischen Grundlagen der Menschenrechte, in: AIPPh (Hrsg.), Dokumentation: Menschenrechte im Philosophieunterricht / Mensenrechten in filosofie-onderwijs, 1990

Schlatter, A., Die christliche Ethik, Stuttgart ⁴1961.

Schleißheimer, B., Ethik heute. Eine Antwort auf die Frage nach dem guten Leben, Würzburg 2003

Schneider, Th. (Hrsg.), Handbuch der Dogmatik, Bd. II, Düsseldorf ²1995.

Selsam, H., Sozialismus und Ethik, Berlin (DDR) 1955.

Simon, P., Aurelius Augustinus. Sein geistiges Profil, Paderborn 1954.

Singer, M.G., Verallgemeinerung in der Ethik. Zur Logik moralischen Argumentierens, Frankfurt/M. 1975.

Singer, P., (Hrsg.), A Companion to Ethics, Oxford 1994.

Unold, J., Aufgaben und Ziele des Menschenlebens, Leipzig 1899.

Veerkamp, T., Der Gott der Liberalen. Eine Kritik des Liberalismus, Hamburg 2005.

Velden, F.P. v.d., Principia Theologiae Moralis Theoretice et Practice, Bd. I, Trudonopolis 1854.

Weigel, G., Zeuge der Hoffnung. Johannes Paul II.: Eine Biographie, Paderborn/München/Wien/Zürich ²2003.

Wyneken, G., Abschied vom Christentum. Ein Nichtchrist befragt die Religionswissenschaft, Reinbek 1970.